rororo

ro
ro
ro

Die Welt ist voller Rätsel, spannend und kurios. Wer einigermaßen neugierig durchs Leben geht, dem stellen sich Fragen zuhauf. Wie Abhilfe schaffen? Experten fragen. Genau das passiert in der Sendung «Die Profis», die einmal wöchentlich im Radioprogramm des rbb läuft. Hier geben Sachkundige Antworten auf alle (un)möglichen Alltagsfragen. Im Buch werden die populärsten Themen aufgegriffen und Alltagsfragen rund um den Körper und die menschliche Psyche beantwortet, kuriose Erfindungen und neueste (naturwissenschaftliche) Forschungsergebnisse erklärt.

Frank Bruder studierte Publizistik und Linguistik in Berlin und arbeitete zunächst als Regie- und Dramaturgieassistent am Deutschen Theater in Berlin. Er ist Hörbuch-Regisseur, Autor und Geschäftsführer bei der apparat multimedia GmbH in Berlin, die Formate und Sendungen für Hörfunk und Fernsehen konzipiert, redaktionell betreut sowie produziert. Dazu gehört auch das Wissenschaftsmagazin «Die Profis» auf radioeins (rbb).

Die Profis (Hg.)

BESCHRÄNKT IST DER GROSSE BRUDER VON BLÖD

KLÜGER WERDEN LEICHTGEMACHT

Ausgewählt und zusammengestellt
von Frank Bruder

Rowohlt Taschenbuch Verlag

Originalausgabe
Veröffentlicht im Rowohlt Taschenbuch Verlag,
Reinbek bei Hamburg, April 2011

Umschlaggestaltung ZERO Werbeagentur, München
(Umschlagabbildung: © FinePic, München)
Satz Photina PostScript, InDesign,
bei Pinkuin Satz und Datentechnik, Berlin
Druck und Bindung Druckerei C. H. Beck, Nördlingen
Printed in Germany
ISBN 978 3 499 62720 0

FSC
www.fsc.org
MIX
Papier aus verantwortungsvollen Quellen
FSC® C019821

Das für dieses Buch verwendete FSC®-zertifizierte Papier
Lux Cream liefert Stora Enso, Finnland.

Inhaltsverzeichnis

Am roten Teppich

Vorwort von Jörg Thadeusz

Samstagmorgen um neun stehe ich gern am roten Teppich. Ich weiß, sie werden kommen. Die Stars. Echte Prominente. Die natürlich wissen, dass sich dieser Begriff aus dem Lateinischen ableitet. Prominentia, das Hervorragende. Schließlich mussten die allermeisten Stars der radioeins-Sendung «Die Profis» auch Latein lernen. Unsere Stars sind Wissenschaftler. Jeder möglichen Disziplin.

Während des Aufeinandertreffens mit ihnen verbindet mich viel mit einem Teenager-Mädchen, das einen Schmusesänger ankreischt. Auch ich lasse meiner Bewunderung freien Lauf. Allerdings nicht für die Art, wie mein Star Sonnenbrillen trägt, afrikanische Kinder adoptiert oder wie er Küssen findet.

Wenn meine Stars über das Küssen reden, dann haben sie die Bakterienmenge im Speichel ausgezählt und womöglich eine immunstärkende Wirkung herausgefunden. Oder sie wissen, warum sich das menschliche Küssen gar nicht so sehr vom Schnäbeln der Vögel unterscheidet. Oder gerade doch.

Zum Glück darf ich mehr als nur mit einem Autogrammbuch winken. Ich darf fragen. Was meine Moderatorenkollegen und ich zusammengefragt haben, steht in diesem Buch.

Dabei sollte das Buch vor allem das Ziel erreichen, das wir auch mit der Radiosendung verfolgen: Sie sollen gut unterhalten sein. Gute Unterhaltung ist nach meinem Verständnis überraschend, vor allem aber immer lehrreich.

Ich habe in den vergangenen elf Jahren bei den «Profis» eine Menge gelernt: Warum ‹Beamen› möglich ist, sobald sich Menschen auf 1500 Grad erhitzen und in ihre kleinsten Einzelteile zerlegen lassen. Wie Spinnen geschlechtlich verkehren und warum das kaum romantisch zu besingen ist.

Ich habe gelernt, wie wenig lustig es eigentlich ist, mit mathematischer Unkenntnis zu kokettieren. Mit Zahlen nichts anfangen zu können, ist vor allem schade. Daraus folgt eine noch allgemeinere Erkenntnis: Blöd zu sein ist vor allem blöd.

radioeins räumt seit mehr als einem Jahrzehnt den Samstagvormittag für die «Profis» frei. Wissenschaft gedeiht am besten in Freiheit. Gutes Radio auch.

Mit der Raffinesse, mit der er dieses Buch für Sie zusammengestellt hat, gestaltet Frank Bruder seit Jahren die «Profis» im Radio. Als stiller Enthusiast. Als Bewunderer von Wissen, als Staunender, wenn Geist funkelt. Wenn ich den Eindruck habe, am Samstagvormittag an einer großen Geistesgala beteiligt zu sein, ist das vor allem auch Frank Bruders Verdienst. Denn er ist auch in der Lage gewesen, andere Redakteure zu inspirieren. Die werfen sich jede Woche ins Zeug, als wären alle 120 000 Hörer persönlich anwesend.

Die unangenehme Erkenntnis nach elf Jahren «Profis» ist auch: Wer als Ignorant durch die Welt geht, kann ein marodes Bildungssystem für seine erschütternden Lücken verantwortlich machen. Letztlich findet sich die verantwortliche Nase, an die gefasst werden muss, aber im eigenen Gesicht.

Journalisten betasten sich ungern selbst, wenn sie Fehler suchen. Es ist aber nichts anderes als ein hochmütiges journalistisches Vorurteil, Wissenschaftler seien keine guten Interviewpartner, weil sie sich unverständlich ausdrücken. Ich erinnere mich an einen Astrophysiker, mit dem ich durch ein Schwarzes Loch reiste. Der Mann sprach so verführerisch einfach, dass ich für einen Moment glaubte, ich sei mindestens nah dran, ein solches Loch berechnen zu können. Viele Wissenschaftler sind großzügige Schenker. Was sie sich in Stunden in Bibliotheken und Laboren aneignen mussten, stellen sie appetitlich verpackt den Hörerinnen und Hörern von radioeins am Samstag auf den Frühstückstisch.

Man muss sie einfach nur fragen. Mehr nicht.

1

Bier holen für die Wissenschaft – eine Einführung

Ein Kühlschrank ist alles, was Sie brauchen, um den Unterschied zwischen Theologie, Esoterik und Wissenschaft zu begreifen. Darauf gekommen ist der Kabarettist und Physiker Vince Ebert, der in seinem Programm «Denken lohnt sich» erklärte, wie Wissenschaftler denken und wie sie vorgehen:

«Wissenschaftliches Denken ist letztlich nichts anderes als eine Methode zur Überprüfung von Vermutungen. Wenn ich also zum Beispiel vermute, dass sich im Kühlschrank Bier befindet, und nachsehe, dann betreibe ich im Prinzip schon eine Vorform von Wissenschaft. Das ist bereits ein großer Unterschied zur Theologie, in der Vermutungen, Hypothesen, nicht überprüft werden. Wenn ich lediglich sage: ‹Im Kühlschrank ist Bier›, und es dabei bewenden lasse, bin ich Theologe. Wenn ich nachsehe, bin ich Wissenschaftler. Wenn ich im Kühlschrank nachschaue, nichts finde und dennoch behaupte, im Kühlschrank sei Bier, bin ich Esoteriker. Ob sich denken wirklich lohnt, ist natürlich Ansichtssache. Es gibt zum Beispiel viele Lebewesen, Mikroorganismen wie Viren und Bakterien, die nicht gerade für ihre Geistesblitze bekannt sind, aber sich über Jahrmillionen in der Evolution behauptet haben. Wenn man sich andererseits überlegt, was wir mit diesem etwa 1,4 Kilogramm schweren und glibberigen Klumpen, unserem Gehirn, alles angestellt haben, dann sind da schon ein paar schöne Dinge dabei: Penicillin, Antibabypille, Handys mit über hundert verschiedenen Funktionen und viele andere Erfindungen, die wir zwar nicht wirklich alle brauchen, aber heute als selbstverständlich annehmen, obwohl sie das keineswegs sind, sondern Ergebnisse von Leuten, die sich irgendwann einmal sagten, dass sich das Denken lohnt.»

Diese Aussage bestätigen sicher alle, die an diesem Buch mitgewirkt haben. Es verdankt seine Entstehung zahllosen Interviews, die in den vergangenen Jahren in der populärwissenschaftlichen Sendung «Die Profis» auf radioeins, einem Hörfunkprogramm des rbb, mit Wissenschaftlern, Forschern, Technikern, Experten und Journalisten aus nahezu allen Bereichen und Disziplinen geführt wurden. Viele der im Folgenden nachzulesenden Erkenntnisse wurden von diesen «Profis» selbst erforscht, manche Wissenschaftler bereiteten das Wissen ihres Arbeitsgebietes aber auch einfach nur selbstlos und im Sinne wahrer Aufklärer für ein breites Publikum so auf, dass man davon auch ohne langes Studium profitieren kann.

Das Buch folgt dieser Vorgabe der «Profis». Zur Vertiefung der einzelnen Themen finden Sie jeweils Hinweise zu den Büchern, die in aller Regel auch Grundlage und Anlass der hier wiedergegebenen und für die Schriftform leicht veränderten Interviews waren.

Eine Sonderrolle nimmt der Kriminalbiologe Mark Benecke ein, der jeden Samstag in seiner festen Kolumne bei den «Profis» nicht nur über sein eigenes Forschungsgebiet berichtet, sondern auch über die neuesten Studien aus aller Welt und daher häufiger im Buch erscheint als andere.

2

Fröhliche Forschung – Kurioses aus den Laboren

«Auf unserem Gebiet gibt es eigentlich nichts Kurioses.» Diesen Satz hörte der Journalist Reto Schneider immer wieder, als er um das Jahr 2000 damit begann, bei Wissenschaftlern nachzufragen, ob sie ihm Experimente nennen könnten, die skurril, kurios oder gar verrückt anmuten. Schneider recherchierte für seine Kolumne «Das Experiment» im NZZ Folio und hatte bereits selbst einige Schätze aus der skurrilen Abteilung der Wissenschaftsgeschichte gehoben.

Als er von Meeresbiologen die erwähnte Standardantwort erhielt und nur zwei Tage später auf eine Studie stieß, die beschrieb, wie ein Ozeanograph im Dienste der Wissenschaft Walkadaver versenkte, ahnte Schneider, dass er sich an die Falschen wendete. Wissenschaftler sind zwar von Natur aus neugierig, aber offenbar nur selten in der Lage zu beurteilen, welche ihrer Forschungsanstrengungen Außenstehende mitunter ein wenig merkwürdig finden könnten. Also machte er sich selbst auf die Suche und versammelte seine Funde in «Das Buch der verrückten Experimente»[1].

Wale versenken

Craig Smith von der Universität von Hawaii hatte erstmals 1983 versucht, einen Wal in 2000 Meter Tiefe zu befördern. Er wollte herausfinden, was dort mit dem organischen Material passiert. Da sich nach dem Tod im Inneren des Wals Gärgase bildeten, trieb der

Kadaver immer wieder auf. Ein Sturm beendete schließlich das Experiment, Smith musste zurück an Land, der Walkadaver wählte die andere Richtung. 1988 gelang es Smith zwar endlich, einen Wal auf den Meeresboden zu überführen, allerdings konnte er anschließend kein U-Boot auftreiben, um das verwesende Tier dort auch zu untersuchen. Doch wie ein wahrer Held gab Smith nicht auf. 1992 versuchte er es erneut, und 700 Kilogramm Schrott Beschwerung sorgten dafür, dass das Tier in eine Tiefe von 1920 Meter sank. Mitglieder aus seiner Crew feuerten zudem mit Pistolen auf den sinkenden Kadaver. Reto Schneider zitiert Smith dazu mit den Worten: «Das hilft zwar nichts, aber es gibt ihnen das Gefühl, Teil des Projekts zu sein. Es ist ein sehr amerikanisches Verhalten.»

Abermals hatte Smith Probleme, ein U-Boot aufzutreiben. Diesmal fehlte das Geld. Erst 1995 gelang es ihm, eine Expedition zu finanzieren und «seinen» Wal am Meeresgrund aufzusuchen. Zu diesem Zeitpunkt war von dem Tier nur noch das Skelett übrig. Bei späteren Experimenten konnte Smith beobachten, dass in den ersten sechs Monaten große Aasfresser wie Schleimaale und Schlafhaie den Kadaver zersetzten. Muscheln, Würmer und Schnecken machten sich dann über den Rest her. Smith berechnete, dass ein toter Wal rund 80 Jahre lang anderen Tieren Nahrung bietet. Die Walkadaver leisten also einen bedeutenden Beitrag zum Ökosystem der Tiefsee. So verrückt Smiths Experimente auf den ersten Blick auch aussehen, ihr Erkenntniswert ist doch alles andere als banal.

Gemeinschaftlich träge

«Dass ich ein Experiment in meinem Buch als verrückt bezeichne, heißt noch lange nicht, dass es unbedeutend ist», so Schneider. «Ich beschreibe in meinem Buch sehr wichtige Experimente, vor allem aus der Psychologie. Dort wird zum Beispiel eine wichtige Erkenntnis mit dem Schlagwort ‹Verantwortungsdiffusion› bezeichnet. Dahinter verbirgt sich folgender Effekt: Wenn Sie in Not geraten, weil Sie zum Beispiel beim Schwimmen in einem See zu ertrinken drohen, steht es besser um Sie, wenn nur wenige Leute am Ufer stehen. Wenn nur eine Person Sie sieht, fühlt sie sich gedrängt, Ihnen zu helfen. Befinden sich dort hingegen zehn Leute, denkt jeder für sich: ‹Der andere wird das schon machen.›

Das Experiment dazu haben sich zwei amerikanische Sozialpsychologen ausgedacht. John Darley und Bibb Latané lasen in der *New York Times* einen Artikel, demzufolge achtunddreißig achtbare und gesetzestreue Bürger in Queens untätig einem Mord auf offener Straße zugeschaut hatten. Darley und Latané konnten nicht glauben, dass all diese Zeugen überdurchschnittlich schlechte Menschen waren. Ihre Vermutung war vielmehr, dass die große Zahl der Anwesenden für die kollektive Tatenlosigkeit verantwortlich war. Um diese These zu überprüfen, baten sie Probanden unter dem Vorwand in einen Raum, dort einen Fragebogen auszufüllen. In diesen Raum wurde durch eine Lüftung Rauch eingeblasen, sodass die Menschen glauben mussten, es würde brennen. Befand sich dort nur eine Person, stürzte sie sofort nach draußen und warnte andere vor der Gefahr. Waren die Versuchspersonen zu dritt, warteten sie meist einfach ab, teilweise so lange, bis sie den Fragebogen vor ihren eigenen Augen nicht mehr sehen konnten. Jeder dachte, der andere werde schon eingreifen. Es gab also auch ein Definitionsproblem: ‹Wenn die anderen nichts tun, wissen sie vielleicht mehr als ich. Es handelt sich vermutlich gar nicht um einen Notfall.›»

Das 1970 veröffentlichte Experiment gilt als eines der bedeutendsten der Sozialpsychologie. Wie sich im Nachhinein allerdings herausstellte, verdankt es seinen Ursprung den ungenauen Recherchen des Journalisten, der damals über den Vorfall in Queens berichtete. Denn die meisten Zeugen des Mordes hatten gar nichts gesehen, manche zwar etwas gehört, die Geräusche aber für den Streit eines Paares gehalten. Und einer der Zeugen hatte sogar die Polizei alarmiert. Darley empfiehlt übrigens Menschen in Notsituationen, einzelne Personen aus der Gruppe der Umstehenden direkt anzusprechen und um Hilfe zu bitten. So könne die Diffusion der Verantwortung aufgebrochen werden. Ebenfalls hilfreich ist das Wissen um das Experiment von Darley und Latané: Menschen, die es kennen, helfen doppelt so häufig wie die anderen.

Verrückt sind immer nur die anderen

Ergänzend zu seinen Büchern hat Reto Schneider eine Internetseite eingerichtet, auf der man sich zahlreiche Filme zu den Experimenten ansehen kann. Schneider bat die Besucher von www.verrueckteexperimente.de und der englischen Schwesterseite www.weirdexperiments.com, das ihrer Meinung nach verrückteste Experiment aller Zeiten zu wählen. Auf Platz eins dieser Liste landete «Die drei Christusse von Ypsilanti» aus dem Jahr 1959, das auch Schneider als sein persönliches Lieblingsexperiment nennt: «Durchgeführt wurde es vom amerikanischen Psychologen Milton Rokeach in der psychiatrischen Klinik Ypsilanti in der Nähe von Detroit. Rokeach untersuchte, was passiert, wenn er drei Psychotiker zusammenbringt, die alle drei glauben, sie seien Jesus. Rokeach hoffte, dass er sie so vielleicht heilen könnte. Aber wenn er sie fragte, ob sie immer noch glauben, dass sie Jesus seien, obwohl doch zwei weitere Personen dasselbe behaupteten, dann hatten sie logische Erklärungen dafür parat. Einer sagte: ‹Sie sind nicht wirklich am Leben. Maschinen in ihnen sprechen. Nimm die Maschinen raus, und sie werden nicht mehr sprechen.› Der Zweite glaubte, die beiden anderen wollten nur Jesus sein, um Prestige zu gewinnen. Und der Dritte erklärte mit entwaffnender Logik, die beiden anderen könnten nicht Jesus sein, da sie schließlich in einer psychiatrischen Anstalt lebten. In einer seiner Gesprächssitzungen las Rokeach den drei ‹Christussen› einen Artikel aus der Lokalzeitung vor, der von dem Experiment handelte. Auf die Frage, was sie von den drei Personen hielten, erhielt er die klare Antwort: ‹Die sind verrückt.›»

Zwei Jahre lang versuchte Rokeach vergeblich, die drei Männer dazu zu bringen, sich damit auseinanderzusetzen, dass sie nicht alle drei Jesus Christus sein konnten. Im August 1961 gab er auf. Die drei Männer weigerten sich, um ihre Identität mit den anderen zu streiten, und zogen es vor, zu sein, für wen sie sich hielten.

Die Mysterien des Alltags

Auch wenn die drei Christusse aus Ypsilanti uns verrückt erscheinen mögen, in einem Punkt zumindest gibt die jüngere Forschung ihnen recht: So zufällig uns unsere Eigennamen auch gegeben werden, nehmen sie offenbar doch Einfluss auf unser Leben. Diese Erkenntnis verdanken wir u.a. der Wissenschaft der Quirkologie. Der Journalist Joseph Scheppach erklärt, worum es in diesem noch jungen Forschungszweig geht: «Quirkologie leitet sich von dem englischen Wort ‹quirky› ab, das schrullig bedeutet. Man könnte also auch von ‹Schrullologie› sprechen. Hierbei handelt es sich um eine wissenschaftliche Disziplin, in der die erstaunlichsten Aspekte des Alltags und des menschlichen Verhaltens erforscht werden. Mit Hilfe der Quirkologie werden psychologische Vorgänge untersucht, die sich hinter unserem alltäglichen Verhalten verbergen. Ihr Begründer ist Richard Wiseman, der Leiter des Forschungszentrums der Psychologischen Fakultät an der Hertfordshire University in Großbritannien.[2] Wiseman – ein sehr aufgeweckter, glatzköpfiger Brite – hat seine professionelle Karriere als Zauberkünstler begonnen, bevor er sein Psychologiestudium aufnahm und sich mit der Quirkologie beschäftigte. Er untersuchte Wissenschaftsfelder, die bisher eher stiefmütterlich behandelt wurden, wie zum Beispiel den Einfluss von Namen auf ihre Träger. Wiseman analysierte dafür Unterlagen von Volkszählungen und entdeckte, dass bestimmte Vornamen in den Bundesstaaten der USA überrepräsentiert sind. So wohnen zum Beispiel sehr viele Florences in Florida. Diese Häufung hatte nichts damit zu tun, dass Eltern ihre Kinder zuweilen nach ihren Geburtsorten benennen. Wiseman konnte nachweisen, dass die Menschen tatsächlich von den Wohnorten angezogen wurden, deren Namen ihren eigenen ähnelten. Weiterhin hat er untersucht, ob Menschen häufiger einen anderen Menschen heiraten, dessen Vorname mit dem gleichen Buchstaben beginnt wie der eigene, ob Philipps also Frauen mit Namen wie Phyllis oder Pheline bevorzugen. Zu diesem Zweck hat er Tausende von Heiratsurkunden durchforstet und tatsächlich verblüffende Gesetzmäßigkeiten festgestellt. Die Zahl der Paare, bei denen der Familienname beider Partner mit dem gleichen Buchstaben beginnt, ist tatsächlich signifikant höher, als man das allein aufgrund des Zufallsprinzips erwarten kann.»

Richard Wiseman sieht die Quirkologie als eine Teildisziplin der Verhaltensforschung und betreibt sie mit vollem Ernst. Seine Studien sind daher solide angelegt und werden statistisch sauber ausgewertet. Als Begründer des Forschungsgebiets, gewissermaßen als seinen geistigen Urahn, nennt Wiseman den viktorianischen Wissenschaftler Sir Francis Galton. Um zu ermitteln, wie langweilig die Vorlesungen seiner Kollegen waren, zählte Galton beispielsweise, wie oft Zuhörer während des Vortrags herumzappelten. Keine Angst anzuecken hatte Galton offenbar auch, als er sich an die Erstellung einer Schönheitskarte Großbritanniens machte. Mit einem Zählapparat in der Tasche ging er dafür durch die Hauptstraßen der großen Städte und hielt fest, ob die Vorübergehenden gut, mittelmäßig oder schlecht aussahen. Für Aberdeen fiel die Statistik vernichtend aus, London dagegen war für Galton eine Augenweide.

Forschung auf Toiletten und in Striplokalen

Ganz ins Galtons Tradition scheut auch Wiseman keine Mühen, um Dinge zu untersuchen, für die sich vor ihm noch kein Forscher Zeit genommen hat.

Bereits die Studienorte von Wiseman sind ungewöhnlich, wie Joseph Scheppach ausführt: «Er hat sich zum Beispiel auf öffentlichen Toiletten herumgetrieben. Dort gelangte er zu der Erkenntnis, dass Trinkgelder reichlicher klimpern, wenn der Kunde unter Beobachtung steht. Das wusste zwar jede Klofrau schon vor Wiseman, aber erst seit seiner Studie ist auch bekannt, dass sie gar nicht persönlich neben dem Münzenteller sitzen muss. Es genügt, ein Blatt Papier hinzulegen, das mit einem stilisierten Augenpaar bemalt ist – und schon steigen die Einnahmen.»

Wie Reto Schneiders Sammlung verrückter Experimente zeigt, ist Wiseman nicht der einzige Wissenschaftler, der in den Augen anderer eher abwegige Forschungsfelder beackert. Geoffrey Miller, Joshua Tyber und Brent Jordan führte ihr Forscherdrang sogar in amerikanische Striplokale. Miller, Professor für Psychologie an der Universität New Mexico, und seine Kollegen wussten aus früheren Forschungen, dass Männer Frauen dann am attraktivsten finden, wenn diese ihren Eisprung haben, also in den Tagen, an denen die Frauen am fruchtbarsten sind. Um dies außerhalb von Laborbedingungen zu überprüfen, suchten Miller und seine Kollegen Tabledance-Lokale auf. Dort tanzen die Stripperinnen sehr nah vor den Männern. Der einzig erlaubte Kontakt zwischen Gast und Tänzerin ist das Zustecken von Geldscheinen. Und genau diese Menge der eingenommenen Trinkgelder interessierte die Forscher, war und ist sie doch eine verlässliche Größe dafür, wie attraktiv die Männer die jeweilige Frau finden. Im Durchschnitt verdiente eine der 18 befragten Tabledancerinnen 250 US-Dollar in einer fünfstündigen Schicht. Hatten sie ihren Eisprung, erhöhte sich diese Summe auf 350–400 US-Dollar. Für diese Forschung erhielten Miller und seine Kollegen 2008 den Ig-Nobelpreis in der Kategorie «Wirtschaft». In einem Interview sagte Miller damals, er habe gehört, dass einige der Tabledancerinnen ihre Schichten seither auf die Tage ihres Eisprungs legen.

Ein Preis für kuriose wissenschaftliche Forschungen

Der Ig-Nobelpreis wird seit 1991 mit dem Ziel verliehen, «das Ungewöhnliche zu feiern, den Einfallsreichtum zu ehren und das Interesse der Menschen an Wissenschaft, Medizin und Technik anzuspornen»[3]. Der Name des Preises spielt natürlich auf Alfred Nobel und die nach ihm benannte Auszeichnung an sowie auf das englische Wort «ignoble», das mit «gemein», «unwürdig», «unedel» oder «unehrenhaft» übersetzt werden kann. Seit die Wissenschaftszeitschrift *Nature* über den «Anti-Nobelpreis» schrieb, er ehre Forschung, «über die man zuerst lacht und dann nachdenkt», ist dies auch das Motto der jährlich im Oktober stattfindenden Preisvergabe in der Universität von Harvard. Einer der ersten Preisträger war Erich von Däniken. Er erhielt die Auszeichnung in der Kategorie «Literatur» für seine Erklärung, wie die menschliche Zivilisation durch Astronauten aus dem Weltraum beeinflusst wurde. Im gleichen Jahr erhielt auch Edward Teller den Preis in der Kategorie «Frieden». Der Vater der Wasserstoffbombe wurde damit für seinen lebenslangen Einsatz geehrt, die Bedeutung des Wortes «Frieden» zu verändern.

Hier einige weitere Beispiele für Forschungen, die das Ig-Nobelpreis-Komitee für preiswürdig hielt:

- «Übertragung von Gonorrhöe durch Gummipuppen», Bericht von Ellen Kleist aus Nuuk und Harald Moi aus Oslo (1996, Kategorie «Volksgesundheit»).
- «Auswirkung von Ale, Knoblauch und saurer Sahne auf den Appetit von Blutegeln», Studie von Anders Barheim und Hogne Sandvik aus Bergen (1996, Kategorie «Biologie»).
- Carl J. Charnetski, Francis X. Brennan und James F. Harrison für die Erkenntnis, dass das Hören von Fahrstuhlmusik die Bildung von Immunglobulin A anregt und so möglicherweise Erkältungen vorbeugt (1997, Kategorie «Medizin»).
- «Hühnerrupfen als Maß für Windgeschwindigkeit in Tornados», Bericht von Bernard Vonnegut (1997, Kategorie «Meteorologie»).
- Len Fisher aus Bristol für die Berechnung der optimalen Art, einen Keks zu tunken (1999, Kategorie «Physik»).
- George und Charlotte Blonsky aus New York und San José für die Entwicklung eines Geräts zur Geburtshilfe, bei dem die Frau auf einen runden Tisch geschnallt wird, der dann mit hoher Geschwindigkeit rotiert (1999, Kategorie «Apparatemedizin»).
- «Asymmetrie der Hoden beim Menschen und bei antiken Skulpturen», ausgewogener Bericht von Chris McManus von der Universität London (2002, Kategorie «Medizin»).
- Entwicklung von «Murphys Gesetz» – «Wenn es zwei oder mehr Wege gibt, etwas zu tun, und einer der Wege zu einer Katastrophe führt, dann wird jemand genau diesen Weg einschlagen» – durch John Paul Stapp, Edward A. Murphy und George Nichols (2003, Kategorie «Ingenieurswissenschaft», als rückwirkende Ehrung der 1949 entstandenen Erkenntnis «Alles, was schiefgehen kann, wird auch schiefgehen». Die drei Preisträger arbeiteten 1949 an einem offenbar fehlerfreudigen Raketenschlittenprogramm der US Air Force).
- «Die einzigartig simple Persönlichkeit von Politikern», Bericht von Gian Vittorio Caprara und Claudio Babaranelli aus Rom

sowie Philip Zimbardo von der Stanford University (2003, Kategorie «Psychologie»).

- «Hühner bevorzugen schöne Menschen», Bericht von Stefano Ghirlanda, Liselotte Jansson und Magnus Enquist aus Stockholm (2003, Kategorie «Interdisziplinäre Forschung»).
- Jilian Clarke für seine «5-Sekunden-Regel», die besagt, dass man Dinge, die keine 5 Sekunden auf dem Boden gelegen haben, noch essen kann (2004, Kategorie «Volksgesundheit»).
- Donald J. und Frank J. Smith für die Patentierung des «Comb over», einer Technik, mit der sich eine Halbglatze durch das verbliebene Resthaar kaschieren lässt (2004, Kategorie «Technik»).
- Ivan R. Schwab, Davis und Philip R. A. May für ihre Studie, warum Spechte keine Kopfschmerzen bekommen. Es gibt mehrere Gründe: Das Gehirn der Spechte ist von wenig Gehirnflüssigkeit umgeben, sitzt relativ fest und wird daher nicht gegen die Schädeldecke geschleudert. Außerdem hilft der Knochenaufbau: Der Schnabel ist gerade und verläuft in der Verlängerung unter dem Gehirn. Die Energie beim Schlagen wird daher nicht ans Gehirn abgegeben, sondern abgelenkt. Diese Ablenkung wird verstärkt durch biegsame Knochenelemente und starke Muskeln, die den Schädel umgeben. Diese Muskeln werden kurz vor dem Schlag so angespannt, dass sie wie Stoßdämpfer wirken. Außerdem schließt der Specht unmittelbar vor dem Aufprall die Augen, damit sie nicht herausfallen (2006, Kategorie «Ornithologie»).
- Howard Stapleton für die Erfindung eines «Mosquito» genannten Geräts, das hochfrequente Töne aussendet, die nur für Jugendliche, nicht aber für Erwachsene über 25 hörbar sind. Erstmals zum Einsatz kam der «Mosquito» vor einem kleinen Laden in Wales. Stapletons Tochter war dort zuvor von einer Gruppe Jugendlicher belästigt worden, die immer vor dem Geschäft herumgelungert hatten. Der «Mosquito» machte dem

Treffpunkt ein Ende, indem er einen hochfrequenten, nervigen Piepton aussendete, den nur die Jugendlichen wahrnahmen. Mittlerweile wird die Technik aber auch für Klingeltöne eingesetzt, die Schüler hören können, nicht aber ihre Lehrer (2006, Kategorie «Frieden»).

- «Beendigung von unbehandelbarem Schluckauf durch rektale Fingermassage», Bericht von Francis M. Fesmire sowie Majed Odeh, Harry Bassan und Arie Oliven, für ihre Fallstudie, die unter dem gleichen Titel erschien (2006, Kategorie «Medizin»).
- Nachweis, dass Malaria übertragende weibliche Moskitos von Limburger Käse in gleicher Weise angezogen werden wie vom Geruch menschlicher Füße, erbracht durch Bart Knols und Ruurd de Jong (2006, Kategorie «Biologie»).
- Ratten können manchmal nicht unterscheiden, ob jemand Japanisch oder Niederländisch rückwärtsspricht, bahnbrechende Erkenntnis von Juan Manuel Toro, Josep B. Trobalon und Núria Sebastián-Gallés (2007, Kategorie «Linguistik»).
- Forschung an der «Schwulenbombe» durch das Air Force Wright Laboratory in Ohio, die aus kampfbereiten Soldaten sexsüchtige Homosexuelle machen soll, die sich gegenseitig so unwiderstehlich finden, dass sie zwanghaft übereinander herfallen (2007, Kategorie «Frieden»).
- Diamanten können aus Flüssigkeit hergestellt werden, insbesondere aus Tequila, bewiesen durch Javier Morales, Miguel Apatiga und Victor M. Castano aus Mexiko (2009, Kategorie «Chemie»).

Als Mitglied des Ig-Nobelpreis-Komitees berichtet Mark Benecke häufig in seiner Kolumne bei den «Profis» über kuriose Forschungen, denn er ist auch Mitherausgeber der AIR (Annals of Improbable Research), die an der Harvard-Universität (USA) die jährliche Verleihung des Ig-Nobelpreises veranstaltet.[4] Auch wenn es sich dabei nicht immer um künftige Preisträger eines Ig-Nobelpreises handelt, unterhaltsam und gleichzeitig informativ sind diese Studien immer, wie zum Beispiel die Antwort auf die Frage:

In welches Ohr flüstert es sich am besten?

Psychologen wissen schon seit längerem, dass unser Gehirn in zwei verschiedene Hälften geteilt ist, die miteinander verbunden sind. Die sogenannte hemisphärische Asymmetrie beschreibt den Umstand, dass die beiden Gehirnhälften nicht identisch sind, woraus sich wiederum unterschiedliche Fähigkeiten ableiten. Irgendwann hat man sich der Frage zugewandt, was eigentlich passiert, wenn man zum Beispiel ins rechte Ohr spricht. Die Verarbeitung erfolgt dann primär in der linken Gehirnhälfte – also über Kreuz. Umgekehrt gilt: Spricht man ins linke Ohr, wird das primär in der rechten Hälfte verarbeitet. Und das wiederum führt zu unterschiedlichen Reaktionen, weil die Gehirnhälften verschieden sind.

1993 fragten sich einige Forscher, ob Lügen besser erkannt werden, je nachdem, über welches Ohr sie wahrgenommen werden. Zu diesem Zweck wurden 40 Studentinnen und Studenten Sätze vorgelesen, von denen sie nicht wussten, ob sie gelogen waren oder nicht. Die Testpersonen bekamen die Aussage «Dieses Foto gefällt mir» vom Band vorgespielt. Dabei wussten sie nicht, ob diejenigen, die diese Aussage getroffen hatten, ein besonders hässliches oder ein besonders schönes Foto vor sich hatten – sie sollten sich bei ihrer Einschätzung allein auf den Tonfall verlassen.

Frauen und Männer erkannten die Lügen gleich gut bzw. gleich schlecht, je nach Standpunkt. Wurde die Lüge «Dieses Foto gefällt mir» jedoch von einer Frau vorgebracht, fiel den Probanden die Entscheidung schwerer. Mit anderen Worten: Die Lügen von Frauen waren grundsätzlich weniger leicht zu entlarven.

Am besten wurden jene Lügen erkannt, die vom linken Ohr wahrgenommen wurden. Wir erkennen die Lügen also offenbar durch die Emotionalität, mit der sie vorgetragen werden. Emotionalität ist eher in der rechten Gehirnhälfte zu verorten. Menschen, deren rechte Gehirnhälfte geschädigt wurde, etwa durch einen Unfall oder durch eine Verletzung, nehmen Aussagen meist viel zu wörtlich, ohne auf ihren emotionalen Kontext zu achten.

Es wurden weitere Experimente entwickelt: So bat man zum Beispiel professionelle Sprecher, Worte, die einen emotionalen Gehalt haben, völlig neutral vorzulesen. Dabei wurde, quasi als Nebenerkenntnis, festgestellt, dass kein Wort weniger emotionale Regionen im Gehirn anspricht als «vakant». Zu den emotionalen Wörtern gehören dagegen natürlich «Liebe», «Hass», «Freude» und so weiter. Mit diesen Wörtern wurden erneut Lügen gebildet, die die Probanden erkennen sollten. Sie schafften es auch diesmal nicht. Das Gehirn kann aber erkennen, welchen emotionalen Wert etwas hat, auch dann, wenn es neutral ausgesprochen wird. Wird es ins linke Ohr hineingesprochen, dann kann die rechte Gehirnhälfte, die bei der Emotionsverarbeitung klar im Vorteil ist, das leichter erkennen.

Der eigentliche Twist bei der Sache ist, dass sich das Gehirn die Dinge unterschiedlich merkt. Worte, die emotional wahr oder neutral ausgesprochen werden, aber einen emotionalen Inhalt haben, merkt man sich am besten, wenn sie einem ins linke Ohr gesagt werden. Liebesgeflüster, besser gesagt: wahres Liebesgeflüster, sollte man daher ins linke Ohr sprechen. Alles, was sachlich ist, wie Gebrauchsanleitungen, Fachartikel oder mathematische Lehrsätze, sollte man entsprechend ins rechte Ohr sprechen, weil es dann in der linken Gehirnhälfte verarbeitet wird, wo es sozusagen hingehört.

Das gilt allerdings in erster Linie für Dinge, die man sich langfristig merken soll – oder von denen man will, dass andere sie im Gedächtnis behalten. Überspitzt gesagt, ist es bei einer kurzzeitigen Affäre egal, in welches Ohr Zärtliches gesäuselt wird, während man bei einer lebenslangen Liebe bevorzugt das linke Ohr beflüstern sollte.

Tetris ist mehr als bloßer Zeitvertreib

1984 entwickelte der Russe Alexei Paschitnow (häufig findet man auch die englische Schreibweise Alexey Pajitnov) an der Wissenschaftsakademie in Moskau eine Art Puzzlespiel, das schließlich die Welt eroberte: Tetris. Das Prinzip des Spiels ist so simpel wie fesselnd. In ein rechteckiges Spielfeld fallen aus je vier Quadraten zusammengesetzte Figuren, die sich drehen lassen. Mal bildet die Figur eine gerade Linie, mal ist sie als eine Art Stufe angeordnet, mal als Siegertreppchen, als liegendes «L» oder als Quadrat. Sobald im Spielfeld eine Reihe lückenlos mit Quadraten gefüllt ist, verschwindet sie. Die darüberliegenden Quadrate rücken nach. Schafft es der Spieler nicht, Reihen zum Verschwinden zu bringen, ist das Spiel bald beendet. Denn von oben fallen nur so lange beständig neue Figuren ins Spielfeld, solange genügend Platz im Spielfeld für sie ist. Paschitnow erklärte die Faszination seines Spieles einmal so: «Da steckt ein psychologischer Effekt dahinter! Du erledigst ständig Aufgaben, du wirst ständig vor ein neues Problem gestellt und löst es, so gut es geht. Doch was übrig bleibt, sind nur deine Fehler. Die hässlichen Löcher auf dem Spielfeld. Also bist du stets motiviert, auch noch diese Aufgabe zu lösen!»[5]

Was genau im Gehirn passiert, wenn man Tetris spielt, haben sich Wissenschaftler unterschiedlicher Forschungseinrichtungen angesehen.

2009 schoben Forscher des Mind Research Network in Albuquerque im US-Bundesstaat New Mexico Tetris-Spieler in einen Computertomographen, um zu messen, welche Gehirnareale dabei aktiv sind. Der Clou dabei war, dass sie zwei Gruppen miteinander verglichen: Die eine Gruppe bestand aus Leuten, die angeblich noch nie Tetris gespielt hatten – zumindest durften sie die ganze Versuchszeit über nicht Tetris spielen. Die andere Gruppe bestand aus Personen, die so oft Tetris spielen durften, wie sie wollten. Weil die Testpersonen sehr jung waren, zwölf bis fünfzehn Jahre alt, beschränkte man die maximale Spielzeit auf anderthalb Stunden pro Woche. Das Ergebnis der Messungen war einerseits erstaunlich und andererseits wie erwartet. Um das zu verstehen, muss man wissen, dass unser Gehirn nur aus Nerven besteht. Man kann bei diesen Nerven zwischen einer etwas helleren und einer etwas dunkleren Substanz unterscheiden. Nervenzellkörper bilden eine vorwiegend «graue Substanz», während die Nervenfasern in ihrer Gesamtheit eine «weiße Substanz» bilden. Die Nervenzellkörper, also die «graue Substanz», hatten sich durch das Tetris-Spielen vermehrt. Im Gegensatz zur nicht spielenden Kontrollgruppe wiesen die Tetris-Spieler zudem eine gesteigerte Gehirnaktivität auf. Jetzt würde man gerne ausgerufen: «Hurra, wer Tetris spielt, wird schlauer!» Ganz so einfach ist es jedoch nicht, denn gleichzeitig wurden andere Gehirnbereiche gehemmt. Und das wiederum entspricht dem, was man erwartet hatte: Wenn man etwas übt, zum Beispiel an der Werkbank, dann wird man immer besser darin, während andere Fähigkeiten und damit andere Gehirnbereiche eben vernachlässigt werden. Das ist eigentlich nicht weiter aufregend.

Emily Holmes von der University of Oxford kam nun aber auf die Idee, diesen Fakt ganz anders nutzbar zu machen: nämlich für Menschen, die einer traumatischen Erfahrung ausgesetzt waren und zum Beispiel einen Amokläufer miterlebten, Zeugen einer Naturkatastrophe, eines Zugunglücks, eines Krieges oder Opfer von sexuellem Missbrauch.

Emily Holmes teilte ihre Probanden in zwei Versuchsgruppen auf. Allen gemeinsam zeigte sie Fotos von Verkehrsunfällen, bei denen die Opfer sehr starke Verletzungen davongetragen hatten oder auch gestorben waren. Es waren Bilder aus Anzeigenkampagnen gegen Trunkenheit am Steuer, die es in vielen Ländern gibt. Danach durften diese Personen dreißig Minuten lang tun und lassen, was sie wollten. Eine der beiden Versuchsgruppen musste anschließend noch zehn Minuten lang Tetris spielen, während die andere sich selbst überlassen wurde.

Dabei zeigte sich, dass diejenigen, die Tetris spielten, weniger Probleme damit hatten, die gezeigten Schreckensbilder zu verarbeiten. Dabei spielt Folgendes eine Rolle: In einem Bereich des Gehirns, der Amygdala, auch Mandelkern genannt, werden Dinge, die auf den ersten Blick nicht weiter tragisch sind, mit früheren schlimmen Ereignissen gekoppelt. So kann zum Beispiel der Anblick eines Steines zu Schweißausbrüchen und anderen posttraumatischen Belastungssymptomen führen, wenn man in der Vergangenheit einmal verschüttet worden ist. Traumatische Erfahrungen führen deshalb häufig zu einer Generalisierung. Wenn Betroffene etwas hören, sehen, schmecken oder riechen, das im Zusammenhang mit dem eigentlichen Trauma steht, wird das ganze Gehirn von diesen Eindrücken überschwemmt und die entsprechenden Angstreaktionen ausgelöst. Es lohnt sich daher, die Speicherung des negativen Erlebnisses möglichst früh zu beeinflussen. Dafür steht allerdings nur eine sechsstündige Periode zur Verfügung, danach hat sich das Erlebte so verfestigt, dass man Umprogrammierungen und Auslöschungen nicht mehr vornehmen kann – außer mit aufwendigen Therapien.

Denkbar wäre daher, dass man zum Beispiel ein Vergewaltigungsopfer, das in der Gefahr schwebt, eine posttraumatische Belastungsstörung zu entwickeln, bei der Polizei hinsetzt und allen Ernstes Tetris spielen lässt. Voraussetzung dafür wäre natürlich, dass man dem Opfer vorher in aller Ruhe erklärt, was der Sinn der Sache ist und dass das Spielen wirklich dazu führen kann, die Belastungsstörung zu vermindern, weil im Gehirn der entsprechende

Bereich anders programmiert wird. Problematisch daran ist, dass auch die Erinnerung des Opfers und damit der Wert einer möglichen Aussage vor Gericht verändert werden. Mal ganz abgesehen davon, dass dem Opfer einer Gewalttat wahrscheinlich erst mal nicht der Sinn danach steht, Computerspiele zu spielen.

Mark Benecke sieht in der Auslöschung oder Umprogrammierung bestimmter Erinnerungen aber auch einen praktischen Nutzen. «Eine Studie zeigte bereits vor Jahren, dass man sich beim Anblick von Nacktfotos erstens sehr, sehr stark konzentriert und zweitens alle kleinen Details vergisst, die im Hintergrund passieren. Wer also einen schlechten Nachmittag hatte, sollte sich am Abend einfach das Foto einer nackten Person ansehen und kann dadurch sicherstellen, dass er die Trübsal der zuletzt erlebten Stunden nicht in den nächsten Tag mitnimmt.»

Getanzte Thesen

Zu den Methoden, schlechte in gute Laune zu verwandeln, gehört sicher auch das Tanzen. Wissenschaftler sind für solche Bewegungsfreuden jedoch nicht gerade bekannt. Der Wissenschaftsjournalist John Bohannon von der Zeitschrift *Science* wollte dennoch wissen, ob Wissenschaftler nicht wenigstens heimlich in ihren Elfenbeintürmen das Tanzbein schwingen. Um es herauszufinden, schrieb er im Namen der Wissenschaftlervereinigung AAAS einen entsprechenden Tanzbewerb aus, den «Dance your PhD Contest» (zu Deutsch: der «Tanz-deine-Doktorarbeit-Wettbewerb»).

Den ersten Platz in der Kategorie «Post Doc» gewann 2008 die Deutsche Miriam Sach von der Universität Düsseldorf, die ihre Doktorarbeit über die «Darstellung der Hirnstrukturen bei der Bildung regulärer und irregulärer Verbformen mit der Positronen-Emissions-Tomographie: Ein Vergleich zwischen Einzel- und Gruppenanalyse» schrieb.

Es geht darum, erklärt Sach, wie regelmäßige Verben – also zum Beispiel «kochen/kochte» – und unregelmäßige Verben – zum Beispiel «singen/sang» – im Gehirn verarbeitet werden. Es gibt unterschiedliche Modelle, die unterschiedliche Verarbeitungen voraussagen. So gibt es Modelle aus der Psycholinguistik, die davon ausgehen, dass beide Verben in einem gemeinsamen System verarbeitet werden, wohingegen sogenannte dualistische Modelle davon ausgehen, dass die Verarbeitung in jeweils getrennten Regionen stattfindet. Dieses Modell diente Miriam Sach als Hypothese, die sie mit Hilfe funktioneller Bildgebungsverfahren überprüfte. Die Bilder sprechen für eine gemeinsame Verarbeitung regelmäßiger und unregelmäßiger Verben in einem gemeinsamen neuronalen Netzwerk.

Auf die Idee, ihre Arbeit vorzutanzen, kam Miriam Sach durch eine Freundin, die von dem Wettbewerb gelesen hatte. Er war wie gemacht für die Doktorandin, denn neben der Wissenschaft zählt Tanzen zu ihren Hauptinteressen. Für die Choreographie musste sie natürlich vieles weglassen. Relativ schnell kam sie aber auf die Idee, zunächst die regelmäßigen Verben darzustellen, dann die unregelmäßigen und danach das Ergebnis der Arbeit, also das gemeinsame Netzwerk für die Verarbeitung beider Verbformen in einem gemeinsamen System. Sie gliederte den Tanz in diese drei Teile und stellte die regelmäßigen Verben dabei durch simples Gehen dar. Für die unregelmäßigen Verben überlegte sie sich abwechslungsreichere Bewegungen wie Sprünge, Bodenrollen, Gleiten auf dem Boden, Handstände. «Mir war auch wichtig, diese Unregelmäßigkeit auf unterschiedlichen Ebenen zu präsentieren: einerseits durch einen Höhenunterschied, also dadurch, dass die Bewegungen sehr raumgreifend und in die Höhe gerichtet sind, andererseits aber auch geerdet werden und in den Boden hineingehen. Auch die Richtungen des Raumes, in die ich mich bewege, sind in dem Teil, in dem die unregelmäßigen Verben tänzerisch präsentiert werden, sehr vielfältig, während das Gehen nur in eine Richtung orientiert ist.» Im dritten Teil, der die Ergebnisse der Doktorarbeit, also das gemeinsame neuronale Netzwerk, repräsentiert, stellte sie beide Verbformen in gemischten Bewegungen dar und nahm zum ersten Mal symmetrische Bewegungen in die Choreographie auf, um die gemeinsame Verarbeitung beider Verbformen darzustellen. Es standen nun beide Formen nebeneinander und ergänzten sich.[6]

Elfenforschung

Ob es Wolfgang Müller gelingen würde, Skeptiker von seinem Forschungsgebiet wenigstens tanzend zu überzeugen, darf rundweg verneint werden. Das liegt sicherlich nicht an mangelndem Rhythmusgefühl, schließlich ist Wolfgang Müller auch Musiker, der es mit seiner Band *Die tödliche Doris* in den späten 1980er Jahren nicht nur in Westberlin zu Kultstatus brachte. Neben diversen künstlerischen Projekten beschäftigt sich Island-Fan Müller mit der Erforschung von Elfen.[7]

«Elfen sind feinstoffliche Wesen. Als Elementargeister haben sie eine besondere Eigenschaft: Wenn zehn Personen geradeaus gucken, dann sieht eventuell nur eine von diesen zehn Personen die Elfe. Sie können sich für den Menschen selbst sichtbar machen, sie überlegen aber, wem sie sich sichtbar machen wollen.» Wolfgang Müller gibt zu, dass er selbst nicht elfensichtig ist, und ob man dazu in der Lage sei oder nicht, könne man weder durch Handauflegen noch durch andere spiritistische Zeremonien erzwingen.

In Island gehören Elfen zum Leben schlichtweg dazu, es gibt sogar einen Elfenbeauftragten. Das bedeutet allerdings nicht, dass die Isländer abergläubischer sind als die Deutschen – sie haben lediglich eine andere Art, mit bestimmten unerklärlichen Ereignissen umzugehen. Wolfgang Müller gibt dazu ein Beispiel: Wenn eine Straße gebaut wird und der Bagger nicht durch den Stein kommt und womöglich kaputtgeht, würde man in Deutschland davon sprechen, dass es technische Probleme gibt. In Island sagt man in einem solchen Fall, und das ist ganz ernst gemeint: Die Elfen waren mit dem Straßenbau nicht einverstanden und haben ihn verhindert.

Wolfgang Müller versuchte herauszufinden, warum eine S-Bahn in Berlin an einer bestimmten Stelle einen Schlenker macht, der völlig sinnlos ist. Die Berliner Verkehrsbetriebe hatten darauf keine Antwort. In Island, da ist er sich sicher, hätte man ihm die poetische Antwort gegeben, dass die Elfen etwas gegen den geraden Verlauf der S-Bahn einzuwenden hatten.

Wie Elfen aussehen, kann man nicht generell beantworten. Von Erla Stefánsdóttir, einem populären Elfenmedium, hat Müller erfahren, dass die Beschreibungen von Wesen in Fingergröße bis hin zu «Göttinnen», die mehrere Meter groß sind, schwanken. Das bestätigte ihm auch der Leiter der Elfenschule in Reykjavík. «Wer Magnús Skarphédinsson in seiner Elfenschule aufsucht, bekommt von ihm zu hören, wo Elfen in der isländischen Mythologie vorkommen. Aber auch, warum es so viele Menschen gibt, die Elfen in ihren Träumen sehen. Dann macht er eine kleine Sightseeing-Tour, und man lernt all die Orte kennen, an denen Elfen zu finden sind – vorausgesetzt, man sieht sie. Am Ende gibt es für jeden noch einen Kaffee und eine Waffel.»

3

Warum Klatsch und Tratsch wichtig sind – Verständnisvolle Wissenschaft

Der Mensch gilt als von Natur aus neugierig. Er will die Welt erkunden, sie verstehen und, wo immer möglich, sie verbessern. So weit das Ideal. Tatsächlich verbringen die meisten Menschen wesentlich mehr Zeit damit, sich ihre Langeweile mit allerlei Geschichten zu vertreiben. Wären die Menschen wirklich nur an sachlicher Aufklärung interessiert, müssten zum Beispiel die DIN-Taschenbücher wahre Kassenschlager sein.

DIN-Taschenbücher sind zwar nicht gerade billig – in der Regel muss man für einen einzelnen Band bereits einen dreistelligen Betrag hinlegen –, dafür bieten sie aber in ihrer Summe nicht weniger als eine Art Enzyklopädie unserer technisch-industriellen Zivilisation. Eine umfangreichere und präzisere Beschreibung der Welt ist schwer zu finden.

DIN-Taschenbücher präsentieren nämlich die Arbeiten des Deutschen Instituts für Normung e. V., DIN. In der Selbstbeschreibung dieses Instituts heißt es: «Das DIN ist der runde Tisch, an dem sich Vertreter von Herstellern, Handel, Verbrauchern, Handwerk, Dienstleistungsunternehmen, Wissenschaft, technischer Überwachung und Staat zusammensetzen und markt- und zeitgerechte konsensbasierte Normen erarbeiten.»[8]

Wir alle profitieren von dieser etwas sperrig beschriebenen Arbeit des DIN. Ohne DIN-Normen würde z. B. die Glühbirne nicht in die Fassung, der Brief nicht ins Kuvert oder der Tankstutzen nicht in den Autotank passen.

DIN-Normen regeln und erleichtern die meisten unserer alltäglichen Anwendungen, indem sie etwa Größe und Art eines Gegenstandes oder einen Standard für gängige Verfahren festlegen. Dennoch interessiert sich die große Mehrheit herzlich wenig für diese Schriften und begnügt sich mit der Rolle des launischen Konsumenten, der sich nur meldet, wenn mal etwas nicht passt. Religiöse Schriften, Liebesgeschichten und Krimis haben es da deutlich einfacher. Sie werden gerne gelesen und viel gekauft, obwohl sie mit der Wirklichkeit wenig zu tun haben. Blickt man auf diesen Vergleich, könnte man meinen, dass sich der Säulenheilige des deutschen Journalismus, Egon Erwin Kisch, gründlich geirrt hat mit seinem oft zitierten Satz: «Nichts ist so spannend wie die Wirklichkeit.» Hätte er recht, müssten die DIN-Taschenbücher eigentlich Verkaufsschlager sein, während die Bibel kaum geschenkt an den Mann zu bringen wäre. Denn die Bibel ist voll mit Geschichten, die augenscheinlich wenig mit der Wirklichkeit gemein haben: Es gibt Tote, die zum Leben erweckt werden; Manna, das vom Himmel fällt; Meere, die sich teilen; Wasser, das sich zu Wein verwandeln lässt, und viele weitere Ereignisse, die unser Verständnis von Wirklichkeit derart strapazieren, dass wir sie nur als «Wunder» bezeichnen können.

Bei aller Wunderlichkeit ist die Bibel aber auch ein Buch voller Geschichten, die das Menschsein so offenbar ausmachen: Neid, Zorn, Eifersucht, Liebe, Angst, Freude – alles, was das Leben mit anderen Menschen erträglich oder unerträglich macht, findet sich in den Geschichten der Bibel wieder. Und eben hier versagen die DIN-Taschenbücher. Zwar beschreiben sie unsere Wirklichkeit und prägen sie sogar mit ihren Normen, doch kommt es uns so vor, als fänden wir Menschen in diesen Büchern ganz einfach nicht statt.

Dabei kennt auch die Bibel Normen, wie es etwa die Zehn Gebote sind. Allerdings ergeht es den biblischen Normen und Gesetzen kaum anders als denen der DIN-Welt: Sie sind schwer zu merken und leicht zu vergessen. Machen Sie den Test! Können Sie aus dem Stand alle Zehn Gebote aufzählen? An den brennenden Dornbusch, aus dem Gott zu Moses sprach und ihm die Zehn Gebote gab, erinnern Sie sich dagegen noch, oder? Und sicher auch an den Mann, der die Arche baute, nicht? Er wohnte in der Nähe zweier Städte, die er für sündig hielt – wie waren noch gleich deren Namen? Und wen erschlug Kain?

Wer die entsprechenden Geschichten aus der Bibel einmal gehört hat, wird diese Fragen, ohne lange nachdenken zu müssen, beantworten können. Denn wir Menschen lieben Geschichten über andere Menschen so sehr, dass wir sie geradezu aufsaugen und nie wieder hergeben.

Für nichts interessiert sich der Mensch also offenbar mehr als für – andere Menschen. Aus dieser Sicht ist es auch wenig überraschend, dass das meistverkaufte Buch mit noch gültigem Copyright das Guinnessbuch der Rekorde ist. Das Buch enthält vielfältige Antworten auf die Grundfrage unseres Miteinanders: Was eigentlich treiben meine Mitmenschen den lieben langen Tag über?

Erfolgreiche Publizisten interpretieren daher Kischs Satz eher in diesem Sinne: «Nichts macht die Wirklichkeit so spannend wie andere Menschen.»

Klatsch, Tratsch und Dramatisierungen sind bei der Vermittlung von Politik, Wirtschaft, Kultur, Sport und natürlich auch Religion daher nie nur würzende Beigaben, sondern letztlich immer auch Mittel zum Zweck: Sie lenken unser Interesse.

Über welchen Witz lachte das Kabinett, als es die Kürzung der Sozialausgaben beschloss? Waren es Mitglieder aus der eigenen Partei, die die heiklen Details aus dem Privatleben des Ministers lancierten? Und war da nicht ein Zucken im Gesicht des Kraftwerkbetreibers, als er versicherte, es gäbe wirklich keine Probleme bei der Reparatur des Kernmeilers?

Gerade aus Gesichtern glauben wir zahlreiche Informationen über andere Menschen ablesen zu können. Denn Gefühle, so die landläufige Meinung, sind untrennbar an entsprechende Körperreaktionen gekoppelt. Wer sich schämt, wird rot. Wer sich freut, lächelt, strahlt oder grinst. Wer sich fürchtet, wird bleich und fängt an zu zittern usw.

Menschen, die ihr Gesicht freigiebig «sprechen» lassen, gelten deshalb auch als besonders authentisch. Sie lassen ihre Umwelt an ihren Gefühlen teilhaben, tragen scheinbar ihr Herz nach außen und wirken dadurch, als hätten sie vor niemandem etwas zu verbergen. Das schafft Nähe. Als die Kanzlerin während der Fußball-WM in Südafrika bei einem Tor der deutschen Nationalelf vor Freude aufsteht, die Arme hochreckt und lacht, haben wir alle kollektiv den Eindruck, ausnahmsweise einmal ganz nah an den Menschen Angela Merkel herangerückt zu sein. Würde sie das Gleiche bei der Verkündung neuer Steuergesetze tun, wären wir dagegen irritiert. Wahrscheinlich würden wir eine jubelnde Merkel in einem solchen Augenblick immer noch als authentisch empfinden, doch erwarten wir von einer Regierungschefin ganz sicher mehr Seriosität. Es ist uns daher mehr als recht, wenn sie bei ihren Amtsgeschäften ihre Gefühle unterdrückt, und wir nehmen den Mangel an Authentizität nicht nur gerne in Kauf, sondern erkennen darin sogar einen besonderen Grad von Reife, die für ein solches Amt unabdingbar scheint. Um zu klären, warum das so ist, muss man sich das Zusammenspiel von Gefühl, dem Ausdruck des Gefühls (Mimik und Gestik) sowie der Kontrolle des Gefühlsausdrucks ansehen. Wir verwenden im Folgenden die Begriffe «Gefühl» und «Emotion» weitgehend synonym, um die Dinge nicht zu verkomplizieren. Die Wissenschaft unterscheidet zwischen «Gefühl» (das subjektiv Erlebte einer Emotion), dem «Affekt» (eine intensive, kurze emotionale Reaktion), der «Stimmung» (dem emotionalen Zustand einer Person über einen längeren Zeitraum) sowie der «Emotion» (die komplexe Reaktion eines Individuums auf eine Situation, die sie als für sich bedeutsam wahrgenommen hat – inklusive aller damit verbundenen Gefühle, psychischen und physischen Veränderungen sowie kognitiven Prozesse).

Der Ausdruck ist wie eine Sprache, erläutert der Psychologe Manfred Holodynski von der Universität Münster, die sehr vielgestaltig ist.[9] Wie man die mündliche Sprache lernen muss, so müssen auch Kinder diese feinen Nuancen der nonverbalen Sprache erst lernen und wissen, in welcher Situation welcher Emotionsausdruck welche Wirkung hat. Der Begriff «Emotionsausdruck» legt nahe, dass er unser Inneres ausdrückt. Aber das Entscheidende ist die Funktion des Emotionsausdrucks, so der Psychologe. Ein Ausdruck soll eine andere Person anrühren, soll den anderen beeinflussen, etwas Bestimmtes zu tun. Er zielt auf die Wirkung, auf das, was er beim anderen auslöst. Manfred Holodynski gibt das folgende Beispiel: Ein Mann oder eine Frau, die bei einem Beziehungsgespräch in Tränen ausbricht, muss das vorher nicht geplant haben, zielt aber ganz sicher doch auf den Effekt: Die Tränen sollen beim anderen einen Fürsorgereflex auslösen – ich tröste dich, ich bin bei dir, ich nehme das Gesagte zurück.

Um den Gesichtsausdruck seines Gegenübers richtig zu deuten, sollte man nicht von dem ausgehen, was man meint, was der andere ausdrücken möchte, sondern welche Wirkung das auf das jeweilige Gegenüber hat.

Diese Erkenntnis bricht mit der Annahme, Gesten und Mimik seien grundsätzlich angeboren, die lange Zeit ihre Erforschung bestimmte. Bereits Charles Darwin schrieb 1872: «Dass die hauptsächlichsten ausdruckgebenden Handlungen, welche der Mensch und die niedern Thiere zeigen, jetzt angeboren oder vererbt sind, –

d. h. dass sie nicht von dem Individuum gelernt worden sind, – wird von Jedermann zugegeben»[10].

Studien, die Eltern in aller Welt leicht nachvollziehen können, scheinen diese These zu bestätigen. Denn bereits Neugeborene produzieren spontan erkennbare Gesichtszüge. Sie rümpfen beispielsweise bei Ekel vor einem Geruch oder Geschmack die Nase und strecken dabei die Zunge vor. Im zweiten Monat kommt das Lächeln als soziale Reaktion hinzu. Angst, Überraschung, Traurigkeit und Ärger folgen bis zum siebten Monat, während noch komplexere Emotionen wie Verachtung, Schuld und Scham sich erst im Laufe des zweiten Lebensjahres zeigen.

Einen anderen Weg, die These von den angeborenen Emotionsausdrücken zu untermauern, beschritt der US-amerikanische Psychologe und Anthropologe Paul Ekman. Er sammelte über Jahrzehnte Gesichtsausdrücke aus aller Welt, katalogisierte sie und kam dabei zu dem Schluss, dass das Verständnis der meisten unserer Gesichtsausdrücke universell sein müsse, da sie über unterschiedliche Kulturen hinweg verstanden werden.

Auch für Manfred Holodynski ist klar, dass der Mensch ein gewisses Repertoire an Emotionen mitbringt. Seiner Ansicht nach irrt Ekman aber insofern, als er glaubt, es gäbe ein Programm an Ausdrucksformen, das mechanisch abläuft, wenn man in einem emotionalen Zustand ist. Das trifft bei Tieren wohl zu, beim Menschen ist es aber eher so, dass Emotionen wie Rohdiamanten sind, die durch die Kultur erst geschliffen werden müssen. Wenn jemand zum Beispiel Ärger empfindet, erklärt Manfred Holodynski weiter, stehen ihm viel mehr Ausdrucksmöglichkeiten zur Verfügung, als immer nur den prototypischen Ausdruck zu zeigen mit gebleckten Zähnen oder stechendem Blick und Drohgebärden. Er kann seinen Ärger auch anders ausdrücken, feiner, zurückhaltender.

Die Vorstellung, dass unser emotionales Leben auf klar unterscheidbaren und unzerlegbaren Basisemotionen beruht wie Angst, Wut, Trauer, Freude oder Ekel und diese auch überall ähnlich ausgedrückt werden, wird seiner Vielfalt und Variabilität nicht gerecht, meint Manfred Holodynski.

Im Laufe unserer Kindheit lernen wir, den sichtbaren Gefühlsausdruck von unseren inneren Gefühlen zu trennen. Wenn Vorschulkinder in einer Schachtel Süßigkeiten vermuten, sich diese aber beim Öffnen als leer erweist, zeigen sie ihre Enttäuschung darüber noch deutlich, egal, ob eine weitere Person im Raum ist oder nicht. Schulkinder hingegen zeigen in der gleichen Situation ihre Enttäuschung meist nur noch dann, wenn eine andere Person im Raum ist, mit der sie ihre Enttäuschung teilen können nach dem Motto «Geteiltes Leid ist halbes Leid». Sind sie allein, reagieren sie gar nicht mehr oder nur noch deutlich gedämpft. Kinder beginnen im Grundschulalter also damit, ihre Gefühle zu verinnerlichen, sie zu internalisieren. Mit der Trennung von subjektivem Empfinden und sichtbarem Ausdruck erweitern Kinder ihre Handlungsspielräume. Sie lernen innezuhalten und sich effizientere Mittel als den direkten Gefühlsausdruck zu überlegen, um ihre Ziele durchzusetzen. Wie sie Gefühle regulieren, ist nun äußerlich nicht mehr zu erkennen. Sie lernen ihren jeweiligen Gefühlsausdruck zu kontrollieren.

Die Entwicklungspsychologie geht davon aus, dass derjenige, der besonders gut lernt, seine Emotionen zu regulieren, auch ein besonders hohes Maß an sozialer Kompetenz besitzt. Denn nur wer lernt, seine eigenen Emotionen zu verstehen, kann sich auch in andere hineinversetzen und mit diesem Wissen dann wiederum seine Reaktionen noch besser koordinieren. Etwas zugespitzt formuliert gilt: Wer seine eigenen Emotionen im Griff hat, kommt mit seinen Mitmenschen besser klar. Genau deswegen bringen wir unseren Kindern bei: «Wer schreit, hat unrecht.» Eine Regierungschefin weiß das, und auch Verkehrspolizisten appellieren an dieses

Wissen, wenn sie erregte Unfallteilnehmer mit einem «Nun beruhigen Sie sich erst mal» wieder zur Vernunft oder, vor dem Hintergrund des eben Besprochenen besser formuliert: wenn sie jemanden zurück auf den Pfad emotionaler Reife führen wollen.

Sind Lügen besser als ihr Ruf?

Das Beruhigen von Unfallteilnehmern ist für Verkehrspolizisten natürlich kein Selbstzweck, sondern eher eine Voraussetzung für ihren eigentlichen Job, nämlich herauszufinden, was geschehen ist. Wer hatte Vorfahrt? War alles am Fahrzeug in Ordnung? Hat der Fahrer getrunken? Nicht selten müssen Polizisten beurteilen, ob jemand die Wahrheit sagt oder ob er schwindelt. Mit der Zeit lernen die meisten Ordnungshüter, auf dafür auffällige Zeichen zu achten: Geht die Tonlage der befragten Person in die Höhe? Kratzt sie sich oft im Gesicht oder an der Nase? Wird Augenkontakt vermieden, bleiben die Augen beim Blinzeln länger geschlossen, oder wird unnatürlich häufig geblinzelt? Wird das Gesicht rot, sind die Pupillen vergrößert, passt die Mimik nicht mit dem Gesagten zusammen (jemand sagt «Nein» und nickt gleichzeitig mit dem Kopf)? All dies *kann* darauf hindeuten, dass jemand gerade lügt. Leider ähneln diese unbewussten Verhaltensänderungen auch jenen, die durch Stress hervorgerufen werden, sind also keineswegs eindeutig.

Nicht gerade leichter wird das Erkennen einer Lüge durch die Tatsache, dass man nur schwer definieren kann, was eigentlich eine Lüge ist.

Selbst strenge Christen verstehen das neunte Gebot, «Du sollst nicht lügen», nicht als permanente Aufforderung, immer und überall bedingungslos die Wahrheit zu sagen. Man darf auch mal verschweigen, dass der Kollege nicht erst seit Weihnachten ein paar Kilo zu viel auf den Rippen trägt, und auch der neuen Chefin wird man nur ungern direkt auf die Nase binden, dass ihre Modernisierungspläne die Belegschaft überfordern. Hält man solches Verschweigen bereits für eine Lüge, lügt der Mensch angeblich mindestens zweihundertmal am Tag.

Alfons Hamm, Direktor des Instituts für Psychologie der Ernst-Moritz-Arndt-Universität in Greifswald, hält wenig von solchen Schätzungen. Denn wie so vieles bei uns Menschen kann man auch über die Lüge nur sinnvoll sprechen, wenn man sie eingebettet in ihre soziale Funktion betrachtet.

Wenn wir mit Absicht etwas sagen, das nicht stimmt, ist es normalerweise so, dass wir uns körperlich dabei aufregen, wir schämen uns. Deswegen hat die Lüge auch einen sozialen, regulativen Charakter, erklärt Alfons Hamm. Wir bringen unseren Kindern früh bei, nicht zu lügen, weil das soziale System funktionieren muss. Aber wir können natürlich – und deswegen gibt es ja den Begriff – die Notlüge einsetzen. Das heißt, wenn wir die Unwahrheit sagen oder die Wahrheit schlicht verschweigen, damit das soziale System weiterhin oder wieder besser funktioniert, ist die Lüge durchaus legitim. Es kommt immer darauf an, wie viel Wahrheit das Gegenüber verträgt. Für Alfons Hamm steht fest: Solange der soziale Frieden nicht gestört wird, sollte man so häufig die Wahrheit sagen wie möglich und nur so viel lügen wie nötig.

Namhafte Verbrecher

Dieses einfache Rezept für ein friedliches Miteinander zu beherzigen, fällt den meisten von uns scheinbar leicht, wenn es etwa darum geht, andere nicht einfach wegen ihres Namens anzugreifen. Sich nicht über Namen lustig zu machen, lernen schon Kinder, schließlich kann niemand etwas dafür, wie er heißt. Das Problem ist nur: Namen prägen uns offenbar mehr, als wir es gemeinhin für möglich halten. David E. Kalist und Daniel Y. Lee von der Shippenburg University in den USA fragten sich, ob es einen Zusammenhang zwischen bestimmten Vornamen und einem Hang zum Verbrechen gibt. Nicht nur zu ihrem Erstaunen war die Antwort: ja.[11]

Die beiden Forscher entwickelten einen «PNI» genannten Index. «PNI» steht für «Popularity Name Index». Er gibt Auskunft darüber, wie häufig und beliebt ein Name im Vergleich zu anderen ist – erstellt also eine Art Hitparade der Vornamen. Kalist und Lee nahmen nun zwei weitere Faktoren ins Visier: Zum einen sammelten sie die Vornamen von Bürgern aus verschiedenen Bundesstaaten der USA, die bislang nicht in Konflikt mit dem Gesetz gekommen waren. Zum anderen sammelten sie auch Vornamen von jugendlichen Straftätern, und zwar solchen, die nicht in U-Haft saßen, sondern längere Haftstrafen abzusitzen hatten. Ihre Stichprobe lag bei weit über 10 000 Teilnehmern, was sehr viel ist. Da sie nur die Vornamen brauchten, hatten sie mit dem Datenschutz aber auch kein Problem.

Es stellte sich tatsächlich heraus, dass es eine sehr deutliche Korrelation – also eine messbare Verbindung – zwischen der Kriminalität und dem PNI gab. Wer einen unpopulären Namen trägt, hat nicht nur ein höheres Risiko, zu einem jugendlichen Straftäter zu werden, sondern muss auch häufiger damit rechnen, dass er in einer sozial benachteiligten Umgebung aufwächst und sehr vermutlich auch in einem Bundesstaat, der nur geringe ökonomische Aufstiegschancen bietet. Für die USA wichtig: Das gilt für Farbige wie für Weiße gleichermaßen.

Übertragen auf Deutschland bedeutet die Studie, dass ein Mädchen, das beispielsweise Julia heißt, per se beliebter bei anderen ist und weniger Gefahr läuft, straffällig zu werden. Schließlich gehört der Mädchenname Julia seit vielen Jahren zu den Dauerbrennern unter den beliebtesten Vornamen.

Auch bei anderen Studien fiel auf, dass es einen Zusammenhang zwischen der Namensvergabe und den sozialen Verhältnissen gab. Menschen, die in familiären Instabilitäten leben, vergeben häufiger unpopuläre und damit seltene Namen. Offenbar leisten sich Menschen, die sich sonst nichts leisten können, wenigstens einen seltenen Namen oder zumindest eine seltene Schreibweise des Namens. Wer in einer sozial schwachen Gegend wohnt, hofft, dass er durch die extravagante Namensgebung etwas Besonderes für sein Kind und für sich selbst erzielen kann.

Namen markieren also soziale Grenzen. So glauben zum Beispiel Westdeutsche, dass ihre ostdeutschen Nachbarn komische Namen tragen – und umgekehrt.

Es gibt sogar eine Grenze zwischen Berlin und Brandenburg, obwohl man in diesem Fall natürlich nicht von Ost und West sprechen kann. In Brandenburg sind die häufigsten weiblichen Vornamen Lilli, Hannah und Lea. In Berlin – es gibt da eine klare Trennlinie – sind es Lara, Anna und Emma. Und bei den Männern sind es in Brandenburg Paul, Lukas und Leon, in Berlin hingegen Maximilian, Lukas und Leon.

Namen bestimmen unser Schicksal

Wenigstens bei den männlichen Vornamen nähern sich Ost- und Westdeutsche also allmählich an. Dass diese Erkenntnis keine Petitesse ist, sondern vermutlich ein Zeichen wirklichen Zusammenwachsens, darauf weisen weitere Studien zu Namen. Joseph P. Simmons von der Yale University und Leif D. Nelson von der University of California wollten mit einer relativ aufwendigen Forschungsarbeit Kritikern zeigen, dass die Initialen von Vor- und Nachnamen tatsächlich Auswirkungen auf sehr viele Lebensbereiche haben.[12] Dazu haben sie sich zunächst Daten zum sehr amerikanischen Spiel Baseball angesehen. Man muss dieses Spiel aber zum Glück nicht kennen, um die Studie zu verstehen. Es genügt zu wissen, dass im Baseball zwei Mannschaften gegeneinander antreten und es wie bei den meisten Sportarten darum geht, in irgendeiner Form mehr Punkte zu erzielen als der Gegner. Beim Baseball gilt es auf dem Weg zu diesen Punkten sogenannte Strikes und Strikeouts zu erzielen. Werden drei Strikes erzielt, gibt es einen Strikeout. Seit dem Jahr 1913 werden Statistiken im Baseball aufgestellt, in denen Strikeouts mit dem Buchstaben «K» geführt werden. Die Forscher der Yale University und der University of California haben alle Spiele, die seit 1913 jemals in der höchsten Liga stattfanden, nach den Namen der Leute, die einen Schläger in der Hand hatten, und nach Strikeouts durchgesehen. Tatsächlich fanden sie einen überzeugenden Effekt: Wer ein «K» als Initial in einem seiner Namen führt, kommt öfter zu einem Strikeout, etwa 1,5 % häufiger als alle anderen, die kein «K» im Namen haben.

Statistisch lässt sich das nicht mehr als Zufall bezeichnen. Dennoch haben die Forscher nach weiteren Belegen für dieses faszinierende Phänomen gesucht und sich dafür die Benotungen von Studenten genauer angesehen.

Die Notenvergabe in den USA erfolgt nicht wie in Deutschland mit Zahlen, sondern mit Buchstaben. Ein «A» entspricht einer deutschen «1», «B» ist die zweitbeste Note, «C» die drittbeste usw. Auch scheuten Leif D. Nelson und Joseph P. Simmons keine Mühe und prüften alle Klausuren, die zwischen 1972 und 2004 geschrieben wurden, auf die Initialen der Studenten und die Notengebung. Zusätzlich befragten sie Studenten, ob sie ihre Initialen mögen oder nicht. Und jetzt wird es verrückt: Wenn die Studenten ihre Initialen mögen und diese zum Beispiel mit «C» oder «D» anfangen, hier in Deutschland vielleicht Carola und Dörte, dann schreiben sie schlechtere Noten. Da sie das «C» und das «D» mögen, führt das unterbewusst offenbar dazu, dass sie die schlechtere Note schreiben, die mit dem «C» oder «D» verbunden ist. Wenn sie ihre Initialen allerdings nicht mögen, dann schreiben Carola und

Dörte die besseren Noten, nämlich das «A» und das «B». Hat man das Initial «A» oder «B» im Namen, gibt es allerdings überhaupt keinen Effekt.

Doch damit nicht genug. Nun haben sich Nelson und Simmons alle 170 juristischen Fakultäten der USA vorgenommen und untersucht, welche Jurastudenten mit welchen Initialen auf welche Universität gehen. Der Rechner, der die Daten verarbeitete, lief drei Tage und drei Nächte ununterbrochen. Es stellte sich heraus, dass, je besser eine juristische Fakultät in den entsprechenden Rankings dastand, es dort umso mehr Studenten gab, die in ihrem Namen die Initialen «A» oder «B» trugen – was ja korrespondiert mit den besseren Noten «A» oder «B». Die schlechteren Universitäten haben dagegen mehr Studenten mit den Initialen «C» oder «D». Auch hier wieder signifikant für Naturwissenschaftler und die, die sich dafür interessieren: Der p-Wert[13] ist 0,36 – das ist zwar nicht herausragend, aber doch gar nicht schlecht.

Der Höhepunkt der Studie ist ein Experiment: Dafür wurden 284 Versuchspersonen rekrutiert, die jeweils zehn Anagramme lösen sollten. Ein Anagramm ist ein Buchstabenrätsel, bei dem es darum geht, aus einer losen Folge von Buchstaben ein sinnvolles Wort «anzemuzsetzusenm» = zusammenzusetzen. Auch wenn die Buchstabenfolge bereits ein sinnvolles Wort ergibt und man versucht, neue sinnvolle Wörter mit den vorhandenen Buchstaben zu erstellen, spricht man von einem Anagramm (aus «Thomas Mann» wird zum Beispiel «Most annahm» oder aus «Albert Einstein» die «steinalte Erbin»).[14] Kann man die Buchstabenfolge von vorne und hinten als sinnvolle Wörter lesen, hat man es mit einem Palindrom zu tun, wie bei «Lager» und «Regal».

Bei den zehn Anagrammen waren zwei dabei, die nicht lösbar waren, was die Versuchsteilnehmer aber nicht wussten. Wer nun behauptete, er hätte alle Anagramme gelöst, den lehnte man für das Experiment ab – denn das konnte ja nicht sein. Außerdem schloss man diejenigen aus, die gar kein Anagramm lösen konnten, denn diese Personen waren entweder nicht motiviert oder nicht klug genug.

Das wirklich Verrückte kommt aber erst jetzt: Wenn die Personen mit ihrer Aufgabe fertig waren, sollten sie einen von zwei Knöpfen drücken, um ihre Leistung richtig einzuschätzen. Der eine Knopf stand für «Ich habe eher weniger Anagramme gelöst», der andere für «Ich habe recht viele Anagramme gelöst». Die Knöpfe waren mit Buchstaben versehen. Alle Versuchsteilnehmer sahen diese Knöpfe vom Beginn des Experiments an vor sich. Und wieder war ein entscheidender Faktor bei der Wahl des Knopfes, ob der Buchstabe ein Initial des eigenen Namens war oder nicht. Gab es eine Übereinstimmung zwischen einem Initial des eigenen Namens und dem Buchstaben auf dem Knopf für schlechtere Leistungen, wurde dieser eher gedrückt. Als man hinterher die Anagramme auswertete, stellte sich zudem heraus, dass die Menschen recht hatten: Wenn ihr Initial auf dem Knopf für die schlechtere Leistung stand, lösten sie tatsächlich weniger Anagramme – und wenn ihr Initial auf dem Knopf für bessere Leistungen stand, fiel es ihnen leichter, die Anagramme zu lösen.

Die Welt ist ein Dorf

Trotz dieser Ergebnisse könnte man annehmen, dass die Bedeutung von Namen in Zukunft eher kleiner als größer wird. In einer zunehmend globalisierten Welt haben wir es schließlich mit durchlässigen Gesellschaften zu tun, in denen sich die Kulturen und mit ihnen die Namen mischen. Prominentes Beispiel dafür ist die deutsche Fußball-Nationalelf, in der früher fast nur «deutsche» Vornamen wie Franz, Günther oder Karl-Heinz zu finden waren, in der die Spieler mittlerweile aber auch Mesut, Sami oder Miroslav heißen. In diesem Zusammenhang ist das alte Experiment von

Stanley Milgram[15] interessant, dessen Ergebnis inzwischen zu allgemeinem Volkswissen geworden ist: Jeder kennt jeden über ungefähr sechs Ecken.

Zwischen 1967 und 1970 führte Milgram eine Reihe von Versuchen durch, die alle auf dem gleichen Prinzip beruhten: Er schickte Pakete bzw. Briefe an meist willkürlich herausgesuchte Menschen und bat sie um Folgendes: Sie sollten die Sendung einer ganz bestimmten Person zukommen lassen, die in einem geographisch wie sozial weit entfernten Ort lebte. Die richtige Adresse wurde ihnen natürlich nicht mitgeteilt, stattdessen forderte man sie auf, die Sendung an eine Person zu schicken, die die Zielperson möglicherweise kennt und die Sendung dann weiterschicken kann. Die Sendung sollte so lange weitergeleitet werden, bis sie den wirklichen Empfänger erreicht. Der größte Teil der Sendungen kam zwar nie bei diesem Empfänger an, doch erstaunlicherweise schafften es einige. Mal erreichten von 160 Briefen 24 den Empfänger, mal waren es 64 von 296. Manche von den Sendungen brauchten nur zwei oder drei Stationen, um an ihr Ziel zu gelangen, andere wiederum sogar bis zu neun. Im Schnitt mussten die Sendungen, die ankamen, 5,5 bis 6 Stationen passieren. Auf diese Zahl beziehen sich die bereits erwähnten sechs Ecken, über die angeblich jeder jeden kennt.

Dieses Ergebnis von Milgrams Experiment war von Anfang an umstritten, da es zum Beispiel die hohe Zahl der Sendungen nicht berücksichtigte, die nicht zurückkamen. Mit dem Aufkommen des Internets boten sich Forschern ganz neue Möglichkeiten, Milgrams Forschung über soziale Netzwerke fortzuführen. Die Studie[16] der beiden US-Forscher Eric Horvitz und Jure Leskovec sticht dabei hervor: Die beiden Forscher konnten alle Microsoft-Messenger-Nachrichten aus dem Juni 2006 – und zwar wirklich alle – auswerten: insgesamt 30 Milliarden Nachrichten, die von 240 Millionen Menschen verschickt worden waren. Ein Aufschrei von Datenschützern blieb aus, die Nachrichten waren angeblich anonymisiert. Für den Inhalt der Nachrichten interessierten sich Horvitz und Leskovec nicht, wohl aber für Daten, die Auskunft über Alter, Geschlecht, den Wohnort und die Sprache gaben. Außerdem wurde die IP-Adresse[17] in die Untersuchung mit einbezogen, um zu überprüfen, wer mit wem in Kontakt stand. Es stellte sich heraus, dass die Sprache der wichtigste Faktor ist, der bestimmt, ob Menschen miteinander zu tun haben oder nicht. Außerdem stehen junge Menschen hauptsächlich mit anderen jungen in Kontakt und kommunizieren eher nicht mit Älteren. Falls die Altersgrenze doch überschritten wird, bleibt der Austausch relativ kurz, es werden meist nur sieben Nachrichten ausgetauscht, und damit ist die Diskussion in aller Regel geschlossen. Am meisten wird übrigens mit dem jeweils anderen Geschlecht kommuniziert: Menschen des gegenseitigen Geschlechts reagieren schneller auf die Nachricht des anderen, sind aufmerksamer und kommunizieren auch länger miteinander als nur Frauen oder Männer untereinander. Männer und Frauen verstehen sich demzufolge offenbar am besten.

Aus dem Datensatz konstruierten Horvitz und Leskovec ein soziales Netzwerk. Jeder Account, der im Untersuchungszeitraum wenigstens einmal besucht wurde, wurde als Knoten, jede Kommunikation zwischen Personen als Kante dargestellt. 180 Millionen Knoten bildeten mit 9,1 Milliarden Kanten schließlich das analysierte Netzwerk. Durchschnittlich wiesen die Nutzer fünfzig «buddies», «Freunde», auf ihrer Kontaktliste aus. Erstaunlicherweise konnten Horvitz und Leskovec Milgrams Befund von den sechs Kontakten, über die jeder jeden kennt, nahezu bestätigen. Knapp die Hälfte aller in diesem sozialen Netzwerk erfassten Personen kennen über sechs Freunde alle anderen. Will man diese Zahl noch steigern, bringt man es durch nur sieben Freunde auf ca. 80%. Eine wichtige Rolle spielen dabei sogenannte Super-

Spreader (Super-Streumaschinen), die sehr viele Leute kennen und viele Kontakte pflegen. Dank dieser stark vernetzten Persönlichkeiten leben wir tatsächlich in einer kleinen Welt.

Einsamkeit steckt an

Zumindest theoretisch ist es also für jeden Menschen möglich, mit jedem beliebigen Menschen auf der Welt in Kontakt zu treten. Dennoch wird immer häufiger über die Vereinsamung in der Gesellschaft diskutiert. Die Schuld daran wird gerne den modernen Kommunikationsmedien gegeben, insbesondere Videospiele und das Internet verödeten die sozialen Beziehungen der Menschen, so die These. Forscher[18] der University of Chicago, der Harvard University sowie der University of California gehen aber noch einen Schritt weiter und behaupten, dass sich Einsamkeit in allen sozialen Netzwerken ausbreitet – also nicht nur in denen, die über neue Medien geschlossen werden.

Das Team um den Psychologen John Cacioppo konnte diesen Effekt anhand von Daten nachweisen, die für eine Langzeit-Herzstudie erhoben wurden. Seit 1948 nahmen bislang insgesamt 12 000 Menschen aus Framingham im Bundesstaat Massachusetts an dieser Studie teil. Die ursprüngliche Gruppe bestand aus 5209 Bürgern Framinghams, einer Stadt mit rund 67 000 Einwohnern, die vor allem vom Einzelhandel und von Verwaltungs- und Dienstleistungen lebt. Diese erste Gruppe wurde nur auf Risiken für Herz-Kreislauf-Erkrankungen untersucht, weshalb die Studie auch «Framingham Heart Study» heißt. Im Laufe der Jahre kamen nicht nur die Kinder und Enkel der ersten Untersuchungsteilnehmer zur Studie hinzu, sondern auch weitere Personen, sodass man mittlerweile nahezu alle Bevölkerungsschichten abdeckt. Regelmäßig nehmen die Forscher seit nunmehr über 60 Jahren alle zwei bis vier Jahre Kontakt mit den Versuchsteilnehmern auf. Die

Studie wurde seither auch inhaltlich erweitert und fragt nun unter anderem auch nach Einsamkeit oder Depression. Für die Untersuchung zur Einsamkeit konzentrierte man sich auf die zweite Generation der Teilnehmer, auf insgesamt 5124 Personen. Diese gaben auch Auskunft über die Namen von Freunden und Bekannten. Mit den Jahren konnten die Forscher so die sich wandelnden Freundeskreise der Teilnehmer auf Karten darstellen. Es entstanden soziale Kartenmuster, aus denen sich schließlich ablesen ließ, dass Menschen mit wenigen engen Freunden ihre Freunde mit der Zeit dazu bringen, ebenfalls wenige enge Freunde zu haben. Mit anderen Worten: Einsame Menschen stecken Menschen in ihrem Umfeld mit Einsamkeit an. Gleichzeitig ließ sich zeigen, dass diese Personen sich auf die Randgebiete sozialer Kreise zubewegen.

«In diesem Randbereich haben Menschen weniger Freunde, aber ihre Einsamkeit führt dazu, dass sie auch die wenigen Bindungen verlieren, die ihnen noch bleiben», führt John Cacioppo aus.[19] Wer sich einsam fühlt, vertraut sich seiner Umwelt immer weniger an, was ihn letztlich in den Teufelskreis führt, immer weniger Menschen immer weniger zu vertrauen.

In einer anderen Studie konnte Cacioppo zeigen, dass dieser Effekt offenbar neurologisch bedingt ist. In dem Versuch bekamen 23 Frauen verschiedene Bilder gezeigt, während ein Computertomograph ihre Hirnaktivität aufzeichnete. Wenn diejenigen Frauen, die sich selbst als eher einsam beschrieben, Bilder ansahen, auf denen geselliges Treiben zu sehen war, waren die Hirnareale, die für positive Gefühle zuständig sind, wesentlich weniger aktiv als bei den Frauen, die sich nicht einsam fühlten. Dagegen war das Sehzentrum der einsamen Frauen besonders aktiv, wenn auf den Bildern Menschen in unangenehmen Situationen zu sehen waren. Offenbar nehmen einsame Menschen negative Ereignisse also besonders stark wahr. Umgekehrt waren bei den geselligen Damen jene Hirnregionen aktiver, die dafür zuständig sind, sich in andere hineinzuversetzen. Einsamkeit führt also dazu, anderen zu misstrauen, während eine gesellige Einstellung Verständnis für andere fördert.

In der Langzeitstudie fanden Cacioppo und sein Team heraus, dass sich das Gefühl der Einsamkeit bereits unter miteinander befreundeten Nachbarn ausbreitet, wenn sich eine Partei nur einmal in der Woche einsam fühlt. Mark Benecke ergänzt, dass sich ein Durchschnittsmensch im Jahr ungefähr 48 Tage einsam fühlt bzw. es tatsächlich ist. Wenn man ein paar Freunde dazugewinnt, sinkt dieser Wert um zwei Tage, man ist dann also nur noch 46 Tage im Jahr einsam. Verliert man dagegen Freunde, fühlt man sich dadurch ungefähr 50 Tage im Jahr einsam. Ein zwar schwacher, aber eben doch messbarer Effekt.

Zur eigentlichen Ansteckung kommt es, weil einsame Menschen ihr Gefühl von Einsamkeit auf die ihnen noch verbliebenen Freunde übertragen, die dann ebenfalls einsam werden, bis sie häufig alle Beziehungen auflösen. Hinzu kommt, dass die Gesellschaft die Tendenz hat, einsame Leute auszuschließen – mit gravierenden Folgen, wie Cacioppo feststellt: «Diese sich selbst verstärkenden Effekte bedeuten, dass unsere soziale Textur an den Rändern ausfransen kann wie eine gehäkelte Strickjacke durch einen aufgegangenen Faden.»

Die Gefahr, sich von der Einsamkeit anderer anstecken zu lassen, ist übrigens im Freundeskreis höher als in der Familie. Aus früheren Arbeiten weiß man zudem, dass Frauen mehr auf soziale Unterstützung setzen als Männer. Frauen infizieren sich daher eher mit Einsamkeit als Männer.

Die Einsamkeitsforschung kennt mittlerweile viele Belege dafür, dass Einsamkeit sich auch physisch auswirkt. Entzündungen und Wunden heilen schlechter, es steigt das Risiko von Herz-Kreislauf-Erkrankungen, Krebs und durch Immunschwäche hervorgerufene Krankheiten. Der Neuropsychologe Robert Wilson glaubt sogar, dass einsame Menschen ein doppelt so hohes Risiko tragen, an Alzheimer zu erkranken, als gesellige Typen.

Nicht nur wegen dieser Gefahren plädiert Cacioppo dafür, aktiv auf Einzelgänger zuzugehen und sie in die Gesellschaft einzubinden. Einsamkeit zu bekämpfen ist für ihn eine gesellschaftliche Notwendigkeit. Denn hat sich die Einsamkeit erst einmal in der Gesellschaft festgesetzt, droht sie die Gesellschaft quasi von innen heraus zu zersetzen.

Die Studie belegte aber auch, dass nicht nur die Einsamkeit durch soziale Netzwerke durchgereicht wird. Auch Rauchen, die Neigung zum Übergewicht und andere unerwünschte Angewohnheiten werden durch Freunde weitergeleitet. Da wir Freunden prinzipiell gerne ähnlich sein wollen, akzeptieren wir nicht nur ihre Unarten, sondern adaptieren sie häufig auch, was letztlich zur Ausbreitung dieser Unarten führt.

Ein Happy End lässt sich aus der Studie aber auch herleiten: Die soziale Verbreitung von Eigenschaften und Angewohnheiten gilt nämlich auch für Positives wie das Glücklichsein. Wer also dafür sorgt, dass er selbst glücklicher ist, dient damit letztlich der Gemeinschaft. Der Gedanke, es gäbe so etwas wie eine Gesamtportion an Glück in einer Gesellschaft, bei der jeder zusehen muss, wie groß das Stück ist, dass er davon abbekommt, führt daher in die Irre. Unser aller «Glückskuchen» kann beides: schrumpfen oder wachsen. Wir haben es selbst in der Hand.

4

Gesundes Know-how – Körperbetonte Erkenntnisse

Um sich einen Menschen zu basteln, besorge man sich folgende Zutaten (die Portionsgrößen reichen für einen ca. 70 kg schweren Körper): 44 kg Sauerstoff, 14 kg Kohlenstoff, 7 kg Wasserstoff, 2,1 kg Stickstoff, 1 kg Kalzium, 0,7 kg Phosphor, 170 g Kalium, 140 g Schwefel, je 70 g Chlor und Natrium, 30 g Magnesium, 3 g Eisen, 300 mg Kupfer, 100 mg Mangan sowie jeweils noch kleine Prisen von Elementen wie Jod, Zink, Arsen, Titan, Gold und vielem weiteren.

Wie man das allerdings alles so zusammenmischt, dass dabei am Ende auch ein ansehnliches Kerlchen oder Weibchen herauskommt, weiß bis heute niemand.

Ein paar Hinweise gibt es immerhin: In der Körpermasse sollten sich 46 Liter Wasser, 12 kg Eiweiß, 7,5 kg Fett, 0,7 kg Zucker sowie 3,8 kg verschiedene Salze wiederfinden. Nicht schlecht wäre auch, wenn dieser Körper Folgendes enthielte – und das sind wirklich nur unzureichende Beispiele dessen, was insgesamt unbedingt alles vorhanden sein sollte: ein Gefäßsystem von rund 100 000 Kilometer Länge, ca. 8 Meter Darm, etwas mehr als 200 Knochen und 600 Muskeln, 100 Milliarden Neuronen für das Gehirn, 4 kg Haut, 150 000 Haare für den Kopf (dann reicht es sogar für einen Blondschopf, bei roten und dunklen Haaren können es auch etwas weniger sein), 5 – 7 Liter Blut, 4 Millionen Schweißdrüsen, 132 Millionen Sehzellen usw. usf.

Die Frage, wie man das alles, ist es erst einmal vernünftig zusammengeführt, gesund hält, beschäftigt Ärzte, Pfleger, Biologen, Psychologen, Theologen, Philosophen, Naturheilkundler, Schamanen, Medizinmänner, Apotheker und natürlich jeden, mit dessen Zutatenliste irgendwann einmal etwas nicht stimmte – am Thema Gesundheit kommt kein Mensch vorbei.

Der Körper setzt in jeder Hinsicht Maßstäbe. Er ist auch das Einzige, was wir während unserer Lebenszeit wirklich besitzen, und nichts beunruhigt uns so sehr wie der Gedanke, ihn irgendwann auch wieder abgeben zu müssen. Bis es so weit ist, benutzen wir unseren Verstand, um unseren geliehenen oder geschenkten Körper – die genaue Formulierung ist hier eine Frage des religiösen oder philosophischen Geschmacks – möglichst lange in Funktion zu halten. Soweit wir heute wissen, ist aber auch der Verstand letztlich nur eine Dreingabe des Körpers und damit keineswegs der Herr im Hause, zu dem wir ihn immer wieder gerne machen würden. Unser Verstand kann sich irren oder sich sogar so überzeugend selbst täuschen, dass wir im Glauben, vernünftig zu sein, uns Unvernünftigem hingeben. Oder, wie beim bekannten Placebo-Effekt (siehe hierzu auch S. 56), uns durch Pillen heilen lassen, die eigentlich gar nicht wirken, da wir das aber nicht wissen, es eben doch tun. Gesundheit ist zu einem Gutteil reine Kopfsache, weshalb die meisten Menschen gerne wissen wollen, was nun eigentlich gesund ist und was nicht. Wer solche Daten liefern kann oder sie sogar in reale Gesundheitsleistungen umzusetzen in der Lage ist, nimmt teil an einem der größten Geschäftsfelder unserer Gesellschaft. Mehr als jeder zehnte in Deutschland verdiente Euro fließt bereits durch den Gesundheitssektor – Tendenz steigend. Denn nicht nur werden wir alle älter, auch die Medizin macht weiter Fortschritte, und zusätzliche Leistungen kosten extra.

Zu den besten und treuesten Kunden dieses Wirtschaftszweiges gehören jene, die äußerst sensibel jede Regung, jede Veränderung ihres Körpers wahrnehmen und diese oft als pathologisch, also krankhaft, interpretieren. Diesen Hypochondern, den eingebildeten Kranken unter uns, hat der Autor Robert Griesbeck ein eigenes Buch[20] gewidmet.

Wer nicht krank ist, muss noch lange nicht gesund sein

Es gibt unterschiedliche Schweregrade der Hypochondrie. Für Robert Griesbeck stehen die weichen, gemäßigten Hypochonder im Mittelpunkt seiner Recherchen, zu denen er auch sich selbst zählt: «Wir denken nicht ständig an Krankheit, aber wir sind gut informiert. Wer zum Beispiel am Abend ein Glas Wein trinkt, aber am nächsten Tag davon spricht, er habe anderthalb Flaschen Wein geleert und sei nun sicher, dass er Leberkrebs bekomme, ist höchstwahrscheinlich kein Hypochonder. Man ist es auch dann nicht, wenn man zum Beispiel bereits über vierzig ist, abends drei Flaschen Wein trinkt und zwei Schachteln Zigaretten raucht und sich am nächsten Morgen wundert, dass man das nicht mehr so locker wegsteckt.» Der Hypochonder hingegen, so führt Robert Griesbeck weiter aus, weiß ganz genau, dass so etwas normal ist. Er wird daher am Folgetag keinen Alkohol trinken, stattdessen eine Kopfschmerztablette nehmen, viel Wasser trinken und sich warme Fußbäder machen, um den Kreislauf wieder in Bewegung zu bringen. Das Entscheidende ist, erklärt Robert Griesbeck, dass der weiche Hypochonder sich mit seinem Körper auskennt. Entgegen dem gerne von Frauen gestreuten Klischee, nur Männer seien Hypochonder, ist es tatsächlich so, dass ungefähr genauso viele Frauen wie Männer Hypochonder sind. Frauen sagen zwar immer gern: «Ihr wisst ja gar nicht, was Schmerz ist. Bekommt ihr erst mal ein Kind.» Doch da kann man als Mann getrost antworten: «Versuch du erst mal, eine Betonwand niederzureißen.»

Dass hauptsächlich Männer für Hypochonder gehalten werden, liegt sicher auch an den vielen männlichen Vorbildern, die Hypochonder in der Geschichte finden, wie etwa Charlie Chaplin, Thomas Mann oder Winston Churchill.

«Und auch heute zeigen Prominente wie Woody Allen, Harald Schmidt und Jürgen von der Lippe, wie sozialverträglich wir Hypochonder sind. Auf Partys werden wir immer in Gespräche verwickelt, weil wir uns eben auskennen. Auf fast jedem Fest zeigt mir jemand etwas, das ihn an seinem Körper beunruhigt und das ich mir deshalb einmal genauer ansehen soll. Ich mache das immer gern, vor allem taste ich auch gerne ab!»

So vergnüglich diese weiche Form der Hypochondrie ist, darf man jedoch nicht vergessen, dass es Formen gibt, die alles andere als lustig sind. Man schätzt, dass etwa 4 bis 8 % aller Deutschen unter einer schweren Form von Hypochondrie leiden. Eine exakte Bestimmung ist leider nicht möglich, die Schätzung bezieht sich auf Angaben aus Arztpraxen. «Die wirklich schlimme Verlaufsform ist eine somatoforme Störung, also ein Krankheitsbild, das sich nicht auf organische Erkrankungen zurückführen lässt.» Robert Griesbeck nennt das Beispiel einer Frau, die unter schlimmsten Schmerzen litt, die einfach nicht weggingen, weder durch Behandlung noch durch Psychoanalyse. Eine solche Hypochondrie muss unbedingt behandelt werden. Vor ein paar Jahrzehnten wurden Leute wie diese Frau noch von Arzt zu Arzt geschickt, und jeder sagte, die spinnen eben. «Mittlerweile hat sich das aber zum Glück geändert. Es gibt Kliniken in Deutschland, die sich besonders gut auf die Behandlung von Hypochondern verstehen.» Dort bekommen die Betroffenen Bewältigungsstrategien beigebracht. Wie Alkoholiker müssen sie lernen, dass ihre Krankheit sie nie vollkommen verlassen wird. Ihnen bleibt nichts anderes übrig, als zu verstehen, warum sie sich krankhaft in ihre Sorgen hineinsteigern, und sich mit diesem Wissen dann zu arrangieren.

«Die größte Angst eines jeden Hypochonders ist, morgens aufzuwachen und zum Beispiel einen kleinen Schmerz in der Leiste zu spüren, der von allem Möglichen herrühren könnte. Ein weicher Hypochonder wie ich wird sich sagen: ‹Na ja, frühstücke ich erst mal, wahrscheinlich ist das am Mittag schon wieder weg› – und so kommt es dann meist ja auch. Für den Hypochonder, der wirklich unter seiner Krankheit leidet, wird der Schmerz dagegen immer schlimmer.»

Die Macht der Gedanken – Warum Homöopathie nicht wirkt

Wer mag, kann seiner Hypochondrie mit homöopathischen Mitteln zu Leibe rücken, empfohlen wird von Homöopathen unter anderem der Einsatz von «Agaricus muscarius». Die musikalische Bezeichnung erinnert nicht von ungefähr an einen Zauberspruch, wie ihn ein Harry Potter im Munde führen könnte, täuscht jedoch über den Ursprung der Substanz hinweg, den Amanita muscaria, besser bekannt als Fliegenpilz. Der vor allem für seinen leuchtend roten, mit weißen Tupfern gesprenkelten Hut bekannte Pilz wirkt nach Verzehr giftig und kann zu Verwirrung, Depressionen, Krämpfen führen, aber auch Halluzinationen und ein Gefühl der Euphorie, das sich bis zum Glücksrausch steigert, verursachen. Getreu dem Grundsatz der Homöopathie, nach dem «Ähnliches mit Ähnlichem» geheilt werden soll, wäre Hypochondrie also eine Krankheit, die eine Mischung aus Niedergeschlagenheit und Glückseligkeit ist. Denn «Ähnliches mit Ähnlichem zu heilen», bedeutet nach der von dem deutschen Arzt, Chemiker, Übersetzer und Schriftsteller Samuel Hahnemann um 1800 begründeten «Lehre der ähnlichen Leiden» (so die deutsche Übersetzung von Homöopathie), dass das homöopathische Heilmittel bei einem Gesunden genau die Wirkungen auslösen würde, an denen der Kranke leidet.

Damit der Fliegenpilz zum Heilmittel «Agaricus muscarius»

werden kann, muss er durch die sogenannte Potenzierung verdünnt werden. Dabei wird schrittweise die Menge des Gifts reduziert, während zugleich immer mehr Substanzen wie Alkohol, destilliertes Wasser, Glycerin oder Milchzucker hinzugesetzt werden. Bei «Agaricus muscarius» wird ein kleines Stück Fliegenpilz in mindestens der Menge Flüssigkeit aufgelöst, die in eine kleine Mülltonne passt. Bei der maximalen Potenzierung vermengt man einen Tropfen mit der Flüssigkeit, die dem Inhalt fünfundzwanzig olympischer Schwimmbecken (je 25 Meter breit, 50 Meter lang und 2 Meter tief) entsprechen würde.

Wie genau solche homöopathischen Mittel wirken, hat bisher noch niemand erklären können, zumindest nicht so, dass es wissenschaftlichen Ansprüchen genügt. Stattdessen kamen bislang alle empirischen Studien zur Homöopathie zu dem Schluss, dass Homöopathie überhaupt nicht wirkt, abgesehen von einem Placebo-Effekt. Dieser Effekt bezeichnet die messbaren positiven Veränderungen, die sich bei Patienten selbst dann einstellen, wenn sie nur ein Scheinmedikament ohne jeden Wirkstoff einnehmen, und zwar einfach nur deshalb, weil sie glauben, sie hätten ein «richtiges», ein wirksames Medikament bekommen. Der Placebo-Effekt beschränkt sich nicht allein auf Wirkstoffe, sondern stellt sich auch bei Behandlungen ein, zum Teil wirken sogar Scheinoperationen heilend.

Um ihn besser zu verstehen, forschten Ärzte weiter, wie Mark Benecke für «Die Profis» recherchierte: Statt Placebos zu verabreichen, änderten die Ärzte ihre Kommunikation mit den Patienten, indem sie sich mehr auf sie einließen, sich ihnen gegenüber freundlicher verhielten und sie eben nicht nur als Krankheitsfälle behandelten, sondern deutlich machten, dass sie es mit einem Menschen zu tun hatten. In allen kontrollierten Versuchen, in denen die Ärzte dieses Verhalten an den Tag legten, zeigte sich, dass die Patienten besser gesundeten.

Daraus sollte man allerdings nicht den Schluss ziehen, dass man sich nur einen netten Arzt suchen muss, um sicher sein zu können, gesund zu werden. Es kommt hier vor allem auf die Erwartung an. Wenn man glaubt, dass ein guter, kompetenter Arzt immer auch ein «harter Hund» sein muss, dann ist man bei einem solchen Arzt gut aufgehoben. Das Gleiche gilt, wenn man denkt, dass Medizin immer bitter schmecken muss oder eine große Spritze besonders wirksam ist. Allein diese positiven Assoziationen reichen aus, damit die Mittel besser helfen.

Der Nocebo-Effekt

Die Schattenseite des Placebo-Effekts ist der sogenannte Nocebo-Effekt. Der Begriff hat nichts mit dem englischen «no» zu tun, sondern leitet sich aus dem lateinischen Wort «nocere» für «schaden» ab und bedeutet so viel wie «Ich werde schaden». Der Nocebo-Effekt tritt zum Beispiel auf, wenn Ärzte sich nicht viel Zeit für ihre Patienten nehmen und diese deshalb ihre Anweisungen und Diagnosen falsch verstehen. Im Regelfall wird dabei nicht viel passieren, aber es kommt auch vor, dass ein solches Missverständnis Menschen sehr krank macht. Bei doppelt blind kontrollierten Studien – also Studien, bei denen die Versuchspersonen nicht wissen, ob sie zur Experimentalgruppe gehören, die mit einem Wirkstoff behandelt wird, oder zur Kontrollgruppe, die keinen Wirkstoff erhält – fielen Probanden bei Experimenten mit Chemotherapeutika sogar Haare aus, obwohl sie zur Kontrollgruppe gehörten, die nur Zuckerpillen bekommen hatte.

Ein mit diesem Thema verwandter Bereich sind Voodoo-Flüche, die tatsächlich funktionieren können, wie Mark Benecke ergänzt. «Viele Studien haben nachgewiesen, dass Menschen, die sich einbilden, an einer bestimmten Krankheit sterben zu müssen, es dann auch wirklich tun.»

Sogar die Frage, welche Farbe eine Pille haben muss, damit sie wirkt, kann von entscheidender Bedeutung sein. Blau wird beispielsweise häufig mit Beruhigung assoziiert. Das hängt allerdings von der Kultur ab. Bei italienischen Männern wirken blaue Pillen keineswegs beruhigend, denn Blau ist auch die Farbe des Trikots der italienischen Fußball-Nationalmannschaft. Ähnlich verhält es sich bei Menschen, die unter Kopfschmerzen leiden, die angeblich von der Bestrahlung durch Handys und Handymasten oder von Elektrosmog herrühren. In zahlreichen Versuchen konnte man zeigen, dass Menschen, die angaben, besonders sensibel auf Strahlungen oder Elektrizität zu reagieren, tatsächlich z.B. über Kopfschmerzen oder Übelkeit klagten, wenn sie glaubten, einer Strahlung oder Elektrizität ausgesetzt zu sein – und zwar selbst dann, wenn nachweislich weder das eine noch das andere bestand.

Die Kraft der Einbildung führt mitunter auch dazu, dass Menschen Stimmen hören, wo keine sind, Verstorbene scheinbar wieder auftauchen oder Bäume statt mit Ästen auf einmal mit Armen wedeln. Erich Kasten, Professor für Medizinische Psychologie an der Universität zu Lübeck, rät allen, die so etwas erleben, zur Gelassenheit.

Genießen Sie Ihre Halluzination

Der Medizinpsychologe weist darauf hin, dass Halluzinationen sowohl angenehmer als auch unangenehmer Art sein können, je nachdem, ob wir wissen, woher diese Trugbilder kommen. Alles, was wir sehen, wird an bestimmten Stellen im Gehirn abgespeichert. Wenn sich in extremen Situationen diese abgespeicherten Erinnerungen selbständig machen und plötzlich nach außen projiziert werden, haben wir das Gefühl, wir sähen etwas, obwohl es eigentlich nicht da ist. Erich Kasten nennt als Beispiel Menschen, die sich ständig mit Verstorbenen oder einem Schauspieler, einer Schauspielerin bzw. einem Idol beschäftigen. Bei ihnen wird das Gehirnareal, in dem die entsprechenden Bilder abgespeichert werden, sehr dominant sein. «In bestimmten Situationen kann es dann tatsächlich dazu kommen, dass diese Bilder nach außen projiziert werden und man das Gefühl hat, jemanden zu sehen, der gar nicht da ist.» Deshalb halluziniert man auch nur über Dinge, die man schon einmal gesehen hat. Unser Gehirn vermengt solche Bilder aber mit Bruchstücken aus anderen Erlebnissen zu scheinbar völlig Neuem.

Es gibt eine bekannte Form von Halluzinationen, das Charles-Bonnet-Syndrom, das kurioserweise bei Blinden auftritt, allerdings nur bei denjenigen, die früher einmal sehen konnten. Erich Kasten erklärt, wie sie zustande kommt: «Diese Blinden haben Gedächtnisareale, in denen Bilder abgespeichert sind. Bei den Halluzinationen dieser Menschen werden diese Bilder völlig wirr durcheinandergewirbelt, sodass daraus durchaus Neues erschaffen werden kann. Die Betroffenen glauben in solchen Fällen etwas zu sehen, das sie noch nie zuvor erblickt haben. Die Blinden selber sagen oft, das sei positiv, weil sie eben überhaupt noch irgendetwas sehen. Das ist eine Art von Halluzination, die für Betroffene sehr angenehm sein kann.»

Es gibt weitere Vorstufen von Halluzinationen. Wahrscheinlich halluziniert sogar jeder von uns – nachts. Warum sollten Träume etwas anderes als Halluzinationen sein?

«In Träumen sehen wir etwas, das gar nicht da ist, sind aber in dem Moment völlig überzeugt davon, dass das, was wir im Traum wahrnehmen, real ist. Man kann das auch tagsüber ausprobieren, indem man sich völlig entspannt hinlegt, die Augen schließt und ohne bewusste Vorstellung einfach nur darauf achtet, was sich nach einiger Zeit vor dem inneren Auge abbildet. Es kommt wie in einer Diashow zu einer sonderbaren Abfolge von Bildern, die wir nicht bewusst steuern können. Das sind die sogenannten phantastischen Gesichtsfelderscheinungen, und die sind bereits eine Vorstufe von Halluzinationen.»

Behandlungsbedürftig ist so etwas in aller Regel nicht. Ob man Halluzinationen als krankhaft bezeichnet, hängt im Grunde ohnehin nur vom Eindruck des Patienten ab. Erich Kasten: «Wenn der Patient sagt, ‹Das ist toll, was ich hab, ich genieße das, ich komme damit prima klar›, dann würde auch ich sagen ‹Wunderbar, genießen Sie Ihre Halluzinationen nur weiter›. Wenn aber ein Patient wirklich darunter leidet, dann ist das meist sehr schrecklich, weil diese Menschen häufig Grauenvolles halluzinieren und ihr Leben oft nicht als mehr lebenswert empfinden.»

In solchen Fällen, das betont Erich Kasten, besteht eindeutig Behandlungsbedarf. Das Problem ist, dass man herausfinden muss, woher die Halluzination kommt. «Wer aufgrund von Drogen halluziniert, kann das oft genießen, weil er weiß, woher die Bilder stammen. Kennt man die Ursache nicht, ist das dagegen schrecklich. Eine Frau schrieb mir einmal per E-Mail, sie sei nachts aufgewacht und habe über sich auf dem Kronleuchter eine fette, große, schwarze Spinne gesehen, die sich dann auf ihr Bett herunterließ. Das Ganze war für sie so real, dass sie panisch aufsprang, als sie das Gefühl hatte, die Spinne würde nun auf sie herunterfallen. Sie suchte die Spinne anschließend sogar unter ihrem Bett, fand aber nichts, bis ihr klarwurde, dass sie eine Halluzination gehabt haben musste. Sie legte sich wieder ins Bett, schloss die Augen und sah nun auf dem Kronleuchter über sich Hunderte von schwarzen pelzigen Spinnen herumkrabbeln, Tausende. Solche Geschichten, bei denen Sie gar nicht erklären können, woher sie kommen, sind natürlich extrem unangenehm. Es wäre übrigens ein schlechter Rat in solchen Fällen, ganz auf den Schlaf zu verzichten. Denn auch Schlafmangel kann Halluzinationen hervorrufen. Man glaubt, dass durch Schlafentzug das Traumgeschehen in den Tag einbricht, sodass wir die Träume, die wir normalerweise nachts hätten, dann am Tag erleben.»

Ein weiteres eindrucksvolles Beispiel, welche Macht Einbildungen haben, kommt aus der Schmerzforschung. Forscher des Collegium Helveticum an der ETH Zürich fanden in einer Studie heraus, dass es tatsächlich hilft, bei Schmerzen tapfer zu sein. Denn wie intensiv ein Schmerz empfunden wird, hängt auch davon ab, welchen Sinn man dem Schmerz beimisst, wie Amrei Wittwer erläutert, die an der von Professor Gerd Folkers geleiteten Studie mitgewirkt hat:[21]

Indianer leiden weniger

«Wer sich als starke Persönlichkeit fühlt und einen Sinn im Schmerz erkennen kann, erträgt mehr Schmerz und empfindet ihn als weniger stark. Es trifft aber auch das Gegenteil zu: Wer sich als Opfer wahrnimmt, sich schwach fühlt und keinen Sinn im Schmerz sieht, verstärkt ihn.»

Herausgefunden haben das Amrei Wittwer und ihre Kollegen, indem sie testeten, wie lange Probanden Schmerzen aushielten. Die Probanden bekamen dafür eine etwa zwei mal drei Zentimeter große Heizplatte an den Arm gebunden, deren Temperatur sich so lange steigerte, bis die Probanden den Reiz per Knopfdruck stoppten. Währenddessen wurden ihr Hautwiderstand sowie der Herzschlag gemessen. Amrei Wittwer betont, dass der Versuch der Ethikkommission vorgelegt wurde, um entscheiden zu lassen, ob der erhoffte Erkenntnis-Gewinn die Zumutung für die Probanden ethisch rechtfertigt.

Die Freiwilligen schlüpften für den Versuch in zwei Rollen, die Amrei Wittwer in Anlehnung an das Computerspiel «Dungeons and Dragons» geschrieben hat. In zwei verschiedenen Durchläufen spielten sie mal einen Helden, der eine entführte Prinzessin befreien sollte und dafür auch Schmerzen ertragen musste, mal einen Feigling, der sinnlos Qualen erleidet. Direkt nach dem jeweiligen Rollenspiel stieg die Temperatur der Heizplatte so lange an, bis die Probanden den Schmerz nicht länger freiwillig ertragen wollten und den Reiz per Knopfdruck stoppten. Hier lag dann jeweils die individuelle Schmerztoleranz. Zur Kontrolle musste die eine Hälfte der Versuchsteilnehmer zehn Minuten einfach nur still dasitzen, die andere Hälfte bekam einen trockenen wissenschaftlichen Text hören.

Wenn es darum ging, die Prinzessin zu befreien, erhöhte sich stets die individuelle Schmerztoleranz: Die Probanden ließen im Durchschnitt ein bis zwei Grad mehr Hitze als im Normalzustand zu und bewerteten den Schmerz als weniger unangenehm. In der Rolle des Opfers hingegen tolerierten die Probanden ein bis zwei Grad weniger und bewerteten diesen kleineren Reiz trotzdem als unangenehmer. Amrei Wittwer fasst deshalb auch zusammen: «Den Spruch vom Indianer, der keinen Schmerz kennt, gilt, aber man könnte ihn so präzisieren: Indianer leiden weniger. Denn auch in der Rolle eines Helden haben wir durchaus Schmerzen, aber sie sind weniger stark.»

Zwei Männer zeigten in diesem Versuch derart ausgeprägte Indianer-Qualitäten, dass er abgebrochen werden musste, weil ihre Schmerztoleranz über 52 °C stieg und damit auf ein Niveau, ab dem Verbrennungsgefahr bestand.

Obwohl die Forscher aus Zürich ihre Arbeit als Grundlagenforschung verstehen und betonen, dass es ein Versuch mit gesunden Probanden war, glaubt Amrei Wittwer, dass das Experiment zumindest eine schon bestehende Praxis im Umgang mit Schmerzpatienten bestätigt und bestärkt: «Ärzte und Krankenschwestern versuchen neben der Schmerztherapie am Selbstbild des Patienten zu arbeiten, es zu stärken, an der Sinngebung zu arbeiten, und somit den Schmerz zu bekämpfen.»

Eine der ältesten Methoden, ohne Medikamente die Gesundheit zu verbessern, ist das Singen. Ihre Kraft zeigt die Arbeit mit Stimmbändern, Lunge und Kehlkopf allerdings vor allem in der Vorbeugung von Krankheiten, wie der Musiktherapeut, Gesangsforscher und Psychotherapeut Wolfgang Bossinger erläutert:

Die heilende Kraft des Singens[22]

«Wir wissen durch einige Studien, dass Singen das Immunsystem stärkt, indem es den Antikörper Immunglobulin A bildet. Singen kann daher auch bei einer drohenden Erkältung helfen, weil dann das Immunglobulin A in allen Schleimhäuten des Körpers vermehrt gebildet wird und Krankheitserreger schon beim Eindringen in den Körper unschädlich machen kann. Das Singen wirkt relativ schnell, bereits nach wenigen Minuten treten erste Effekte auf. Empfehlenswert ist aber, ungefähr eine halbe Stunde lang zu singen, dann hält die Wirkung ca. sechs volle Stunden an. Für die medizinische Wirkung kommt es überhaupt nicht darauf an, was man singt. Entscheidend ist die innere Beteiligung. Man muss auch keineswegs perfekt sein, wichtig ist, dass man mit viel Freude dabei ist. Je stärker die Hingabe beim Singen ist, umso stärker ist seine Wirkung.»

Wolfgang Bossinger weist darauf hin, dass Singen darüber hinaus die Atmung positiv beeinflusst und dazu führt, dass wir tiefer atmen. Dadurch werden die Körperzellen und die Organe besser mit Sauerstoff versorgt, was wiederum eine entspannende Wirkung auf den Körper hat.

Und noch etwas Verblüffendes weiß der Autor zu berichten: Profisänger verfügen über eine vergleichbare Fitness wie Dauerläufer, und zwar ohne tatsächlich Dauerlauf zu trainieren. Beim Singen werden sehr viele Muskeln im Körper beansprucht, vor allem die, die wichtig für das Herz-Kreislauf-System sind. Einen knackigen Hintern wird man durch das Singen zwar vermutlich nicht bekommen, aber wenn man es zum Beispiel mit Tanzen verbindet, fördert das die Gesundheit ungemein.

Beim Singen wird ein regelrechter Glückscocktail im Gehirn produziert, erzählt Wolfgang Bossinger. Als Glückshormone bekannte Botenstoffe wie Serotonin und Dopamin werden ausgeschüttet, gleichzeitig wird die Produktion des Stresshormons Adrenalin gedämpft.

Angesichts all dieser positiven Wirkungen bedauert Wolfgang Bossinger, dass in unserer Kultur das Singen mittlerweile vielen peinlich ist. Einen Grund dafür sieht er darin, dass wir von musikalischen Produkten in perfekter Qualität umgeben sind und wir uns an dieser Perfektion messen. Bei Naturvölkern oder weniger stark industrialisierten Kulturen besteht dagegen mehr Lockerheit. Wir sollten Musik nicht so stark mit Leistung verknüpfen, sondern eher spielerisch sehen, so wie Kinder das tun. Wolfgang Bossinger plädiert dafür, Singen als Teil der Alltagskultur wieder mehr zu fördern und Wege zu finden, wo Menschen ohne Leistungsdruck zum Singen zusammenkommen können. «Wir haben zwar die Tradition des Chorsingens, aber da geht es dann oft um Auftritte, um regelmäßige Proben und auch wieder darum, dass es perfekt klingen soll. Es gibt leider bisher noch wenig Gesangsformen, die sozusagen allein im Dienste der eigenen Gesundheit und der gemeinsam geteilten Lebensfreude stehen. Manche Menschen machen das ja wenigstens schon so für sich, im Auto oder unter der Dusche, und immerhin kann auch das schon helfen, Gefühle zu regulieren und in gute Stimmung zu kommen.»

Wie elementar das Singen für die Entwicklung des Menschen ist, betont auch Professor Dr. Eckart Altenmüller, er ist Musikphysiologe an der Hochschule für Musik und Medien in Hannover:

«Man kann davon ausgehen, dass vor der Sprache das gemeinsame Singen, der Gesang, da war. Die ersten Lautäußerungen von Säuglingen ähneln eher dem Singen als dem Sprechen. Die meisten Eltern singen ihren Kindern ja vor, und das ist wichtig, denn das frühe Singen hilft den Säuglingen beim Spracherwerb. Sie trainieren dabei sowohl ihre Hörwahrnehmung als auch ihre eigenen Stimmqualitäten.»

Zu singen ist im Grunde ein angeborenes Verhalten. Der Mensch hat den Trieb, sich laut zu äußern, und die ersten Höreinprägungen finden bereits im Mutterleib statt, ab der 22. Schwangerschaftswoche hören die Säuglinge, erklärt der Musikphysiologe. «Von da an prägen sie sich schon die ersten, wenn man so will, Sprachmelodien ein. Das Erste, was Säuglinge hören, ist die Stimme der Mutter. Wenn Mütter sich ihren Neugeborenen akustisch zuwenden, tun sie das meist in einer Art Babysprache, der sogenannten ‹infant-direct-speech›, die man auch als ‹Mutterisch› bezeichnen kann.» Diese spezielle Kommunikation zwischen Mutter und Säugling ist durch eine übertriebene Sprachmelodie gekennzeichnet: Es werden nur wenige Worte benutzt, die überdeutlich artikuliert werden, die Mutter spricht wesentlich höher und hält diese hohen Töne auch besonders lang. Diese Mischung aus Sprache und Gesang ist im Grunde schon ein Training für die spätere Sprache, weshalb das Singen quasi zur evolutionären Ausstattung des Menschen zählt, etwas, das eigentlich jeder kann. Es gibt nur ganz wenige Menschen, die Schwierigkeiten haben zu singen. Der wissenschaftliche Begriff dafür lautet «kongenitale Amusie», was in der wörtlichen Übersetzung so viel wie «angeborene Nichtmusikalität» bedeutet. «Das sind Menschen, die Schwierigkeiten haben, Tonhöhen überhaupt wahrzunehmen und einzuschätzen. Im Chor hat man solche Menschen früher ‹Brummer› genannt. Das waren Kinder, die überhaupt nicht wussten, wo sie mit ihren Stimmen hingehen mussten.»

«Brummer» werden zumindest im Gesang mit anderen Menschen eher wenig Erfüllung finden. Aus den Forschungen von

Eckart Altenmüller über die neurophysiologischen Effekte des Musizierens lässt sich aber leicht der Rat an Betroffene ableiten, wenn es schon nicht mit dem Singen klappt, es doch zumindest mit einem Instrument zu versuchen. Denn bei wohl keiner anderen Tätigkeit werden so verschiedene Bereiche des Gehirns aktiviert wie beim Musizieren: Man muss hören, sehen, planen, sich bewegen und fühlen, und das alles in einem sehr engen zeitlich-räumlichen Kontext. Mit anderen Worten: Ein besseres Gehirnjogging, als Musik zu machen, gibt es nicht.

Musik spielt selbst im Leben eines so «harten Hundes», wie es der Filmarzt Dr. House in der gleichnamigen beliebten Fernsehserie zu sein scheint, eine wichtige Rolle. Fast immer, wenn sich der geniale Diagnostiker, der sich Mitarbeitern wie Patienten gegenüber meist zynisch und respektlos verhält, zurückzieht, tut er das mit Musik. Dass die Serie mittlerweile sogar Anschauungsmaterial für künftige Ärzte ist, hat allerdings nichts mit der Musik, sondern fast ausschließlich mit den seltenen Fällen zu tun, die Dr. House Woche für Woche zu lösen versucht. In den universitären Alltag eingebracht hat die Serie Jürgen Schäfer, er ist akademischer Direktor an der Philipps-Universität Marburg:

Lernen von Dr. House

«Dr. House beschäftigt sich mit recht ungewöhnlichen Fällen, seltenen Orchideenerkrankungen, und die komplexen Zusammenhänge – das muss man so anerkennen – sind dort vergleichsweise gut recherchiert und auch sehr detailliert ausgearbeitet. Das Seminar erhielt den Titel ‹Dr. House Revisited – Oder: Hätten wir den Patienten in Marburg auch geheilt?›.»

Das Seminar beginnt damit, dass Jürgen Schäfer mit seinen Studenten die erste Sequenz einer Folge ansieht, in der der Patient zum ersten Mal mit seinen Beschwerden gezeigt wird. Dann stoppt er die Aufnahme und überlegt gemeinsam mit den Studenten, welche Diagnosen für diese Symptome denkbar sind – genau wie Dr. House, der in seinem Team über die möglichen Ursachen der jeweiligen Erkrankung diskutiert. Und so geht es immer weiter, denn das eigentliche Ziel des Seminars ist es laut Jürgen Schäfer, die differentialdiagnostischen Vorgehensweisen zu üben, den Stellenwert von Krankengeschichten, die Anamnese, die Vorerkrankungen von Patienten, die Lebensverhältnisse und Lebensumstände mit zu bewerten, um dann zu einem Bild der Erkrankung zu kommen.

Die durchgeknallte Persönlichkeit von Dr. House hat dagegen keinerlei Vorbildcharakter und entspricht in dieser Hinsicht natürlich auch nicht dem Arzt- und Leitbild der Philipps-Universität Marburg. «Wie realitätsnah die Fälle der Serie sind, variiert übrigens von Folge zu Folge. Mal hat man den Eindruck, die Drehbuchautoren hätten direkt aus einem Lehrbuch abgeschrieben, mal sind die Fälle so abwegig, dass sie mit der Realität nichts zu tun haben.»

Im Juni 2010 wurde Jürgen Schäfer für sein Seminar sogar vom Medizinischen Fakultätentag und vom Stifterverband für die Deutsche Wissenschaft mit dem Ars-legendi-Fakultätenpreis für exzellente Lehre in der Medizin, dem wichtigsten Lehrpreis Deutschlands, ausgezeichnet. Mittlerweile gibt es auch an anderen Universitäten «Dr. House»-Seminare. Die Frage, die Jürgen Schäfer im Titel des Seminars stellt, bejaht er, denn natürlich wären die Patienten von Dr. House auch in Marburg geheilt worden.

Eine solide Ausbildung würde man sicher ebenso all jenen Ärzten unterstellen, die sich um prominente Zeitgenossen kümmern. Zu seiner eigenen Überraschung stellte der Wissenschaftsautor Jörg Zittlau jedoch fest, dass Berühmtheiten sich besonders häufig von Ärzten behandeln lassen, die ganz offenbar nicht zur Zierde ihrer Zunft taugen:[23]

Auf die Idee, sich näher mit dem Thema zu befassen, sei er unter anderem durch den Film «Amadeus» von Miloš Forman gestoßen. Darin wird Mozarts Kontrahent, der Komponist Antonio Salieri, verdächtigt, seinen Kollegen vergiftet zu haben. Das entspricht aber nicht den historischen Tatsachen, denn Mozart wurde nicht von Salieri vergiftet, sondern hatte schlicht einen schlechten Arzt, der, anstatt seinen Patienten zu behandeln, als dessen Gesundheitszustand schon sehr bedrohlich war, einfach ins Theater ging.

Ausgehend von diesem Fall hat Jörg Zittlau nach weiteren gesucht und ist sehr schnell fündig geworden, was ihn verwunderte: «Man denkt ja, dass sich die Prominenten angesichts ihres Vermögens und ihres Ansehens die allerbesten Ärzte leisten können. Man muss aber sehen, welche Ärzte sich einem Prominenten überhaupt als Leibarzt zur Verfügung stellen. Es wird wahrscheinlich nicht der Arzt sein, der in einem Kranken- oder Armenhospiz die Leute versorgt, sondern es wird einer sein, der eine gewisse Geltungssucht hat oder hinter dem Geld her ist. Und das müssen nicht zwangsläufig die besten Ärzte sein. Ich bin bei meinen Recherchen auf verschiedene Typen von Ärzten gestoßen, die Prominente behandeln. Da gibt es Abzocker und Karrieremacher, Stümper und Ignoranten, aber auch das, was ich Ideologen nennen würde, wie das bei dem Philosophen Friedrich Nietzsche der Fall war. Dessen Ärzte dichteten ihm posthum an, er sei geschlechtskrank gewesen und infolge dieser Krankheit irre geworden. Dahinter stand eine klar erkennbare Absicht: Nietzsche war ein bekennender Antichrist, ein Gegner des Christentums. Indem man ihn als geschlechtskranken Irren darstellte, konnte man sagen, der arme Mann sei eben vom Teufel besessen gewesen, habe sich deshalb vom Christentum abgewandt und sei von Gott dafür mit dieser schweren Lustseuche bestraft worden. Tatsache ist jedoch, dass es überhaupt keine Hinweise darauf gibt, dass Nietzsche Syphilis hatte. Denn wie sollte er sich diese Krankheit auch eingefangen haben? Syphilis wird durch Geschlechtsverkehr übertragen und Nietzsche lebte absolut enthaltsam. Belegt ist ein einziger Besuch in einem Kölner Bordell, bei dem er so verlegen war, dass er sich ans Klavier verdrückte und den anwesenden Damen eine Sonate vorspielte.

Eine Mischung aus Unfähigkeit und Gier findet man bei Paul Gachet, dem Arzt, von dem sich van Gogh am Ende seines Lebens behandeln ließ. Van Gogh war zu diesem Zeitpunkt bereits stark depressiv und selbstmordgefährdet. Über Gachet sagte van Gogh, dass es dem noch schlechter ginge als ihm selbst. In der Tat war Gachet schwer depressiv, zugleich aber auch ein Kunstkenner – eine ziemlich verhängnisvolle Kombination. Gachet konnte seinem depressiven Patienten kaum helfen, ließ sich aber dennoch von van Gogh mit Bildern beschenken. Die Bilder hatten damals natürlich noch nicht den Wert, den sie heute haben, denn van Gogh war noch nicht so bekannt. Aber Gachet ahnte bereits, dass diese Bilder einmal teuer gehandelt werden würden. Als Gachet später selbst starb, hinterließ er einen Nachlass, dessen Wert auf über eine Milliarde Dollar geschätzt wurde.

Zur Kategorie der Pfuscher zählt der Arzt, der Sigmund Freud ein Krebsgeschwulst aus der Mundhöhle holte – leider unvollständig, sodass unzählige Folgeoperationen notwendig waren. Große Teile des Ober- und Unterkiefers mussten schließlich entfernt werden und wurden durch eine Prothese ersetzt. Diese saß aber locker und verlor ihren Halt, weshalb Freud sich angewöhnte, sie mit seinem Daumen von unten festzuhalten. Diese Geste interpretierten viele seiner Patienten dann als ein Zeichen dafür, dass Freud ihnen besonders aufmerksam zuhörte.»

In einer der populärsten Theorien Freuds geht es um sexuelle Perversion. Für Freud ist sie eng verknüpft mit der Ambivalenz zwischen Ekel und Lust: Dinge, vor denen wir uns ekeln, mit denen wir möglichst nichts zu tun haben wollen und die wir aus unserem Leben ausschließen, können uns demnach Lust verschaffen, wenn wir sie unverdrängt zulassen. Ein Erwachsener kann im Spiel mit Kot Lust empfinden, weil er, so Freuds Theorie, dadurch zu einem archaischen Urtrieb zurückkehrt und all das vergisst, was ihm durch die frühkindliche Erziehung zur Sauberkeit an Ekel eingeimpft wurde.

Ganz jenseits aller Perversionen und psychoanalytischen Spekulationen kann man sich als Erwachsener aber auch mit Kot beschäftigen und dabei unter anderem herausfinden, dass der Kot von Vegetariern in der Regel schwerer ist als der von Fleischessern – verantwortlich dafür ist der hohe Anteil von Ballaststoffen an der vegetarischen Ernährung. Zu diesen und anderen Erkenntnissen kamen die Wissenschaftsjournalisten Werner Bartens und Sebastian Herrmann, als sie sich mit den «herrlich ekligen» Säften unseres Körpers beschäftigten:[24]

Unser saftiges Inneres

Ekel ist eine der sogenannten Basisemotionen, die weltweit und in allen Kulturen angeboren ist. Der Ekel dient dazu, dass man giftige Substanzen, die man verschluckt oder eingeatmet hat, möglichst schnell wieder loswird, indem man z. B. Brechreiz verspürt und sich übergeben muss. Bartens und Herrmann fanden bei ihren Recherchen heraus, dass wir uns durch alle Kulturen hinweg ausschließlich vor organischen Dingen wie Spucke, Kot oder Erbrochenem ekeln, Anorganisches wie ein Stein oder ein Stück Metall hingegen in der Regel keinen Ekel erzeugt. So wichtig und richtig dieser Ekel ist, so faszinierend finden wir Menschen jedoch auch die Sekrete unseres Körpers, die ihn auslösen, nicht zuletzt deshalb, weil sie wichtige Funktionen innehaben. Als Beispiel hierfür nennt Herrmann das Ohrenschmalz.

Es stammt aus einer Art Schweißdrüse, die sich im Gehörgang befindet, und wirkt stark antibakteriell, tötet Keime ab sowie kleine Tierchen, die sich möglicherweise ins Ohr verirren. Ein großes Mysterium des Ohrenschmalzes ist sein Geschmack. Es ist das einzige Körpersekret, das bitter schmeckt. Eine Erklärung dafür gibt es noch nicht.

Sperma dagegen schmeckt immer anders. Die Hamburger Psychologin und Sexualtherapeutin Angelina Borgaes bat einmal fünfzig Frauen, den Geschmack des Spermas ihres Partners zu beurteilen, nachdem diese bestimmte Nahrungsmittel zu sich genommen hatten. Mit dem Ergebnis, dass Männer, die die entsprechende sexuelle Praktik von ihren Partnerinnen wünschen, lieber auf Knoblauch, Alkohol und Aspirin verzichten und stattdessen zum Beispiel Ananassaft trinken sollten. Das Ejakulat des Mannes ist aber auch darüber hinaus faszinierend. Es enthält neben den Spermien Bestandteile, die gar nicht der Fortpflanzung an sich dienen. Bartens und Herrmann erklären das so: «Man kann sich das fast wie bei einer Fußballmannschaft vorstellen: Es gibt die Stürmer, die werden von der Mannschaft nach vorne geschickt, um Jagd auf die Eizelle zu machen, es gibt die Mittelfeldspieler, die versuchen, die Räume eng zu machen, und dann gibt es die Abwehrspieler, die selber nicht in der Lage sind, die Befruchtung vonstattengehen zu lassen, sondern nur dazu da sind, Spermien von Konkurrenten am Eindringen zu hindern – also für den Fall, dass eine Frau mit einem weiteren Mann Sex hat und noch eine weitere Ladung Sperma kommt. Das klingt bizarr, aber so hat es die Evolution eingerichtet.»

Einen regelrechten Kult gibt es um Urin, wenn er für die sogenannte Eigenurintherapie eingesetzt wird. Dabei wird der eigene Urin entweder äußerlich aufgetragen oder in kleineren oder größeren Mengen getrunken. Die Wirkung soll gesundheitsfördernd sein. Bartens und Herrmann halten wenig davon: «Aus wissenschaftlicher Sicht ist da nichts dran. Warum sollte man das, was die Niere aus dem Körper herausgefiltert hat, oben in den Körper wieder hineinschütten? Als Niere muss man sich doch regelrecht veräppelt vorkommen, wenn einem das wieder zugeführt wird!»

Sich gesund und fit zu halten, ist ohnehin oft wesentlich einfacher und auch angenehmer, als man angesichts obskurer Therapien wie der Urindiät denken mag. Werner Bartens hat in seinem Buch zum «Körperglück»[25] eine Vielzahl von Studien zusammengetragen, die zeigen, dass allein schon gute Gefühle gesund machen können:

Dr. «Feel-Good»

Zärtlichkeit senkt zum Beispiel den Blutdruck, und man kann mit Stress besser umgehen, wenn man gelegentlich zärtlich umarmt wird und sich aufgehoben fühlt. Studien haben gezeigt, dass Frauen mit Brustkrebs länger überleben, wenn sie das Gefühl haben, von ihrem Partner gemocht zu werden. Umgekehrt bekommen zum Beispiel Männer, die sich nicht geschätzt fühlen, häufiger Zwölffingerdarmgeschwüre.

Werner Bartens nennt noch weitere Beispiele: Wenn man vorhersagen will, wer einmal unter Rückenschmerzen leiden wird, dann spielt dabei gar nicht so sehr z.B. eine schiefe Wirbelsäule eine Rolle, sondern vor allem die Zufriedenheit dieser Person im Beruf. «Wer unzufrieden im Job ist, insbesondere wenn er das Gefühl hat, gemobbt zu werden und auf der Stelle zu treten, der muss befürchten, irgendwann Rückenschmerzen zu bekommen. Diese Interaktion zwischen Körper und Seele kennt man seit Jahrtausenden, und die Forschung findet immer wieder neue Bestätigungen dafür, dass schlechte Gefühle krank und gute gesund machen können. Beim Essen kommt es zum Beispiel nicht so sehr darauf an, was man isst, sondern mit wem man isst und vor allem wie man isst.» Die Franzosen und Italiener leiden von allen Europäern am seltensten unter Herz-Kreislauf-Erkrankungen. Wenn man sich anschaut, was sie zu sich nehmen, ist das zunächst verwunderlich: Wildschwein, Stopfleber, Rillettes, Baguette, viel Wein ... Die Franzosen essen aber häufiger in geselliger Runde. «Wer sich missmutig und allein ein paar Löffel kaltgepresstes Olivenöl runterzwingt, wird nicht die gleichen gesundheitlichen Effekte erzielen wie derjenige, der sich in beschwingter Runde einen Schweinebraten einverleibt oder worauf er sonst gerade Lust hat. Das Gefühl, das Wie, ist das Entscheidende beim Essen, nicht das Was.»

Dinge, an denen man Spaß hat, stärken unser Immunsystem. Wenn man sich mit seinem Partner dagegen streitet oder unzufrieden ist, wird das Blut zähflüssiger und dicker. Aus evolutionärer Sicht ist das durchaus sinnvoll: Kam es unter Steinzeitmenschen zum Streit und wurde jemand dabei verletzt, schloss sich dessen Wunde schneller. Für uns Menschen heute bedeutet dieses dickere, zähere Blut allerdings ein höheres Risiko für Herzinfarkt und Schlaganfall, da die Gefäße schneller verstopfen.

Werner Bartens hat viele weitere Belege dafür gefunden, dass Optimismus und eine positive Lebenseinstellung uns Menschen länger leben lassen und wir seltener krank werden, während umgekehrt Pessimismus und Unzufriedenheit unser Leben verkürzen. «Es geht natürlich nicht um dieses plumpe ‹Think positive›. Aber man kann viel im Alltag ändern, indem man etwa im Streit seine unterschiedliche Meinung deutlich macht, den anderen dabei aber nicht abwertet und dadurch unnötig negative Gefühle auf beiden Seiten heraufbeschwört.» Das bedeutet allerdings nicht, dass man immer selbst schuld ist, wenn man tatsächlich erkrankt. «Sich hier selbst mit Schuldzuweisungen zu belasten, ist falsch. Es gibt auch nicht so etwas wie eine ‹Krebspersönlichkeit›, wie man es in den 1970er Jahren gerne behauptet hat. Es stimmt einfach nicht, dass zum Beispiel der Introvertierte, Zurückgezogene, derjenige, der seine Gefühle nicht zeigen kann, Krebs bekommt.»

5

Liebe und Lust – Sex unter Laborbedingungen

Kaum etwas empfinden wir als so intim wie die eigene Sexualität. Gleichzeitig ist dieses intime Erlebnis nie frei von gesellschaftlichen, biologischen, religiösen Zwängen und Bedingungen. Dieser Widerspruch stößt uns mindestens so sehr ab, wie er uns fasziniert. Er bietet die Grundlage für den Stoff, aus dem die meisten großen Geschichten aus Literatur und Film gestrickt sind: «Boy meets girl», und alles könnte zwischen den beiden so schön sein, wären da nicht die Gesellschaft, die Religion, die Eltern etc.

Auch die Wissenschaft kann sich von diesem Widerspruch zwischen intimem Erleben und öffentlichem Interesse nie ganz frei machen. Wer immer sich zur Sexualität äußert, kann und muss sich nicht nur auf großes öffentliches Interesse einstellen, er begibt sich vor allen Dingen immer auch in den Kampf um die Deutungshoheit der Sexualität. Jeder hat etwas dazu zu sagen: Kirche, Staat und Justiz; Journalisten, Künstler und Erzieher – in nahezu jede gesellschaftliche Nische spielt die Sexualität hinein. Und umgekehrt prägen die unterschiedlichen Gesellschaftsbereiche unser Verständnis von Sexualität. Sie geben zum Beispiel vor, was wir als «sexuell erlaubt» erachten und was als «verboten». Eine vorurteilsfreie Erforschung der Sexualität erscheint vor diesem Hintergrund schier unmöglich. Für den Sexualwissenschaftler Volkmar Sigusch ist jede Sexualforschung daher subjektiv, weshalb er eine kritische Sexualwissenschaft fordert, die von dem eben beschriebenen Widerspruch her denkt und auch Licht und Schatten nachgeht.[26]

Wissenschaft der Umarmungen

Wie notwendig diese kritische Haltung ist, zeigt ein Blick in die Geschichte der Sexualwissenschaft. Folgt man Volkmar Sigusch, der die bislang umfangreichste Studie[27] zur Geschichte seiner Zunft vorgelegt hat, sind die Anfänge der Sexualwissenschaft ausgerechnet im katholischen Norditalien des 19. Jahrhunderts zu suchen. Der Mediziner, Anthropologe, Schriftsteller und spätere Senator des Königreichs Italien (Spitzname: «Senatore erotico»), Paolo Mantegazza, legte als Erster eine «experimentalphysiologisch, kulturanthropologisch und sozialhygienisch, gelegentlich auch sozialphilosophisch orientierte Phänomenologie der heterosexuellen Liebe vor»[28]. Zu seinen Lebzeiten war Mantegazza so etwas wie ein Bestsellerautor. Seine Bücher verkauften sich in ganz Europa, er wurde mit Montaigne und Darwin verglichen. Sich selbst verstand Mantegazza als aufklärenden Moralisten, wetterte gegen «falsche Puritaner» und wollte «den trüben, stinkenden Nebel der Heuchelei beseitigen, welcher uns alle einhüllt und zu gleicher Zeit nach Bordell und Sakristei riecht»[29]. Frauen sah Mantegazza, was «Liebes- und Wollustpotenz» anging, dem männlichen Geschlecht überlegen. Und obwohl er sich in vielen Bereichen für eine Gleichbehandlung von Frauen und Männern aussprach, glaubte er – eben doch auch Kind seiner Zeit –, dass Frauen weniger intelligent wären als Männer. Einen Namen für seine Wissenschaft gab es zu seiner Zeit noch nicht, Mantegazza selbst sprach poetisch gern von der «Wissenschaft der Umarmungen».

Als zweiten Pionier der Sexualwissenschaft nennt Sigusch den Ostfriesen Karl Heinrich Ulrichs, der 1864 seine erste Schrift zu «Forschungen über das Räthsel der mannmännlichen Liebe» veröffentlichte. Für Ulrichs war gleichgeschlechtliche Liebe eine natürliche Veranlagung. Menschen mit dieser Neigung hielt Ulrichs für Angehörige eines dritten Geschlechts, der «Urninge». Er selbst bekannte sich öffentlich dazu, ein «Urning» zu sein, weshalb er mehrfach verhaftet und des Landes verwiesen wurde. Sigusch bezeichnet Ulrichs daher auch als «ersten, gewissermaßen historisch vorzeitigen Schwulen».

Eine erste Blütezeit erlebt die Sexualwissenschaft nach 1900 in Deutschland. Es sind vor allem jüdische Wissenschaftler, wie Magnus Hirschfeld, Iwan Bloch und Max Marcuse, die mit ihren Arbeiten zu einer ersten sexuellen Revolution in Deutschland beitragen. So fortschrittlich all diese Forscher waren, blieben sie doch immer auch dem Denken ihrer Zeit unterworfen. So empfahl Iwan Bloch bei exzessiv onanierenden Frauen Ätzungen der Vulva vorzunehmen, um sie so wieder auf den «normalen Pfad der Tugend zurückzuführen». Im Gegensatz zum Mann musste die Frau in Blochs Verständnis sexuell genügsam sein und durfte nur über ein geringes «sinnliches Verlangen» verfügen, da die Welt sonst zum Bordell und Ehe und Familie unmöglich würden. Selbst der heute zu Recht vielgerühmte Gründer des ersten Instituts für Sexualwissenschaften in Berlin, Magnus Hirschfeld, überwies homosexuelle Patienten zur Kastration, um seine biologischen Thesen zu untermauern. Für den größten Rückschritt in der deutschen Sexologie sorgten jedoch die Nationalsozialisten, die am 6. Mai 1933 Hirschfelds Institut ausgerechnet durch Studenten der Hochschule für «Leibesübungen» stürmen und zerstören ließen – vermutlich weil einige NS-Führer Angst hatten, «dort könnten sich Unterlagen über sie selbst finden, weil sie früher einmal beraten oder behandelt worden waren als Perverse, Homosexuelle oder Transvestiten»[30]. Wie die meisten seiner Kollegen musste Hirschfeld aus Deutschland flüchten. Die Leistungen der Weimarer Sexualforscher gerieten in Vergessenheit und wurden erst Jahrzehnte später gewürdigt.

In der breiten Öffentlichkeit findet man daher häufig die Auffassung, die Anfänge der Sexualwissenschaft würden in den USA liegen. Genannt wird vor allem die empirische Forschung, die Alfred Charles Kinsey leistete. Kinsey führte zahlreiche Interviews zum Sexualleben von Männern und Frauen, die er später anonym auswertete. Im «Kinsey-Report» konnten die Bundesbürger Mitte der 1950er Jahre etwa erstmals nachlesen, dass sie nicht die Einzigen waren, die masturbierten, und auch, dass es weit mehr sexuelle Spielarten gab als die Missionarsstellung. Doch schon vor Kinsey hatten sich in den USA Wissenschaftler an die Erforschung der Sexualität gemacht.

Fremdgehen für die Forschung

Der Verhaltensforscher John B. Watson ist vermutlich der erste Forscher, der Sexualität unter Laborbedingungen untersuchte. Genau weiß man es leider nicht. Denn Watson experimentierte ohne Wissen seiner Ehefrau. Angenommen wird, dass Watson sich und seiner Assistentin Rosalie Rayner (später seine zweite Ehefrau) Messinstrumente umlegte und beide dann im Dienste der Wissenschaft Sex miteinander hatten. Zu welchen Ergebnissen er dabei kam, ist nicht überliefert. Denn Watsons Ehefrau wunderte sich 1920, warum ihr Gatte so viel Zeit im Labor verbrachte, spionierte hinter ihm her und entdeckte ebendiese Aufzeichnungen. Danach wollte sie sich scheiden lassen, legte die Papiere als Untreuebeweis bei Gericht vor und vernichtete die Studie ihres Mannes nach der rechtskräftigen Aufhebung der Ehe. Von diesem Seitensprung im Namen der Wissenschaft und weiterem wissenschaftlichem Sex unter Laborbedingungen erzählt Marco Rauland in seinem ebenso aufschlussreichen wie unterhaltsamen Buch «Orgasmen stärken die Abwehr»[31]:

«Der Titel meines Buches beruht auf einer Studie, die in Schweizer Laboren durchgeführt wurde. Dort ließ man elf Männer masturbieren, maß währenddessen ihren Blutspiegel und stellte anschließend fest, dass nach dem Orgasmus die Anzahl an natürlichen Killerzellen, also der Zellen, die unser Immunsystem vor Fremdeindringlingen schützen, doppelt so hoch war wie zuvor. Die Aussage ‹Orgasmen stärken die Abwehr› ist damit aber natürlich noch nicht bewiesen. Dafür müsste man noch prüfen, ob die Leute, die häufiger Sex oder Orgasmen haben, gesünder sind als Leute, die sich sexuell mehr zurückhalten. Was bislang nicht gemacht wurde.»

Sensible Stellen

Bewiesen dagegen ist, dass Orgasmen Schmerzen lindern – zumindest bei Frauen. 1985 rückte die amerikanische Sexualforscherin Beverly Whipple zur Beweisführung ihren Probandinnen mit einem Sinn für Sadismus zu Leibe. Whipple bat Frauen in ein schallisoliertes Labor, wo sie es sich bei gedämpftem Licht auf einem Stuhl bequem machen sollten. Ihre linke Hand sollten die Frauen in eine Apparatur stecken. Diese übte Druck auf einen Finger aus. Wenn die Frauen einen ersten Druck spürten, sollten sie «Schmerz» sagen. Wurde der Druck zu unangenehm, sagten sie «Stopp» oder einfach nur «Autsch». Solche Codewörter sind auch bei sadomasochistischen Spielen üblich. Mit ihrer rechten Hand sollten sich die Frauen nun selbst befriedigen. Whipple stellte fest, dass sie den Druck während der sexuellen Handlung im Durchschnitt um fast 70 % erhöhen konnte, bis die Frauen den Reiz überhaupt spürten. In dieser Zeit stieg der maximale Druck bis zur Schmerzgrenze um 50 %. Fünf Minuten später lag der Wert schon bei 85 %. Während des Orgasmus musste Beverly Whipple den Druck auf den Finger zuweilen sogar um das Doppelte erhöhen, damit die Frauen überhaupt erst einmal «Schmerz» sagten. Das «Stopp» oder «Autsch» ließen die Damen im Zustand sexueller Erregung erst dann vernehmen, wenn der Druck um durchschnittlich 75 % gegenüber den Ausgangswerten erhöht war.

Dass gerade die Hände beim Sex mehr Schmerz aushalten, verwundert, wenn man sich die Forschungsergebnisse vergegenwärtigt, zu denen das niederländische Forschungsteam unter der Leitung des Gynäkologen Willibrord Weijmar Schultz 1989 gelangte. Schultz ging eigentlich der Frage nach, ob und wie empfindlich die Vaginalwände sind und auf welche Reize sie reagieren. 60 Frauen ließen sich dafür mit kleinen Sendern, die elektrische Impulse abgaben, an verschiedenen Körperstellen ausstatten. Zur Überraschung der Forscher reagierten Hand und Bauch doppelt so sensibel auf die elektrischen Reize wie die großen und kleinen Schamlippen sowie die Klitoris. Rauland hat in diesem Zusammenhang noch einen praktischen Rat für heterosexuelle Männer: «Streicheln Sie einer Frau demnächst sanft über den Mittelfinger. Wenn sie darauf reagiert, kann das eine Menge gemeinsamen Spaß versprechen. Denn Frauen, die besonders sensible Finger haben, gehen häufiger gemeinsamen sexuellen Aktivitäten mit ihrem Partner nach. Außerdem befriedigen sie sich seltener selbst als Damen mit weniger berührungsempfindlichen Fingern.»

Rätsel Frau

Warum das so ist, wurde bislang ebenso wenig ergründet wie die «Orgasmus-Abstandsregel», die wir Prinzessin Marie Bonaparte, der Urenkelin des berühmten Napoléon Bonaparte, verdanken.

Marie Bonaparte litt unter Orgasmusproblemen und ließ 243 Frauen nach ihrer Orgasmushäufigkeit befragen. Dabei stellte sie fest, dass Frauen, die einen relativ großen Abstand zwischen Klitoris und Vagina aufweisen, selten oder nie beim Sex einen Orgasmus haben. Marie Bonaparte, bei der der Abstand zwischen Vagina und Klitoris ebenfalls relativ groß war, ließ sich daher unters Messer legen, um ihn operativ zu verkürzen. Geholfen hat es ihr nicht, sie konnte weiterhin keinen Orgasmus erleben. Der Amerikaner Kim

Wallen analysierte die Messdaten Bonapartes mit modernen statistischen Verfahren und kam zu dem Ergebnis, dass demnach ein Abstand zwischen Klitoris und Scheidenöffnung von weniger als 2,5 Zentimeter ein Erfolgsindikator für den weiblichen Orgasmus beim Geschlechtsverkehr sei. Ob Bonapartes Statistik tatsächlich stimmt, ist damit natürlich noch nicht geklärt.

Neuere Forschungen weisen eher darauf hin, dass die weibliche Lust in weit stärkerem Maße vom Kopf abhängt als von physischen Faktoren. Während sich Männer bereits durch einfache Strichzeichnungen von weiblichen Brüsten erregen lassen (zwei Bögen mit Pünktchen in der Mitte genügen), ist die weibliche Erregung wesentlich komplexer.

In diesem Zusammenhang ist die Studie der Sexualforscherin Meredith Chivers von der University of Lethbridge in Kanada interessant.[32] Chivers wollte wissen, was passiert, wenn Männer und Frauen sich Pornos ansehen. Für ihre Studie benutzte sie zwei Geräte, die in der Sexualforschung seit langem verwendet werden: Das eine ist ein Phallometer, das man um den Penis schnallt. Das Phallometer enthält eine Gummimanschette, in die Quecksilber eingelassen ist, so kann man messen, wie stark die Erregung des Penis ist. Zum Messen der weiblichen Erregung benutzte sie einen vaginalen Photoplethysmographen. Dieses Gerät kann man sich vorstellen wie einen kleinen Finger, der vaginal eingeführt wird und die Durchblutung der Vagina misst. Durch frühere Arbeiten weiß man, dass die körperliche Erregung bei Frauen umso stärker ist, je mehr die Vagina durchblutet wird.

So ausgestattet, sahen sich Chivers' Versuchspersonen verschiedene Filme an. Es gab sexuell eher harmlose Filme, in denen zum Beispiel ein nackter, gutaussehender Mann einen Strand entlanglief oder eine Frau nackt Gymnastikübungen vorführte. Bei solchen Filmen tat sich weder im Phallometer der Männer noch im vaginalen Photoplethysmographen der Frauen besonders viel.

Aber Chivers' Filme wurden immer sexueller. Die Wissenschaftlerin zeigte den Probanden nicht einfach irgendeinen Pornofilm, sondern Filme, die unterschiedliche sexuelle Präferenzen ansprachen: Filme, in denen Frauen mit Frauen Sex haben, Männer mit Männern, alte Männer mit jungen Frauen, alte Frauen mit jungen Männern, das Ganze nur mit Genitalverkehr oder nur mit Mundverkehr usw.

Bei den Männern waren die Ergebnisse einfach und eindeutig: Das Phallometer maß immer dann eine Erregung, wenn im Film ihre sexuellen Vorlieben zu sehen waren. Homosexuelle Männer wurden erregt, wenn sie anderen Männern im Porno bei homosexuellen Praktiken zusahen, heterosexuelle Männer reagierten bei heterosexuellem Sex etc. Männer blieben immer kategoriespezifisch. Zugespitzt ausgedrückt: Bei Männern gibt es nur einen Schalter, und der ist entweder an oder aus. Bei Frauen jedoch passierte etwas Verrücktes: Man konnte ihnen so ziemlich jeden Sex vorführen, inklusive Sex zwischen Affen – vollkommen egal, es kam immer zu einer vaginalen Mehrdurchblutung. Aber: Nur bei der Sorte Film, die diejenige Praktik zeigte, die die Frauen selbst präferierten, sagten sie auch, dass sie tatsächlich erregt sind. Selbstverständlich glaubt Chivers keinesfalls, dass Frauen insgeheim auf Sex mit Affen stehen. Ihre Untersuchung zeigt lediglich, dass bei der weiblichen Sexualität zwischen subjektivem Begehren, dem Lustempfinden und objektiver Erregbarkeit geradezu Welten liegen können. Weibliche Sexualität sei vor allem davon geprägt, dass Frauen sich begehrt fühlen wollen. Bei der Suche nach den Gründen, warum das so ist, stößt Chivers allerdings an die Grenzen ihrer Wissenschaft. «Zur Realität psychologischer Forschungen», so Chivers, «gehört nun einmal die Tatsache, dass man die Kultur des Menschen nie vollkommen ohne seine Biologie sehen kann.»[33] Deutlich wird das bereits, wenn man sich die simple Erklärung zum Unterschied zwischen männlicher und weiblicher Lust vor Augen hält, die die Anatomie bietet. Da der Penis außen liegt und seine körperliche Reaktion auf Lust unmittelbar wahrzunehmen ist, könnten es Männer leichter haben, sich bewusst zu machen, was sie erregt und was nicht. Frauen dagegen hätten es schon körperlich wesentlich schwerer, sich darüber klarzuwerden, was sie wirklich antörnt. Die Kultur hindere Frauen in dieser Hinsicht oft, das überhaupt herauszufinden.

Zu den großen Rätseln der weiblichen Sexualität zählt auch das, was nach Ernst Gräfenberg als «G-Punkt» oder «Gräfenberg-Zone» bezeichnet wird.

Wenn Sex auf den Punkt kommt

Der deutsche Gynäkologe war bei der Suche nach dem weiblichen Lustzentrum auf den Punkt gestoßen und hatte ihn 1950 erstmals beschrieben. Die US-amerikanischen Wissenschaftler John D. Perry und Beverly Whipple von der Rutgers University in Newark, New Jersey, bestätigten Gräfenbergs Entdeckung und nannten sie Gräfenberg zu Ehren «G-Punkt». Für Männer hätte damit alles klar sein können, denn sie hatten endlich einen Anhaltspunkt. Er soll in der vorderen Wand der Vagina sitzen und Frauen schnell zum Orgasmus führen. Doch der G-Punkt scheint für männliche Finger ein launisches Wesen zu sein, offenbart er sich ihnen doch nur höchst selten, trotz aller «Anfahrtsskizzen» und «Routenplaner», die sich in der einschlägigen Literatur zuhauf finden. Eine Studie der britischen Forscherin Andrea Burri[34] könnte all jenen Männern und Frauen wieder Mut machen, die versucht haben, den G-Punkt zu finden, aber an der weiblichen Anatomie zu scheitern glaubten.

Andrea Burri arbeitet vor allem mit Zwillingen, um zu klären, welche Eigenschaften bei uns Menschen vererbt sind und welche wir erst erlernen oder im Laufe des Lebens erwerben. Als Tim Spector, ihr Chef am Krankenhaus des King's College in London, behauptete, die Orgasmusfähigkeit sei genetisch veranlagt, wollte sie das anhand einer Zwillingsstudie mit eineiigen Zwillingen überprüfen. Spectors These, die Orgasmusfähigkeit sei angeboren, ist zunächst einmal verwunderlich, denn man würde vielleicht eher denken, dass sie von sehr vielen Umweltfaktoren beeinflusst wird: wie man sich fühlt zum Beispiel und wie der Partner auf einen zugeht. Andere Studien hatten zudem gezeigt, dass die Orgasmusfähigkeit sehr stark von der emotionalen Intelligenz abhängt, also der Fähigkeit, sich in den anderen hineinversetzen zu können. Je besser Frauen das können, desto besser kommen sie auch zum Orgasmus.

Für ihre Untersuchung fragte Andrea Burri 1804 Zwillingspaare, ob sie glauben, dass sie einen G-Punkt haben und wenn ja, welche Art von Orgasmus sie spüren. Mit Ergebnissen, die zu denken gaben: Erstens stellte sich heraus, dass sich die Zwillingspaare nicht immer einig waren, ob sie einen G-Punkt haben oder nicht. Es spielte dabei auch keine Rolle, ob die Zwillinge eineiig oder zweieiig waren. Die eineiigen Zwillinge waren sich genauso oft uneins über die Existenz des angeblichen Lustpunkts wie die zweieiigen. Das war schon einmal ein erster Hinweis darauf, dass es den G-Punkt wahrscheinlich gar nicht gibt. Denn zumindest die eineiigen Zwillinge, die zu 100 % das gleiche Genmaterial teilen, hätten sich stärker einig sein müssen als die zweieiigen Zwillinge. Zweitens fiel auf, dass die älteren Frauen seltener einen G-Punkt zu haben glaubten als jüngere. Das ist insofern erstaunlich, als man ja eigentlich eher vom Gegenteil ausgehen müsste, nämlich dass Frauen im Laufe ihres Lebens den G-Punkt hätten finden müssen. Zumal man auch weiß, dass mit fortschreitender sexueller Erfahrung auch die Orgasmusfähigkeit bei Frauen steigt. Die dritte Auffälligkeit der Studienergebnisse betraf zwei Zahlen, die zusammenpassen müssten, es aber nicht taten: Rund 60 % der Frauen gaben an, sie hätten einen G-Punkt, insgesamt konnten aber nur 30 % der Studienteilnehmerinnen überhaupt einen vaginalen Orgasmus haben. Das heißt, wenn es diesen G-Punkt gibt, dann nützt der einem offenbar nicht viel, denn mindestens die Hälfte der Frauen, die ihn haben, empfinden trotzdem keine vaginalen Orgasmen. Andrea Burri und ihre Kollegen zogen zunächst in Erwägung, dass die Frauen die Fragestellung vielleicht nicht richtig verstanden haben. Doch der G-Punkt war im Fragebogen ziemlich präzise beschrieben worden, nämlich als ein Areal an der vorderen Scheidewand, etwa in der Größe eines Fünfcentstücks, das bei tiefer Berührung eine besonders starke sexuelle Erregung auslöst, sodass man diese Erklärung ausschloss. Dann überprüfte man, ob die Befragten vielleicht aufgrund mangelnder Schulbildung nicht in der Lage waren, die Frage zu verstehen, doch auch hier fanden die Forscher keinen erkennbaren Zusammenhang: Die Schulausbildung hatte keinen Einfluss darauf, wie oft oder wie selten die Frauen angaben, einen G-Punkt zu haben. Burri und ihre Kollegen zogen daraus den einzig vernünftigen Schluss: Es gibt keinen G-Punkt.

Bei den knapp 60 % der Frauen, die angaben, einen G-Punkt zu haben, vermutet Burri, dass sie einfach gerne glauben wollten, dass es diesen Punkt gibt. Außerdem hätten gerade jene Frauen die Existenz eines G-Punktes bei sich bestätigt, die besonders leicht erregbar zu sein schienen. Starke Erregung könne die Wahrnehmung aber verwirren, weshalb die Frauen subjektiv den G-Punkt stimuliert fühlen, obwohl es ihn objektiv gar nicht gibt.

Wenn aus Lust Leid wird – Sexsucht

Während bei Frauen der häufigste Grund für sexuelle Unzufriedenheit mangelnde Orgasmusfähigkeit ist, gibt es auch ein sexuelles Problem, das man sozusagen auf der anderen Seite der Lustskala ansiedeln könnte, allerdings an einem Punkt, an dem die Lust gewissermaßen «übersteuert» ist, weil der Sex zwanghaft ausgeführt wird. Prominente Beispiele sind Männer wie Michael Douglas und Akte-X-Star David Duchovny, der sich sogar in eine Klinik einweisen ließ, um seine Sexsucht zu behandeln. Der klinische Sexualpsychologe Dr. Christoph Joseph Ahlers aus Berlin spricht von Sexsucht, «wenn es sich um einen impulsiven, wiederkehrenden, schwer kontrollierbaren Drang handelt, sexuelle Reize aufzusuchen, sexuelle Stimulationen herbeizuführen oder sich sexuell zu betätigen. Hinzu muss kommen, dass dieses Verhalten für den Betroffenen selbst ein Problem darstellt. Wenn er es nicht als problemhaft erlebt, dann gibt es auch keinen Grund, sich damit weiter zu beschäftigen. Wenn der Betroffene jedoch selbst darunter leidet, sein Verhalten ihn in seinem sozialen Zurechtkommen beeinträchtigt, vielleicht sogar im Beruf und vor allen Dingen auch in seinem partnerschaftlichen Zurechtkommen, dann würde man aus sexualpsychologischer Perspektive davon ausgehen, dass es sich um eine Sexsucht handelt.»

Dass man vor allen Dingen immer wieder von Sexsucht unter Prominenten hört, hält Ahlers keineswegs für ein Berufsrisiko dieser Gruppe. Sie stünden einfach stärker im Fokus der Medien.

Ein objektives Maß, wann die Sexsucht beginnt, gibt es nicht. Das hängt immer von den Betroffenen selbst ab. «Zur Last wird die Lust erst, wenn die Betroffenen zum Beispiel außerstande sind, ihrem Beruf nachzugehen, und keine partnerschaftliche Sexualbeziehung mehr führen können. Sie haben das Gefühl, sich ständig mit sexuellen Reizen befassen zu müssen: sexuelle Stimulation zu suchen, sich ständig selbst zu befriedigen oder sexuelle Kontakte zu forcieren. Es handelt sich also nicht um eine gesellschaftliche Perspektive. Man kann nicht von außen sagen, das ist jetzt krankes Verhalten, sondern der Leidensdruck muss vom Betroffenen selbst empfunden werden.»

Was diesen Sexsüchtigen entgeht, ist absurderweise gerade das, was sie eigentlich suchen: menschliche Nähe. Unser Menschsein ist ganz zentral von dem Wunsch nach Zugehörigkeit, Angenommensein, Bindung und Nähe beeinflusst – diese Gefühle wollen wir alle erleben. Und die intensivste Form, das zu tun, ist, mit jemandem zu schlafen. Die nationale Gesundheitsorganisation in Großbritannien empfahl einmal, einen Geschlechtsakt täglich wie das Zähneputzen in den Alltag einzubauen, weil das gesundheitsfördernd sei. Doch mit reiner Gymnastik kann das nicht gelingen. «Wird ein Geschlechtsakt bedeutungslos vollzogen, im Sinne von Kniebeugen am geöffneten Fenster, dann fehlt wirkliches Erleben. Nur wenn dem Sex eine tiefere Bedeutung zugrunde liegt, wenn die Partner wissen, was sie aneinander haben und was sie miteinander teilen möchten und das körpersprachlich durch Geschlechtsverkehr zum Ausdruck bringen – dann entfaltet Sex auch eine gesundheitsfördernde Wirkung.»

Liebesgedichte für den Traktor

Diesen gesundheitlichen Aspekt des Sex kann man leicht vergessen, wenn es um Fetischismus geht. Werden Gegenstände mit erotischer Energie aufgeladen, sodass sich Menschen nur noch in Anwesenheit dieser Gegenstände befriedigen können, spricht die Psychologie von Fetischismus. Tragischerweise kommt es dabei häufig zu Unfällen. Betroffen sind vor allem autoerotische Praktiken, bei denen es darum geht, sich die Luft abzuschnüren. Hinter diesem Fetisch steckt ein normaler physiologischer Vorgang. Sauerstoffmangel erzeugt Euphorie, ähnlich einem Drogenrausch. Er verursacht zunächst einen körperlichen Kick und gute Laune. Dieser Kick wird nun an sexuelle Erregung gekoppelt. Die Menschen onanieren, schnüren sich ein bisschen die Luft ab und verstärken ihre positiven Gefühle dadurch. Gefährlich wird diese Praxis meist erst durch Routine. Am Anfang wird meist noch vorsichtig experimentiert. Doch je öfter das jemand praktiziert, desto sicherer fühlt er sich dabei – ein Trugschluss. Viele, die sich bei der Autoerotik die Luft durch einen Strick oder eine Tüte abschnüren, glauben, dass sie diese Zeitspanne immer länger werden lassen können. Doch leider ist es dann irgendwann eine Sekunde zu viel.

Der Kriminalbiologe Mark Benecke hat sich einige solcher Fälle angesehen, denn häufig nehmen sich Menschen mit dieser Neigung auf Video auf: «Von einem Moment zum anderen werden die Leute ohnmächtig, und dann fallen sie dummerweise in die Schlinge und ersticken. In Deutschland sind es hochgerechnet 80 Menschen pro Jahr, die sich auf diese Weise versehentlich umbringen.»

Zwei extremen Ausprägungen von Fetischismus ist Mark Benecke in einem Fachartikel aus dem Journal of Forensic Science aus dem Jahr 1992 begegnet. «In beiden Fällen hatten die Männer fetischistische Beziehungen zu Traktoren. Der erste Mann befestigte ein Seil an der Baggerschaufel, um sich damit die Luft abzuschnüren. Mit einer Art Fernsteuerung konnte er die Schaufel heben und senken. Irgendwann wurde der Mann jedoch ohnmächtig und konnte die Fernbedienung nicht mehr kontrollieren. Er erstickte.

In dem anderen Fall schrieb ein Mann Liebesgedichte an seinen Traktor. Das Fahrzeug wurde zu seinem Liebespartner, den Sex zwischen dem Traktor und ihm empfand dieser Mann als äußerst befriedigend. Er träumte in diesen Gedichten sogar davon, dass die beiden nach ihrem Tod gemeinsam durch den Himmel fliegen.»

6

Bewegte Forschung – Methodisch zu Höchstleistungen

Beim Sport gewinnt immer der Bessere. Was «besser» in diesem Fall bedeutet, ist allerdings eine Frage der Definition, und so setzt sich im sportlichen Wettkampf nicht immer auch der Schnellste, Kräftigste oder Geschickteste durch. Betrug, etwa durch Doping, ist nur eine von vielen Möglichkeiten, «besser» im eigenen Sinn zu definieren – und bei weitem die am wenigsten aufregende, denn die Sportwissenschaften stoßen auf immer mehr erstaunliche Faktoren, die an Sieg und Niederlage im Sport mitwirken. So kommt es in Sportarten, bei denen zwei Gegner gegeneinander antreten, zwar tatsächlich auch auf den «richtigen Stoff» an. Gemeint ist allerdings der Stoff der Trikots, denn es ist keineswegs gleichgültig, welche Farben sie haben.

Sportliche Farbenlehre

Während es im Gewichtheben und in anderen Sportarten bei den Olympischen Spielen 2004 in Athen zu Dopingfällen kam, wurde Ähnliches bei den Kampfsportarten wie Taekwondo, Ringen und Boxen nicht bekannt. Dennoch stießen die beiden Forscher Russel Hill und Robert Barton von der University of Durham bei der Untersuchung der Wettkampfergebnisse auf etwas Merkwürdiges: Die in Rot gekleideten Kämpfer gewannen wesentlich öfter als diejenigen, die in einem blauen Dress antraten. Hill und Barton hatten sich bewusst diese Kampfsportarten ausgesucht, da dort jeweils vor dem

Kampf ausgelost wird, welcher Kontrahent mit rotem und welcher mit blauem Trikot antritt. Würde die Farbwahl keine Rolle spielen, hätte die Verteilung von Sieg und Niederlage bei jeweils 50 % liegen müssen. Tatsächlich gewann Rot jedoch häufiger, beim Taekwondo waren es 57 % aller Kämpfe, beim Boxen 55 % und beim Ringen, je nach Ringstil, zwischen 52 und 53 %.[35]

Zur Beantwortung der Frage, warum das so ist, übertrugen Hill und Barton Ergebnisse aus der Tierforschung auf den Menschen. Im Tierreich wird Rot häufig benutzt, um Dominanz zu signalisieren, und auch beim Menschen kann Erröten nicht nur Schüchternheit bedeuten, sondern auch Wut und Aggression. Die Vermutung lag daher nahe, dass die Athleten sich gegenseitig durch die Farbe Rot beeinflussen.

Professor Dr. Norbert Hagemann vom Sportwissenschaftlichen Institut der Universität Kassel fiel dabei allerdings auf, dass die Ergebnisse gerade in Kampfsportarten nicht so objektiv sind wie bei einem 100-Meter-Lauf, wo die Zeit gemessen wird, oder wie beim Fußball, wo der Ball im Tor ist oder eben nicht. Bei den Kampfsportarten entscheiden Kampfrichter über Sieg und Niederlage, die während des Kampfes ständig darüber nachdenken müssen, ob ein legaler Treffer vorlag oder nicht und wie intensiv dieser Treffer jeweils war. Deshalb wollten er und seine Kollegen herausfinden, ob die Kampfrichter sich bei ihren Entscheidungen durch die Farbe der Trikots beeinflussen lassen.[36]

Dafür nahmen Norbert Hagemann und sein Team die Kämpfer auf und spielten die Videosequenzen dann Kampfrichtern vor. Wie bei einem normalen Kampf sollten sie nun die Athleten in Rot oder Blau nach ihrer Leistung beurteilen und entsprechend Punkte vergeben. Der eigentliche Trick aber war, dass die Wissenschaftler mit Hilfe einer digitalen Videobearbeitungssoftware die Farben der Trikots austauschten – rot wurde zu blau und blau zu rot. Diese Versionen wurden den Kampfrichtern ebenfalls vorgespielt. Der gleiche Kampf war also zweimal zu sehen, nur traten die Kämpfer einmal in Rot und einmal in Blau an. Die Kampfrichter wussten dabei genau, dass sie zweimal den gleichen Kampf zu beurteilen hatten. Im Anschluss verglichen die Forscher die Punktevergabe der Kampfrichter und stellten fest: «Wenn der Kämpfer, der vorher in Rot war, hinterher in Blau gezeigt wurde, dann vergaben die Richter weniger Punkte. Auch umgekehrt war es so, dass derjenige, der zuerst in Blau gezeigt wurde und dann in Rot, im roten Dress mehr Punkte bekam. Über die Gründe dafür können auch wir nur spekulieren, vermuten aber, dass die Ergebnisse mit gelernten Assoziationen zusammenhängen: Rot hat für unseren Kulturbereich eine Warnfunktion, eine Gefahrenwahrnehmungs-Funktion. Mit Rot wird Aufmerksamkeit erregt – auch in der Werbung. Wir haben gelernt, dass Rot etwas Aktives hat, etwas Gefährliches, etwas Dominantes, und werden darin auch immer wieder bestärkt.»

Solche Wahrnehmungsmuster können Menschen kaum überlisten. Immerhin war der Farbeffekt bei den Kampfrichtern nur dann besonders groß, wenn die Sportler auch annähernd gleich stark waren. Trafen zwei ungleiche Gegner aufeinander, spielte die Farbe des Trikots keine große Rolle mehr. Um die Ungerechtigkeit bei der Punktevergabe durch Schiedsrichter künftig zu vermeiden, empfiehlt Norbert Hagemann dennoch, elektronische Mittel zu Hilfe zu nehmen. «Beim Taekwondo gibt es zum Beispiel einen Brustschutz, der Treffer elektronisch wiedergibt. Der soll bereits bei den Olympischen Spielen 2012 in London eingesetzt werden.»

Nehmt Rücksicht auf die Kleinen

Dass Schiedsrichter bestenfalls ihrer Idee nach Unparteiische sind, in der Praxis aber mitunter recht subjektiv pfeifen, ist für Fußballfans eine unumstößliche Gewissheit. Zumindest, wenn es um die Größe von Fußballspielern geht, bekommen Fans von der Wissenschaft auch recht. Größere Spieler laufen wesentlich häufiger Gefahr, vom Schiedsrichter für ein Foul verantwortlich gemacht zu werden, als kleinere. Steffen Giessner und Niels van Quaquebeke kamen zu diesem Schluss, nachdem sie über 100 000 Fouls ausgewertet hatten, die über viele Jahre in der Bundesliga, der UEFA Champions League sowie bei mehreren Fußball-Weltmeisterschaften gepfiffen worden waren. Steffen Giessner erklärt dieses Ergebnis so:

«Wenn der Schiedsrichter nicht genau gesehen hat, was passiert ist, dann aber sieht, es ist ein kleiner und ein großer Spieler beteiligt, ist es für ihn eher wahrscheinlich, dass der größere den kleineren gefoult hat. Warum das so ist, kann man sich deutlich machen, wenn man die Situation auf einen Spielplatz überträgt. Wenn ein Kind anfängt zu schreien, und alle Väter und Mütter schauen erst dadurch in die entsprechende Richtung und sehen dann ein großes und ein kleines Kind, und das kleine schreit, dann wird vermutlich zuerst das große Kind in den Verdacht geraten, das kleinere sozusagen ‹gefoult› zu haben.» Niels van Quaquebeke erkennt in diesem Verhalten einen adaptiven Mechanismus, der evolutionsbiologisch beschrieben werden kann: «Im Tierreich ist es zum Beispiel so, dass Tiere zum Zeichen der Unterwerfung nach unten gehen, sich also klein machen. Außerdem sind große Tiere in der Regel gefährlichere Tiere als kleine, weshalb Größe auch eine Art Warnhinweis ist. Das alles scheint sich auf den Menschen übertragen zu haben.»

Für einen Fußball-Bundestrainer wäre es dennoch wenig ratsam, vornehmlich auf kleine Spieler zu setzen. Schließlich geht es im Fußball nicht um die Zahl der Fouls, sondern um die Zahl der Tore. Und hier gilt die alte Fußballweisheit, der zufolge die Mannschaft zumindest nicht verliert, die sich weniger Tore als der Gegner einfängt. Wie man das anstellt, bewies eindrucksvoll der Torhüter der deutschen Fußball-Nationalmannschaft Jens Lehmann bei der Fußball-Weltmeisterschaft 2006 in Deutschland. Als es im Viertelfinale gegen Argentinien zum Elfmeterschießen kam, wurde Lehmann zum «Elfmeterhelden», hechtete bei allen Elfmeterschüssen der Argentinier in die richtige Ecke, parierte zwei und verhalf so seiner Mannschaft zum 5:3-Sieg und zum Einzug ins Halbfinale. Geholfen haben soll ihm dabei ein Zettel, auf dem die Namen der argentinischen Spieler standen sowie deren Schussgewohnheiten bei Elfmetern. Tatsächlich warf Lehmann vor jedem Elfmeter einen Blick auf diesen Zettel. Nach der WM wurde bekannt, dass durch den Schweiß längst nicht mehr alle Namen lesbar und auch nicht alle Spieler aufgelistet waren, die tatsächlich schossen. Lehmann selbst sagte, ihm habe das Stücken Papier daher nicht «wirklich geholfen». Was aus seiner subjektiven Sicht sicher stimmt, muss objektiv dennoch nicht so gewesen sein. Denn vermutlich hat der Zettel Eindruck auf die argentinischen Schützen gemacht.

Psychologische Kriegsführung

Davon ist jedenfalls der Wissenschaftsjournalist Armin Himmelrath überzeugt:[37] «Die argentinischen Schützen mussten sich überlegen, was Lehmann da macht. Warum schaut er immer wieder auf diesen Zettel? Was weiß der jetzt, was ich nicht weiß? In diesem Augenblick kommt ein Psychotrick zur Geltung: Der andere fängt an nachzudenken, wird unkonzentriert, und dadurch hat der Trick eigentlich schon gewirkt – egal, ob auf dem Zettel etwas stand oder nicht.«

Eine Studie der Universität Hongkong zeigt, dass Torhüter sogar beeinflussen können, wohin der Schütze schießt. Ein Effekt, der allerdings eher unbewusst auftritt, da ein Torwart nie zu 100 % in der Mitte des Tores steht. Das ist natürlich schon allein deshalb der Fall, weil kein Torhüter der Welt das vorher ausmisst, es bei diesem Effekt aber um Zentimeter geht. Sobald er sich sechs, sieben oder acht Zentimeter weiter nach rechts oder links vom Mittelpunkt des Tores bewegt, erscheint die andere Hälfte, die etwas größer ist, einladend für den Schützen. Der schießt also in diese Hälfte – und wenn der Torwart diesen Mechanismus kennt, kann er genau in die entsprechende Ecke springen. Mit einer Wahrscheinlichkeit von 60 % bekommt er den Ball auch.

Armin Himmelrath gibt jedoch zu bedenken, dass der Schütze diesen Trick kennen kann und absichtlich genau das Gegenteil des Erwarteten tut. Dennoch werden derartige Finten gern angewendet: «Bekannt für seine Vorliebe für Psychotricks ist der Fußballtrainer Christoph Daum. Als er noch in Leverkusen trainierte, ließ er die Spieler zur Stärkung des Selbstbewusstseins mit nackten Füßen über glühende Kohlen laufen. Er sorgte auch dafür, dass diese Dinge von den Medien in die Öffentlichkeit transportiert wurden. Das löste dann bei den Gegnern die Frage aus: ‹Was machen die da für verrückte Sachen? Ist das Spinnerei oder hilft's vielleicht doch?› Und wieder haben wir den Effekt: Sobald das Gegenüber anfängt, darüber nachzudenken, zu grübeln, ob da Geheimwissen hintersteckt oder es sich doch nur um seltsame Beschwörungsrituale handelt, hat der Psychoeffekt schon eingesetzt.»

Armin Himmelrath weist darauf hin, dass solche Effekte bei weitem nicht nur auf den Fußball beschränkt sind; beim Sumoringen werde der Kampf auf psychologischer Ebene entschieden, noch bevor er überhaupt losgegangen ist: «Man denkt ja eigentlich, dass da Fleischklöpse von enormen Ausmaßen gegeneinander antreten und es beim Kampf daher nur um Masse, Gewicht und Kraft geht. Aber Sumoringer sind sich eigentlich durch die Bank weg alle einig, dass der Kampf in dem Moment entschieden wird, in dem man sich das erste Mal in die Augen blickt und in den Ring tritt. Wer als Sumoringer hier Schwäche zeigt, etwa weil er denkt, das könnte schwierig werden, der ist schon im Nachteil und bringt mental nicht die körperliche Kraft auf, die nötig ist um zu siegen.»

Ein naher Verwandter des Psychotricks ist der Aberglaube im Sport. Der Schal, der Pulli, der Mantel, der bei den letzten Siegen getragen wurde, muss auch in den weiteren Spielen als Glücksbringer herhalten, der Rasen darf nur mit dem linken Fuß zuerst betreten werden, und der Bart wird bei einem Turnier erst rasiert, wenn es mit dem gewonnenen Pokal im Gepäck zurück nach Hause geht. Nicht immer ist die Trennlinie zwischen Aberglauben und nachweisbaren Gesetzmäßigkeiten so klar wie in diesen Beispielen. Manche Maßnahme ist im Sport so selbstverständlich, dass sie wie eine vernünftige Regel daherkommt. Als beispielsweise Berti Vogts noch Bundestrainer der deutschen Fußball-Nationalelf war, galt dort die eiserne Regel, dass der Gefoulte den Elfer niemals selbst schießen darf.

Mythen im Sport

Oliver Stoll, Professor für Sportpsychologie an der Uni Halle-Wittenberg, konnte zeigen, dass Vogts mit dieser Regel auf einen Mythos setzte,[38] denn im Prinzip ist es egal, ob der Gefoulte schießt oder nicht. «Wir haben weit über achthundert Elfmeter aus acht Jahren in der Bundesliga untersucht und dabei geprüft, ob der Gefoulte, wenn er den Strafstoß selber schießt, weniger trifft, als wenn ein anderer Spieler schießen würde. Die Erfolgsquote der Gefoulten lag bei 73 %, die der nicht gefoulten Schützen bei 75 %. Dieser Unterschied liegt im Rahmen der zufälligen Schwankung.»

Hilfreicher als die Regel vom Gefoulten, der den Elfmeter nicht selbst schießen soll, sind nach Auffassung Oliver Stolls sportpsychologische Überlegungen. «Der Spieler steht natürlich unter einem enorm hohen Druck, es geht um alles oder nichts. Der Schütze sollte aber auf keinen Fall diesen Elfmeter als Bedrohung betrachten, sondern vielmehr als Herausforderung. Wenn er den Elfmeter als Bedrohung wahrnimmt, führt das zu Stress. Stress stört aber unsere optimale Bewegungsausführung, und das kann wiederum dazu führen, dass ein Elfmeter danebengeht und eben nicht ins Tor.»

Längst versuchen – gerade im Profifußball – Spieler und Trainer von wissenschaftlichen Leistungen zu profitieren. Um das Training für jeden Spieler individuell zu optimieren, werden die Profis sogar immer häufiger ins Labor geschickt. Jochen Mester, Professor für Trainingswissenschaft und Leistungsphysiologie am Deutschen Forschungszentrum für Leistungssport in Köln, hatte u.a. auch schon die Profis von Bayer 04 Leverkusen bei sich im Labor und gibt einen Einblick in das, was dort mit den Sportlern geschieht:

Fußballprofis im Testlabor

«Unser Labor ist mit allem ausgestattet, was man braucht, um die Leistungsfähigkeit der Sportler zu untersuchen. Es gibt Laufband-Ergometer, Fahrrad-Ergometer, Ruder-Ergometer. Es gibt aber auch Höhenkammern, in denen man Höhentraining absolvieren kann, und wir verfügen über umfangreiche Möglichkeiten der Kraftdiagnostik für alle Muskelgruppen sowie über ein blutchemisches Labor. Die Tests, die wir mit den Fußballprofis machen, beziehen sich u.a. auf die Energiebereitstellung. Ich verwende nur ungern den Begriff Ausdauer, aber es ist natürlich der traditionelle Begriff. Wir testen auf dem Laufband die Fähigkeit des Organismus, die Energie auf aerobe oder anaerobe Weise zur Verfügung zu stellen. Das prüfen wir durch die Auswertung der Blutwerte. Unser Ziel ist es, das Training so zu justieren, dass mögliche Defizite, die wir bei den Tests sehen, im Training wieder ausgeräumt werden können. Das alles wird individuell auf jeden einzelnen Spieler abgestimmt.»

Dieser Einblick in die Praxis des heutigen Leistungssports macht deutlich, dass sich viele Sportarten längst im Grenzbereich der Belastung, im Grenzbereich der Anpassungsfähigkeit des menschlichen Körpers bewegen. Wie hoch, wie weit können Menschen aber prinzipiell springen, wie schnell kann ein Mensch laufen? Sicherlich werden in Zukunft immer noch neue Rekorde aufgestellt werden. An welchem Punkt, welcher Schwelle sich Rekorde einmal nicht mehr werden steigern lassen, kann man mit Hilfe der Mathematik aber schon heute berechnen, so wie das Matthias Ludwig, Professor für Mathematik an der Pädagogischen Hochschule Weingarten, getan hat.[39]

Die Grenzen der Rekordjagd

Er erklärt, dass es grundsätzlich zwei Möglichkeiten gibt, mit mathematischen Mitteln Rekorde vorherzusagen. Die erste bezieht sich auf die Datenanalyse. Man zeichnet dafür Weltrekorde und Bestleistungen, zum Beispiel eines Laufsports, in ein Koordinatensystem ein. Das kennen sicher viele noch aus der Schule: Man hat eine x-Achse und eine y-Achse. Auf der x-Achse wird die Jahreszahl abgebildet, in der der Rekord z. B. gelaufen wurde, und auf der y-Achse die Zeit, in der er gelaufen wurde. Nun kann man diese einzelnen Punkte miteinander verbinden, der einfachste Fall wäre eine Gerade. Die hätte eine negative Steigung, denn die Läufer wurden ja immer schneller, die Zahlen auf der y-Achse also immer kleiner. Nun könnte man diese Linie einfach weiterziehen und so für die kommenden Jahre die Rekorde vorhersagen. Leider, erläutert Ludwig, ist dieses lineare Modell aber falsch, denn es würde bedeuten, dass die Gerade irgendwann die x-Achse schneidet, ein Läufer für den 100-Meter-Lauf also nur null Sekunden bräuchte.

Um Rekorde voraussagen zu können, ist eine Exponentialfunktion besser geeignet. Viele Dinge auf der Welt verhalten sich exponentiell. «Wenn man zum Beispiel ein Stück Kuchen immer wieder halbiert, dann ist das, was übrig bleibt, der exponentielle Rest», erläutert Matthias Ludwig. Man geht davon aus, dass es einen absoluten Weltrekord gibt, was im Laufsport bedeuten würde, dass kein Mensch die Strecke jemals schneller laufen wird als in dieser hypothetischen Zeit.

Wie kommt man auf diese Zeit? Man versucht, durch die vorhandenen Daten eine Exponentialfunktion zu legen, und gibt dann einen Weltrekord vor, z. B. neun Sekunden als absoluten Rekord für den 100-Meter-Sprint der Männer. Dann schaut man, ob dieser Wert in die Kurve passt. Ist das nicht der Fall, erhöht man den Rekord und nähert sich so einem Wert an, der wahrscheinlich ist. In seinen Berechnungen kam Ludwig so auf 9,55 Sekunden als ultimativen Weltrekord für den 100-Meter-Sprint der Männer. «Die Variable D für ‹D› wie ‹Doping› kann man in dieser Berechnung natürlich nicht miteinbeziehen», gibt der Mathematikprofessor zu.

Es gibt noch eine weitere Möglichkeit, Rekorde mathematisch vorherzusagen, nämlich durch die Extremwert-Theorie. Sie beschäftigt sich mit seltenen Ereignissen wie einer Jahrhundertflut, einem Börsencrash oder besonderen Versicherungsschäden. «Diese Theorie nimmt gewissermaßen ‹Ausreißer› in den Blick, denn man kann ja einen Weltrekord als Ausreißer aus der Masse aller von Läufern gelaufenen Zeiten definieren. Zwei niederländische Forscher haben diese Theorie auf den 100-Meter-Lauf der Männer angewandt und kamen dabei zur Vorhersage eines absoluten Rekordes von 9,51 Sekunden und bei den Frauen von 10,33 Sekunden. Man kann sogar die Güte eines Weltrekordes berechnen und stellt dabei fest, dass der 100-Meter-Sprint und die 110-Meter-Hürden der Männer die labilsten Rekorde sind, also die, die am einfachsten zu verbessern sind. Dagegen ist zum Beispiel der 100-Meter-Weltrekord von Florence Griffith-Joyner aus dem Jahr 1988 mit seinen 10,49 Sekunden sehr stabil, und das wird von der Sportgeschichte bisher so auch bestätigt.»

Zum Glück vermag die Mathematik nicht exakt vorherzusagen, wann diese Rekorde fallen und wer sie laufen wird. So war Matthias Ludwig durchaus überrascht, als Usain Bolt bereits bei der Leichtathletik-Weltmeisterschaft in Berlin 2009 den Weltrekord im 100-Meter-Lauf der Männer auf sagenhafte 9,58 Sekunden verbesserte. Er hatte damit gerechnet, dass der Rekord erst ein paar Jahre später fällt. Für viele Sportfans macht die Ungewissheit, wie ein Sportereignis ausgeht, den eigentlichen Reiz des Sports aus. Und natürlich ist diese Unberechenbarkeit von Sportereignissen auch die Grundlage von Sportwetten. Zwar kann man sich auch hier mit mathematischen Mitteln zumindest etwas behelfen, doch sind viele Sportwetten häufig eine emotionale Angelegenheit. Besonders deutlich wird das vor großen internationalen Fußballturnieren wie Europa- und Weltmeisterschaften. In Betrieben und Vereinen wetten dann häufig sogar Menschen, die sonst auf solche Glücksspiele lieber verzichten.

Die unpatriotischen Deutschen

Dr. Michael Kvasnicka, Wirtschaftswissenschaftler am Rheinisch-Westfälischen Institut für Wirtschaftsforschung (RWI), und Dr. Sebastian Braun, Wirtschaftswissenschaftler am Institut für Weltwirtschaft (ifw), sind der Frage nachgegangen, ob man bei solchen Wetten eher nüchtern bleibt oder sich von patriotischen Gefühlen leiten lässt:[40] «Man weiß von der Erfahrung der Fußballweltmeisterschaft, dass Fußball und Patriotismus sehr eng miteinander verbunden sind. Die interessante Frage ist, ob das auch so bleibt, wenn man Geld setzt, also es buchstäblich aufs Spiel setzt.»

Das Forscherteam hat über ein Jahr lang Wettquoten aus zwölf europäischen Ländern gesammelt. Gewettet wurde jeweils auf die Qualifikationsspiele zur Europameisterschaft 2008 in Österreich und der Schweiz. Ihre Grundannahme war dabei, dass die Siegchancen der einzelnen Mannschaften über die Länder hinweg gleich eingeschätzt werden. Tatsächlich war es aber so, dass es bei den zwölf untersuchten Ländern eine Reihe systematischer Abweichungen gab, dass also die Siegchancen der eigenen Nationalmannschaft in Spielen der Qualifikation höher bewertet werden als bei Buchmachern in anderen europäischen Ländern. Das war unter anderem in Bulgarien und Dänemark der Fall. «Für Deutschland finden wir keine derartigen Abweichungen, d.h., die deutschen Wetter sind in ihren Entscheidungen sehr objektiv, offenbar sehr auf Gewinnmaximierung aus und scheinen nicht von Nationalgefühlen geleitet zu sein», fasst Michael Kvasnicka die Studie zusammen.

7

Tierisch kreativ – Sex im Tierreich

Eine etwas freudlose Feststellung vorweg: Es geht auch ohne. Sex ist für den Fortbestand des Lebens nicht zwingend notwendig. Schätzungen zufolge gibt es rund 15 000 Tierarten, die sich zumindest gelegentlich ungeschlechtlich, und rund tausend, die sich völlig asexuell fortpflanzen können – darunter sind nicht nur Kleinstlebewesen wie Bakterien, sondern auch Echsen, Haie, Vögel, Schnecken und sogar Truthähne. Sie produzieren den Nachwuchs – manche nur von Zeit zu Zeit – per Parthenogenese, zu Deutsch Jungfernzeugung. Der unbefruchteten Eizelle wird dabei durch Hormone vorgegaukelt, sie sei befruchtet. Sie teilt sich, und ein neuer Organismus reift heran. Nicht zwangsläufig handelt es sich bei diesem Nachwuchs um reine Klone der Mutter. Die Natur ist findig genug, um auf diese Weise auch neue Männchen zu schaffen. Denn häufig liegt der Grund, weshalb Tiere überhaupt auf Parthenogenese statt auf Sex setzen, im Fehlen von Männchen. So wurde ein Weibchen der Art Kleiner Schwarzspitzenhai auf diese Weise trächtig, nachdem es acht Jahre lang isoliert in einem Becken ohne Männchen gelebt hatte. Die Schwangerschaft der Haifischdame wurde erst nach ihrem Tod bei einer Obduktion bemerkt.

Im Gegensatz zur sexuellen Fortpflanzung, die schrill, gefährlich, aufregend, lustvoll und vieles mehr sein kann, ist die Parthenogenese also höchst unspektakulär – und streng genommen genau deswegen für Lebewesen von Vorteil. Sex verbraucht jede Menge Energie und Zeit, hält also vom Fressen ab und vernebelt die Sinne der Liebeshungrigen oft so sehr, dass Feinde leichtes Spiel mit ihnen haben. Man könnte es aber auch so ausdrücken: Kaum irgendwo zeigt sich die Natur scheinbar so unvernünftig wie in der Erfindung des Mannes. Frauen wissen das instinktiv – Männer im tiefsten Innern auch.

In Computersimulationen, die den Verlauf der Evolution imitieren sollten, vermehrten sich die asexuellen Arten jedenfalls viel besser als diejenigen, die auf die Zweisamkeit von Männchen und Weibchen setzten. Und zwar so gut, dass es nach bereits nur zehn Generationen keine Nachkommen mehr gab, die die lustvollen Mühen der Sexualität auf sich nahmen. Sobald man den evolutionären Druck jedoch erhöhte, etwa indem man Klimaeinflüsse in die Berechnungen mit einfügte, stieg der evolutionäre Vorteil der sexuellen Fortpflanzung. Nun starben die Vertreter sexueller Praktiken erst nach ungefähr fünfzehn Generationen aus.

Klimaveränderungen allein erhöhen also den evolutionären Druck nicht in einem Ausmaß, das erklären kann, warum sich die Sexualität letztlich durchgesetzt hat.

Sex macht stark

Dem englischen Biologen William Hamilton verdanken wir in diesem Zusammenhang den Hinweis, dass Lebewesen nicht nur im Kampf mit äußeren Faktoren stehen (Klima, Fressfeinde, Artgenossen etc.), sondern sich auch nach innen wehren müssen: Krankheitserreger attackieren permanent unsere Körper. Diesem fortdauernden Ansturm können Lebewesen nur deshalb standhalten, weil sie im Laufe der Evolution ein ebenso tüchtiges wie flexibles Immunsystem entwickelten. Und hier ist die sexuelle Fortpflanzung endlich gegenüber der asexuellen im Vorteil. Sex stellt sicher, dass die dafür zuständigen Gene optimal gemischt werden. Der Nachwuchs sexuell aktiver Arten ist also schlicht und ergreifend besser für den Abwehrkampf gegen Viren, Bakterien und Parasiten gerüstet als der ungeschlechtlich erzeugte.

Dieser nüchternen Tatsache verdanken wir vieles, was die Welt bunt, fröhlich und zuweilen irritierend lüstern erscheinen lässt – wie zum Beispiel das Paarungsverhalten der australischen Breitfuß-Beutelmäuse. Die Männchen vergnügen sich in einer ein- bis dreiwöchigen Orgie derart ausgiebig mit mehreren Weibchen, dass ihr Immunsystem anschließend kollabiert und sie sterben.

Aber es gibt auch Rührendes wie den Tiefsee-Anglerfisch. Diese Tiere leben in einer so großen Tiefe, dass sie fast nie etwas sehen. Begegnet ein männlicher Tiefsee-Anglerfisch doch einmal einem Weibchen, ist er sofort Feuer und Flamme. Es ist Liebe auf den buchstäblich ersten Blick – freilich aus Mangel an Erfahrung. Das Männchen jedenfalls beißt sich sofort an dem Weibchen fest, lässt es nie wieder los und verschmilzt sogar nach und nach mit ihm. Solche und weitere außergewöhnliche Strategien der Fortpflanzung hat der Wissenschaftsjournalist Markus Bennemann in seinem Buch «Die Evolution im Liebesrausch»[41] zusammengefasst.

Wie beim Menschen

Als Geisteswissenschaftler, der ein populärwissenschaftliches Buch über Sex im Tierreich schreibt, fühlt sich Bennemann übrigens nicht sklavisch an den Kodex von Biologen gebunden, nach dem man Tiere auf gar keinen Fall vermenschlichen oder gar verniedlichen darf. Aus Gründen der gebotenen größtmöglichen Objektivität ist es für sie ein Unding, Analogien zwischen der Sexualität von Menschen und Tieren zu ziehen. Dennoch kommen auch Biologen häufig nicht daran vorbei, bei der Beschreibung von tierischem Verhalten sehr menschliche Begriffe zu wählen. So gaben Glühwürmchen-Forscher den Weibchen einer bestimmten Art den sehr zutreffenden Namen «Femme fatale». Diese Weibchen ahmen die Lichtsignale fremder Arten nach, sodass die Männchen bei ihnen landen und denken: «Ich hab's geschafft, ich lande in den Armen eines Weibchens und kann mich fortpflanzen.»

In Wirklichkeit sind diese Weibchen aber nur darauf aus, die Männchen zu fressen. Sie locken ihre Opfer mit falschen Liebeszeichen ins Gras und fallen dann über sie her. Ähnlich unsympathisch wirken aus menschlicher Perspektive auch jene Wüstenbewohner, über die Markus Bennemann berichtet:

Vortäuschung sexueller Tatsachen

«Zu den besonders gemeinen Tieren würde ich die klitzekleinen Larven von Ölkäfern zählen, die in der kalifornischen Wüste leben. Jeweils ungefähr 200 Larven tun sich zusammen, klettern gemeinsam auf einen Blumenstängel und tun dort so, als wären sie eine Biene. Sie haben ziemlich genau die Größe einer Biene und geben auch den Duft einer Biene von sich. Meist kommt tatsächlich irgendwann ein Bienenmännchen angeflogen. Ist das erst einmal auf dem Blumenstängel gelandet, entern die Larven das Männchen und bleiben darauf, bis das Männchen mit einem Weibchen kopuliert. Dann steigen sie auf das Weibchen um, das sie in den Bau der Bienen bringt. Dort fressen sie den Nachwuchs auf und leben vom angelegten Honigvorrat der Bienen. Im nächsten Frühling krabbeln statt junger Bienen dann fertige Käfer aus dem Bau. So gruselig diese sexuelle Mimikry auf uns auch wirken mag, evolutionär betrachtet ist sie natürlich eine sehr erfolgreiche Strategie, sich fortzupflanzen.»

Der heimliche Geliebte

Nicht alle Täuschungsmanöver der Natur sind derart brutal. Bei einer Sepienart aus Australien haben kleinere Männchen eine pfiffige Methode entwickelt, ihre stärkeren Konkurrenten mittels einer Art Camouflage zu überlisten. Die größeren Männchen beanspruchen in der Regel alle Weibchen für sich und lassen kleinere, schwächere Männchen erst gar nicht an die Weibchen heran. Wie in einer französischen Kostümkomödie, berichtet Markus Bennemann, «verkleiden» sich die kleinen, schlauen Männchen nun aber als Weibchen, indem sie die Farbzellen ihrer Haut entsprechend verändern. In dieser Verkleidung schleichen sie sich in den Harem der großen Männchen, um sich ungestört mit deren Weibchen paaren zu können. «Es ist eine nahezu perfekte Verkleidungstaktik. Dieser Tintenfisch würde sich ungemein gut als Wappentier eines Karnevalvereins eignen», schlägt Markus Bennemann vor.

Wie man auch als Feigling zum Stich kommt

Bei den meisten Tierarten würden die weiblichen Exemplare sicher unterschreiben, dass es sehr wohl auf die Größe ankommt. Größere Männchen sind in aller Regel stärker, der Sex mit ihnen verspricht daher besonders durchsetzungsfähige Nachkommen. Eine Ausnahme scheint es jedoch unter Guppys zu geben. Bei den bunten Zierfischen sind vor allem gutaussehende Männchen mit prächtigem Schuppenkleid sexuell erfolgreich. Diese Schönlinge sind zugleich allerdings auch besonders mutig. Vor den Augen der Weibchen absolvieren sie regelrechte Mutproben. Markus Bennemann erzählt, dass die Tiere an gefährliche Raubfische heranschwimmen und derjenige, der sich am weitesten an den Raubfisch herantraut, zum Liebling der Weibchen wird und sich mit ihnen paaren darf. Man nimmt an, dass die Schönlinge einfach gesünder sind, bessere Reaktionen haben und sich deswegen mehr zutrauen. Wissenschaftler wollten nun wissen, was für die Weibchen wichtiger ist: das Aussehen oder der Mut dieser Männchen. Für ihren Versuch haben sie sich zwei unterschiedliche Männchen ausgesucht:

einen blassen Feigling und ein leckeres Kerlchen. Den blassen Feigling setzten sie in eine kleine Plastikkapsel. So geschützt fuhren sie ihn vor den Augen eines Weibchens und des natürlich hoch verärgerten Schönlings an einen Raubfisch heran. Es zeigte sich, die Weibchen stehen tatsächlich mehr auf Mut als auf Schönheit. Das Weibchen paarte sich mit dem blassen Feigling, der dank Technik nun als mutig galt, und ließ den Schönling links liegen.

Die Farbe der Liebe

Da die Verführungstechniken der Männchen vornehmlich aktiver Natur sind, könnte man annehmen, dass die Weibchen sich stets nur zurücklehnen, die Männchen machen lassen und dann in aller Ruhe das für sie beste Männchen zum Sex bitten. Doch ganz so einseitig ist das sexuelle Gefüge zwischen den Geschlechtern nicht. Denn auch der weibliche Teil der Tierwelt weiß mit seinen Reizen zu spielen. Ein besonders augenfälliges Beispiel dafür liefert Stefan Wedegärtner vom Deutschen Primatenzentrum in Göttingen.[42] Er hat über acht Monate lang in Indonesien Schopfmakaken, eine Affenart aus der Familie der Meerkatzenverwandten, mit dem Ziel beobachtet, etwas über die Fortpflanzungsstrategie der Weibchen zu erfahren. Wie die Makakenweibchen ihre männlichen Artgenossen anlocken, war für den Forscher kaum zu übersehen:

Sie senden ein Sexualsignal in Form einer überdimensionalen roten Schwellung am Podex aus. Sie entsteht durch eine östrogenbedingte Wassereinlagerung, einhergehend mit einer verstärkten Durchblutung des Hintern, die evolutionär von den Schamlippen ausgeht, erklärt Stefan Wedegärtner. Allerdings baut sich diese Schwellung langsam auf. In der Zeit um den Eisprung, wenn die Weibchen am fruchtbarsten sind, ist sie am stärksten. Die Maximalschwellung hält ein bis zwei Tage an. Die große Frage ist nun: Warum machen die das?

Die Wissenschaftler haben dazu verschiedene Hypothesen aufgestellt, eine davon lautet, dass die Weibchen mit dem großen roten Hintern möglichst viele Männchen anlocken wollen, damit sie von mehreren Männchen begattet werden. Das führt zu einer hohen genetischen Variabilität der potenziell das Weibchen befruchtenden Spermien und etwas, das Stefan Wedegärtner als «eine Art Spermcompetition» bezeichnet: Die unterschiedlichen Spermien liefern sich einen Wettkampf in der Äffin, und das stärkste setzt sich durch.

Eine andere populäre Hypothese geht davon aus, dass mit diesen Sexualschwellungen und dem Anlocken vieler Männchen Infantizide verhindert werden sollen, also Kindstötungen. «Das kennt man von Löwen. Wenn das Alphamännchen im Rudel wechselt, tötet der neue Anführer den Nachwuchs des alten. Um das in ihrer Sippe zu verhindern, so die Vermutung, locken die Makakenweibchen mit ihren Schwellungen mehrere Männchen an. Das Männchen, das zum neuen Alphamännchen wird, kann also gar nicht mehr so genau wissen, war das jetzt mein Kind, oder ist es doch von einem anderen? Also töte ich es mal lieber nicht.»

Wie raffiniert diese Strategie der Makakenweibchen tatsächlich ist, wird erst deutlich, wenn man sie sich im Detail ansieht: «Zu einem geringeren Prozentsatz findet manchmal schon eine Befruchtung statt, wenn die Schwellung noch klein ist. Da es sich stets um große Gruppen von Weibchen und Männchen handelt, muss sich das Alphamännchen permanent fragen: Gehe ich jetzt immer nur auf das Weibchen zu, das gerade eine Maximalschwellung hat, und bewache es in dieser Phase permanent, um dann zum nächsten mit maximaler Durchblutung zu wechseln? Oder kümmere ich mich nur um ein einziges Weibchen und bewache dieses die ganze Zeit, selbst wenn dessen Schwellung noch klein ist? Da oft mehrere Weibchen gleichzeitig eine Schwellung zeigen, tendiert das Alphamännchen dazu, ein Weibchen nur zu bewachen, wenn es eine Maximalschwellung aufweist.»

In der Zeit, in der der Anführer der Sippe das Weibchen mit der größten Fruchtbarkeit bewacht, können sich die niederrangigen Männchen daher an die Weibchen heranpirschen, die zwar etwas weniger fruchtbar, aber eben doch schon empfängnisbereit sind. Für die Weibchen lohnt sich das auf jeden Fall: Sie sorgen dafür, dass sie nicht nur von einem Männchen befruchtet werden, und stellen gleichzeitig sicher, dass auch der mit niederrangigen Männchen gezeugte Nachwuchs überleben kann.

Prostitution und Pornographie unter Affen

Kleine Geschenke erhalten bekanntlich die Freundschaft, und manche öffnen auch das Herz eines geliebten Menschen. Dieses Verhalten könnte viel älter sein, als wir meinen. Denn auch bei unseren nahen Verwandten hat man Ähnliches beobachtet. Schimpansen haben 98,4 % ihrer Gene mit dem Menschen gemeinsam. Und wie die Menschen ernähren sich auch die Affen nicht ausschließlich vegetarisch. Zwar stehen hauptsächlich Früchte, Blätter und Nüsse sowie Termiten, Fliegen, Larven und auch Vogeleier auf ihrem Speiseplan. Doch von Zeit zu Zeit jagen Schimpansen auch kleinere Tiere wie Ratten, Eichhörnchen und manchmal sogar Paviane, Buschschweine und Jungantilopen. Seit längerem ist bekannt, dass männliche Schimpansen ihre Beute mit Weibchen teilen, die sich im Östrus, der Zeit des Eisprungs, befinden. Als Gegenleistung bekommen die Männchen Sex. Das klingt ein wenig nach Prostitution, hat jedoch noch einen anderen Hintergrund, wie die Forschungsergebnisse zweier Primatenforscherinnen vom Max-Planck-Institut für evolutionäre Anthropologie[43] zeigen. Cristina M. Gomes und Christophe Boesch beobachteten im Taï-Nationalpark an der Elfenbeinküste Schimpansen und fanden dabei heraus, dass manche Männchen ihr Fleisch auch mit Weibchen tauschen, die gerade nicht empfängnisbereit sind. Sie teilen ihre Beute sogar über lange Zeit regelmäßig mit Weibchen. Für die Männchen lohnt sich das. Gomes und Boesch zufolge verdoppeln diese Männchen ihren Paarungserfolg durch das Teilen der Beute, während Männchen, die nie von ihrer Beute abgeben, leer ausgehen. Die Geizigen einmal ausgenommen, profitieren letztlich alle von diesem Verhalten. Die Männchen haben aus evolutionsbiologischer Sicht einen höheren Fortpflanzungserfolg, und die Weibchen müssen sich nicht dem hohen Verletzungsrisiko einer Jagd aussetzen. Das wiederum ist auch gut für das Männchen, denn dadurch wird sein Nachwuchs besser beschützt.

Mark Benecke weist in diesem Zusammenhang auf Beobachtungen hin, die sich als eine Art Pornographie unter Schimpansen deuten lässt: «Diese Tiere sind bekannt dafür, dass sie noch etwas anderes tauschen, nämlich Kirschsaft. Schimpansen lieben Kirschsaft. Biologen wollten daher herausfinden, ob die Affen bereit sind, mit Kirschsaft zu handeln. Sie machten dafür Fotos von verschiedenen ranghohen Weibchen. Fotografiert wurde das Gesicht, aber auch das Hinterteil der Weibchen, und zwar so, dass auch die Geschlechtsorgane zu sehen waren. Die Affen bekamen nun Kirschsaft, den sie entweder trinken oder mit ihm handeln konnten. Tatsächlich gaben viele Affen ihren Kirschsaft den Forschern, wenn sie dafür das Foto, also das Gesicht oder die Geschlechtsorgane von einem Weibchen ansehen durften, das ihnen gefiel. Der Versuch hat eine Pointe, an der man erkennt, dass dieser Tausch nicht zufällig stattfand. Die Forscher hatten nämlich auch Fotos (wieder Gesicht und Hintern) von Weibchen geschossen, die für die Männchen nicht so attraktiv waren. Diese Fotos sahen sie nur dann an, wenn man ihnen dafür eine Extraportion Kirschsaft *gab*. Die Tiere verstehen also, dass es sich bei dem Kirschsaft um eine echte Währung handelt. Mit anderen Worten: Sex ist ihnen wirklich etwas wert.»

Grenzenlose Sexualität

So mancher Besucher des Grömlitzer Zoos «Arche Noah» wird sich wahrscheinlich noch an «Bahier» erinnern. Bahier war ein Liger, eine Kreuzung aus Löwe und Tiger. Solche Vermischungen zwischen Tiger und Löwe kommen nur bei Züchtung in Gefangenschaft vor, da sich die Lebensräume der Tiere in freier Wildbahn nicht überschneiden. Weil es ihm schlechtging, musste Bahier 2008 im für Raubkatzen biblischen Alter von 18 Jahren eingeschläfert werden. Wie alle männlichen Liger war Bahier zeugungsunfähig. Weibliche Liger können sich dagegen sowohl mit Löwen als auch Tigern erfolgreich fortpflanzen. Die Nachkommen sind dann allerdings keine reinen Liger mehr, sondern Zwischenformen zwischen einem Liger und der Art des Vaters.

Um 1900 herum gab es im Hamburger Tierpark Hagenbeck und etwas später auch im Berliner Zoo einen «Pumapard» zu bestaunen, eine Mischung aus weiblichem Puma und männlichem Leopard. Die Tiere erreichten allerdings nicht das Erwachsenenalter. Auch bei der Mischung aus Schaf und Ziege, die Schiege oder Zafe genannt wird, kommt es meist zu Komplikationen. Die Mutter hat häufig eine tödliche Frühgeburt, die überlebenden Schiegen sind unfruchtbar.

Als positives Beispiel für Hybriden, wie man die Kreuzungen unterschiedlicher Zuchtlinien, Rassen oder Arten nennt, gilt das Beefalo.[44] Im 19. Jahrhundert wurden erstmals Rinder mit amerikanischen Bisons gekreuzt, die damals noch Cattalo genannt wurden (ein Amalgam aus den englischen Wörtern für Rind, *cattle*, und Büffel, *buffalo*). Wie bei vielen anderen Hybriden waren jedoch auch bei den Cattalos die männlichen Tiere unfruchtbar. Erst 1965 gelang eine Züchtung, bei der dieses Problem nicht mehr auftrat. Das seither Beefalo genannte Tier gilt als besonders widerstandsfähig und pflegeleicht; es benötigt weniger Hilfe beim Kalben, ist fruchtbar und kälteresistent – und obendrein ist das Fleisch des Tieres auch weniger fett.

Die Liebe zu Tieren

Wir alle haben ein scheinbar sicheres Gefühl dafür, was sexuell pervers ist und was nicht. Tatsächlich jedoch hängt die Charakterisierung einer sexuellen Praxis als «pervers» oder «normal» entscheidend vom kulturellen Umfeld ab. So war Anfang des 20. Jahrhunderts Sigmund Freud nicht allein mit seiner Meinung, Fellatio und Cunnilingus, also oraler Sex, seien pervers. Heute würde Freud damit, zumindest hierzulande, wohl nur noch wenig Anhänger finden.

Ein weiteres Beispiel sind sadomasochistische Praktiken, die bis weit in die 1970er Jahre hinein noch als unbedingt therapiebedürftig galten, während sie heute gesellschaftlich mehr und mehr akzeptiert werden. Beim Thema Sex mit Tieren ist eine ähnliche Entwicklung allerdings nur schwer vorstellbar. Entgegen der landläufigen Meinung ist der Sex mit Tieren in Deutschland kein Straftatbestand. Angezeigt werden können solche Taten nur, wenn nachgewiesen werden kann, dass das Tier dabei gequält, verletzt oder gar getötet wurde.

Davon abgesehen halten laut einer Befragung drei Viertel der Bevölkerung Sex mit Tieren für ekelig und pervers. 25 % der Befragten jedoch zeigen zumindest ein gewisses Verständnis für die Zoophilie – die Liebe zu Tieren.

Mark Benecke hat sich für die «Profis» verschiedene wissenschaftliche Veröffentlichungen zum Thema angesehen und festgestellt, dass es viele unterschiedliche Arten von Tierliebe gibt. Am häufigsten sind die sogenannten Frotteure: Menschen mit dieser Neigung nehmen geschlechtliche Handlungen an Tieren vor, wenn sie keinen menschlichen Partner haben. Sie befriedigen sich, indem sie sich an den Tieren frottieren, also die Geschlechtsorgane an den Tieren reiben.

Es gibt zudem einige Menschen, die Sex mit Tieren lediglich in ihre Phantasien einbauen. So fand der Sexualforscher Alfred Kinsey in seinen Befragungen in den 1950er Jahren heraus, dass es Männer gibt, die sich gerne vorstellen, ihre Frau würde Geschlechtsverkehr mit Tieren haben. Wichtig dabei ist, dass es lediglich um die Phantasie geht, in der die Männer zudem auch nur einen passiven Part einnehmen.

Zumindest früher zogen Menschen aus Unkenntnis manchmal falsche Schlüsse. Unter Schweinehirten gab es zum Beispiel das sogenannte Aufreiten. Die Hirten prüften, ob eine Sau befruchtungsbereit ist, indem sie sich auf das Tier setzten. Lief das Schwein weg, wussten sie, es ist nicht paarungsbereit. Drückte es dagegen, war es paarungsbereit. Stadtjungen, die das sahen, dachten häufig, dass der Schweinehirt sich an dem Tier vergehen wollte.

Wer echten Sex mit Tieren hat, sollte gewarnt sein. Viele Tiere verfügen über einen Penisknochen, den es bei Menschen nicht gibt. Hunde haben zum Beispiel einen Höcker an der Basis des Penis, was beim Geschlechtsverkehr zu Verletzungen führen kann. Mark Benecke berichtet von einem Video, das er in diesem Zusammenhang sah. Es zeigt einen Mann, Mr. Hands, der Analverkehr mit einem männlichen Pferd hat – mit tödlichem Ausgang. Der Darm des Mannes wurde zerrissen. Er hat sich wohl so geschämt, dass er viel zu spät ein Krankenhaus aufgesucht hat.

95 % der Zoophilen geben an, dass das Tier für sie ein echtes Gegenüber ist, und zwar nicht nur ein sexuelles Gegenüber, mit dem sie mehrmals pro Woche meistens oral Kontakt haben, sondern auch ein Lebensgefährte. Es ist eine reale, dauerhafte, exklusive und auf Tiere fixierte Liebe, die man eigentlich, wenn man ein Freigeist sein möchte, genauso ernst nehmen muss wie jede andere Liebe auch.

8

Das kriminelle Leben – Verbrechen im Visier

Zwischen 1993 und 2009 verängstigt eine offenbar ebenso brutale wie unheimliche Frau mit ihren Taten zahllose Menschen in Süddeutschland, Österreich und sogar Frankreich. Mehrere Einbrüche, zwei Raubüberfälle sowie zwei Morde schreiben die Ermittler in diesen 16 Jahren der «UWP», der «Unbekannten Weiblichen Person», zu.[45] Die Öffentlichkeit fürchtet die Unbekannte auch als «Frau ohne Gesicht» und seit dem 25. April 2007 auch als «Heilbronner Polizistenmörderin» oder das «Phantom von Heilbronn». An diesem Tag pirschen sich gegen 14 Uhr zwei Personen an einen silbernen 5er-BMW-Kombi mit Polizeikennung heran, der auf der Heilbronner Theresienwiese parkt. Die Scheiben des Wagens sind heruntergelassen. Stellwerker der Bundesbahn sehen den Wagen von ihrem Turm aus. Aus Erfahrung wissen sie, dass der Schotterplatz bei Polizisten beliebt ist, die gerade eine Pause einlegen, weshalb sie sich nicht über das Auto wundern. In dem Streifenwagen sitzen zu diesem Zeitpunkt die erst 22 Jahre alte Polizeimeisterin Michèle Kiesewetter sowie ihr zwei Jahre älterer Kollege Martin A. Die Täter nähern sich – entweder unbemerkt oder ohne Argwohn zu erwecken – dem Wagen und schießen schließlich beiden Polizisten in den Kopf. Der genaue Tathergang, soweit er sich von der Polizei bislang rekonstruieren ließ, wird aus ermittlungstaktischen Gründen bis heute nicht vollständig preisgegeben.

Michèle Kiesewetter stirbt. Martin A. überlebt knapp, erleidet eine Amnesie und kann sich – für ihn sicher ein Glück – an die

Tat später nicht mehr erinnern. Die Dienstwaffen der beiden Opfer, drei Magazine, Handschellen sowie eine Taschenlampe und ein Pfefferspray der Toten nehmen die Täter vermutlich mit. Zurück lassen sie dagegen die Hülsen und Projektile der Waffen, mit denen sie geschossen haben. Hülsen und Projektile, die aus den Dienstwaffen hätten stammen können, werden dagegen nicht gefunden.

Am Streifenwagen entdecken die Ermittler zudem DNA-Spuren – unter anderem die der «UWP», des «Phantoms». Ein Motiv für den Mord an den beiden Polizisten ist so wenig zu finden wie Zeugen, die die Tat beobachtet haben. Dabei waren zum Tatzeitpunkt über hundert Schausteller in unmittelbarer Nähe zum Tatort damit beschäftigt, ihre Fahrgeschäfte für ein in Kürze beginnendes Volksfest aufzubauen. Mehr als wahrscheinlich ist auch, dass Radfahrer und Fußgänger am Tatort vorbeigekommen sind. Aus welchen Gründen auch immer, melden sich diese Zeugen jedoch nicht.

Dass DNA-Spuren am Tatort dem «Phantom» gehören, erleichtert die Ermittlung für die Behörden keineswegs.

Man geht davon aus, dass die Gesuchte zwischen 20 und 50 Jahre alt ist. Ihre DNA wurde an weit auseinanderliegenden Tatorten gefunden, die Unbekannte muss also außerordentlich mobil sein, und vermutlich hat sie Kontakt zur Drogenszene. Bestimmte Merkmale ihrer DNA ordnet ein österreichischer Wissenschaftler zudem als typisch osteuropäisch ein. Diese durchaus umstrittene These ist zunächst weitgehend ohne Belang, da sie die Ermittler nicht weiterführt. Die Frau erscheint auch so schon rätselhaft genug. Die Taten, bei denen ihr Erbgut identifiziert wird, sind untypisch für Frauen und weisen mal auf organisierte, mal auf Gelegenheitskriminalität hin. Das Spektrum reicht vom einfachen Einbruch in eine Laube, bei dem etwas Geld entwendet wird, bis hin zu Airbag- und Autodiebstählen, einem kriminellen «Geschäft», das fest in der Hand organisierter Banden ist.

Europaweit sind über 100 Ermittler damit beschäftigt, der Unbekannten auf die Spur zu kommen. Doch Zeugen, die sie gesehen haben müssen, Tatbeteiligte meist, schweigen. Die Ermittler vermuten, aus Angst.

Auf kriminalistisch ungeschulte Menschen wirkt das «Phantom» wie eine Inkarnation des Bösen – eine Person, die zu allem fähig scheint, der man alles zutrauen muss, ohne soziale Bindungen, moralisch enthemmt, unfassbar und unheimlich.

Das Böse

Mit dem Wesen des Bösen aus kriminologischer Sicht beschäftigt hat sich der Gerichtspsychiater Reinhard Haller, der durch seine Gutachten über den Sexualmörder Jack Unterweger und den Bombenbastler Franz Fuchs auch über die Grenzen Österreichs hinweg bekannt wurde.[46] Für ihn ist «das Böse» «ein Summationsbegriff für Krankheit, für Katastrophe, für Verbrechen – für alles, was dem Menschen im weitesten Sinne des Wortes nicht guttut».

Deshalb findet er es ganz natürlich, dass wir Menschen das Böse meiden wollen, weil es uns bedrückt, uns ängstigt, uns Lebensqualität und Lebensfreude nimmt. Reinhard Haller betont aber, wie vergeblich der Kampf gegen das Böse ist, weil es eine Eigenart des menschlichen Charakters darstellt und zu ihm genauso dazugehört wie die Kräfte des Guten. «Das Gute kann nur existieren, wenn es auch das Gegenteil davon gibt. So wie Licht auch durch Schatten definiert wird. Es ist eine Urkraft des Menschen, die in der Regel beherrscht wird, die aber manchmal zum Durchbruch kommen kann.»

Reinhard Haller rückt unser Vorurteil zurecht, dass böse Menschen immer Bestien, Monster oder irgendwelche unheimlichen Gesellen zu sein haben, dies sei nur in wenigen Fällen tatsächlich so. «Die sogenannten bösen Menschen leben in aller Regel unter uns. Es sind Menschen wie du und ich. In Europa sind etwa zwei Drittel aller Tötungsdelikte Beziehungsdelikte, die aus ganz normalen zwischenmenschlichen Reaktionen zustande kommen, sei es durch Kränkungen, sei es durch Eifersucht, sei es durch heftige Emotionen oder sei es durch Konflikte, wie es sie im Privatleben und am Arbeitsplatz gibt.»

Warum aber bricht sich das Böse immer wieder in uns Bahn? Dazu gibt es zwei Denkrichtungen: Die einen sagen, der Mensch komme als universell böses, kriminelles Wesen auf die Welt und werde erst durch die Erziehung und andere Umwelteinflüsse zu einem guten, sozial verträglichen Menschen gemacht, der das Böse kompensieren kann. Die anderen hingegen sagen, der Mensch ist ein gutes Wesen, er wird erst durch die Umwelteinflüsse schlecht gemacht.

Reinhard Haller sieht darin einen Streit um des Kaisers Bart: «In jedem Menschen sind böse Anteile vorhanden, und in bestimmten Situationen, in bestimmten Risikokonstellationen können sie zum Durchbruch kommen. Zum Beispiel durch lieblose Erziehung, heftige Affekte, Emotionen, Kränkungserlebnisse und natürlich auch böse Ideen.

Meiner Erfahrung nach beginnt das Böse oft dann, wenn wir uns nicht mehr in den anderen hineinfühlen, wenn wir ihn entwürdigen, wenn wir unseren Aggressionen freien Lauf lassen und wenn wir die Rechte des anderen außer Kraft setzen.

Wir müssen daher danach streben, dass wir das Böse kultivieren, dass wir es sublimieren, sozusagen in bessere Verhaltensweisen umwandeln.» Er nennt als Positivbeispiel das Fußballspiel: Es trägt im Prinzip alle Kennzeichen eines Krieges. Bei einem Länderspiel wird Propaganda für das jeweils eigene Lager gemacht, es marschieren die Heere auf, es wird ein Schlachtplan entworfen – für ihn eine unglaublich angenehme, lustvollere Form, als wenn die Menschen tatsächlich mit Schwertern und Kanonen aufeinander losgehen würden.

Das «Böse» ist also letztlich eine durch und durch menschliche Größe und konnte daher natürlich auch im Fall des «Heilbronner Polizistenmordes» schließlich als Täter ausgeschlossen werden. Denn im März 2009 wurde die Identität des «Phantoms» endlich geklärt: Es handelte sich um eine Angestellte der Greiner Bio-One GmbH aus dem bayrischen Frickenhausen. Die Firma lieferte die Wattestäbchen, mit denen die Abstriche für die DNA-Proben an den Tatorten genommen wurden. Die Firma importiert die Wattestäbchen aus dem Ausland, die dazugehörenden Kunststoffröhren und der Deckel werden in Deutschland produziert und hierzulande zusammengefügt. Vermutet wird, dass eine Mitarbeiterin die Wattestäbchen beim Zusammenfügen mit ihrer DNA verunreinigte. Die Firma selbst veröffentlichte nach Bekanntwerden der Ermittlungspanne eine knappe Pressemitteilung, in der es hieß: «Die von der Greiner Bio-One GmbH vertriebenen Abstrichbestecke sind nicht für die Verwendung von molekulardiagnostischen Analysen vorgesehen.»[47] Das stand so auch auf dem Beipackzettel.

Die Verunreinigung der Wattestäbchen fiel erst auf, als man auf sieben von insgesamt 96 untersuchten Wattestäbchen, die nicht benutzt worden waren, die DNA der «UWP» fand. Für die Ermittler des Polizistenmordes in Heilbronn bedeutete das natürlich nur, dass sie eine ins Leere laufende Spur fallenlassen konnten. Ihr Fall ist bis heute[48] jedoch noch immer nicht aufgeklärt, noch immer weiß niemand, wer die Täter sind und aus welchen Gründen sie mordeten.

Wie für Reinhard Haller ist auch für den amerikanischen Sozialpsychologen Philip Zimbardo kein Mensch davor gefeit, auf die Seite des Bösen zu geraten. Zimbardo nennt diese Anfälligkeit griffig den «Luzifer-Effekt»[49]. Bekannt wurde Zimbardo in Deutschland vor allem durch den Film «Das Experiment» mit Moritz Bleibtreu in einer der Hauptrollen. Der Film basiert auf Zimbardos «Stanford Prison Experiment» aus dem Jahr 1971, in dem Studenten per Zufall in zwei Gruppen eingeteilt wurden: Die einen waren Gefängnisinsassen, die anderen ihre Wärter. Das Experiment musste nach einer Woche abgebrochen werden, da die Gruppe der Wärter nachts, wenn sie glaubten, die Wissenschaftler würden nicht mehr zusehen, die Gefangenen misshandelten. Aber auch tagsüber wurden die Maßnahmen, die sie unternahmen, um die Gefangenen «im Griff» zu halten, stetig pornographischer und demütigender. So mussten die Gefangenen sich beispielsweise gegenseitig an den Schultern fassen und durften nur im Gänsemarsch, die Köpfe in Säcken und die Beine zusammengekettet, zur Toilette laufen.[50]

Für Zimbardo ist es das Zusammenspiel von Individuum, Gruppe und Kultur, die jeweils an der Erschaffung des Bösen mitwirken. Um nicht dem Luzifer-Effekt zu erliegen, plädiert er, sehr amerikanisch, für Heldentum im Alltag. Eine Nummer kleiner lässt sich das aber sicher auch einfach als Zivilcourage bezeichnen: als den Mut, ein eigenes Gewissen zu haben und dafür im Notfall auch einzustehen.[51]

Kehrtwende zum Guten?

Ob es nun an wachsender Zivilcourage liegt oder an anderen Faktoren: Von heute aus betrachtet, macht der Blick zurück in die Menschheitsgeschichte durchaus Hoffnung auf eine friedlichere Zukunft. Vergleicht man beispielsweise die Zahl der Morde im mittelalterlichen England mit den entsprechenden Statistiken heute, lässt sich ein deutlicher Rückgang festmachen. Kamen dort auf 100 000 Einwohner im 14. Jahrhundert noch 24 Morde, waren es Anfang der 1960er Jahre nur noch 0,6.[52] Der US-Psychologe Steven Pinker, der zu diesem Thema forscht, nennt nicht nur dieses, sondern noch ein weiteres eindrückliches Beispiel für die zunehmende Gewalthemmung im Laufe der Moderne: Noch im 16. Jahrhundert wurden mitten in Paris gerne Katzen öffentlich verbrannt. Die Verbrennung diente der Unterhaltung, allerdings nicht nur der einfachen Bevölkerung. Auch Könige und Königinnen amüsierten sich, wenn auf einer Bühne eine Katze, um die eine Schlinge gebunden war, langsam in ein Feuer herabgelassen wurde und diese vor Schmerzen schrie, bis sie versengte, auf dem Feuer röstete und schließlich zu Asche verbrannte.

Die Abnahme der Gewalt sieht Pinker als weltweiten Prozess, der sich auf Kriege, Morde und andere Gewalttaten bezieht. Diese Entwicklung ist allerdings nicht linear, es gibt immer wieder Rückschläge. So stieg in den 1960er Jahren die Zahl der Gewaltdelikte in den westlichen Staaten, nachdem sie zuvor kontinuierlich gesunken war. Pinker macht dafür den Zeitgeist der Jugendrebellion, den Lebensstil von «Sex 'n' Drugs 'n' Rock 'n' Roll» der 1960er Jahre verantwortlich, der Selbstbeherrschung verachtete und Impulsivität feierte. Tatsächlich sinken die Zahlen erst seit Anfang der 1990er Jahre wieder.[53] Seit Ende des Kalten Krieges geht auch die Zahl der bewaffneten Konflikte zwischen Staaten zurück.

Pinker glaubt nicht an eine gänzlich friedfertige Gesellschaft, die uns am Ende dieses Weges erwarte, erkennt aber dennoch einen Trend hin zu einer überraschenden Einsichtsfähigkeit der Menschheit: «So beklagenswert sie sind, erscheinen die Missbräuche in Abu Ghraib und die tödlichen Injektionen, die man einigen Mördern in Texas verabreicht, milde im Vergleich zu den Grausamkeiten der menschlichen Geschichte. Vom erhöhten Standpunkt unserer Zeit aus betrachtet, beurteilen wir sie als Zeichen dafür, wie tief unser Verhalten sinken kann, nicht dafür, wie hoch unsere Maßstäbe gestiegen sind.»[54]

Pinker hat in früheren Büchern häufig eine biologistische Sicht auf den Menschen vertreten, der zufolge unser Denken vor allem ein Produkt der Evolution ist, während kulturelle Faktoren uns weit weniger prägen, als den meisten von uns bewusst oder lieb ist. Bei der rückläufigen Entwicklung der Gewalt sieht Pinker nun jedoch vor allem kulturelle Faktoren am Werk. Als Beispiel nennt er Deutschlands Wandel nach 1945 von einem militaristischen zu einem friedlichen Land, der unmöglich mit Genen zu tun haben kann.[55] Allerdings ist Pinker evolutionsbiologisch geschult genug, um den kulturell erzielten Fortschritt letztlich doch biologisch zu begründen: Der Mensch sei eben auch fähig, Emotionen, die er eigentlich nur für nahe Verwandte aufbringe, auch auf andere Menschen zu übertragen.

Tatsächlich führt der Kriminologe Christian Pfeiffer als einen von vier Gründen für die seit Jahren sinkende Kriminalitätsrate in Deutschland bürgerliches Engagement an.[56] Dieses wirke vor allem in der Prävention gegen Kriminalität. Als Beispiel nennt er u. a. den Verein Mentor e. V. aus Hannover, der das Lesen und Schreiben von Schülern und Schülerinnen fördert und damit vor allem Kindern aus den sozial schwachen oder ausgegrenzten Milieus zu besseren Bildungschancen verhilft.[57] Initiativen wie Mentor e. V. üben damit zumindest mittelbar Einfluss auf die Kriminalstatistik aus. Denn je höher der Schulabschluss, desto niedriger ist das Risiko, kriminell zu werden.

In Deutschland ging die Zahl der registrierten Straftaten pro 100 000 Einwohner im Zeitraum 1993 bis 2007 um immerhin 8,4 % zurück. Noch positiver sieht es bei vorsätzlichen Tötungen aus: Raubdelikte sanken um 15,7 %, Sexualmorde gar um 56,8 %.

Daran gewöhnt, dass alles im Leben grundsätzlich immer nur schlimmer werden kann, irritieren uns diese Zahlen. Mit einem Mehr an bürgerlichem Engagement allein sind sie jedenfalls nicht zu begründen. Zu sehr widersprechen sie dem, was auf den aktuellen Meinungsmärkten gehandelt wird. Insbesondere das Fernsehen berichte, so Pfeiffer, weit häufiger über zum Beispiel Sexualmorde, als das früher der Fall war. Und genau darin sieht er – ähnlich wie

Pinker – den Grund, warum unser subjektives Empfinden, die Gesellschaft werde immer gewalttätiger, das Leben immer gefährlicher, nicht mit den objektiven Befunden der Kriminalstatistik zusammengehen will. Wer ständig von Mord und Totschlag liest, sieht und hört, vergisst, dass die treuesten Verbündeten des Todes Altersschwäche und Krankheit sind.

Etwas scheint der These der sinkenden Kriminalität zunächst zu widersprechen: Es werden mehr Menschen für begangene Straftaten verurteilt denn je. Dies ist jedoch einzig einer wesentlich höheren Aufklärungsquote geschuldet. Einfacher gesagt: Wir haben die beste Polizei, die es je gab. Da immer mehr Verbrecher erwischt werden, kommt es auch zu mehr Anklagen. Wenn die Staatsanwälte vor Arbeitsüberlastung stöhnen, ist das für rechtschaffene Bürger also eher ein gutes Zeichen.

Der dritte Grund für den Rückgang der Kriminalität ist für Pfeiffer der gesunkene Migrationsdruck seit 1993. Denn bei Migranten kommen häufig gleich mehrere «Belastungsfaktoren» zusammen, die in der Summe erklären, warum der Anteil der Straftaten, die Ausländer begehen, an der Gesamtkriminalität höher ist als der Anteil der Ausländer an der Gesamtbevölkerung[58]: innerfamiliäre Gewalt, Hauptschule, Armut und eine ausgeprägte Machoorientierung. Gerade junge Männer aus Migrantenfamilien tragen damit ein erhöhtes Risiko, auf die schiefe Bahn zu geraten. Allerdings gilt dies auch für junge deutschstämmige Männer aus sozialen Randlagen, die Pfeiffer deshalb als die «Zwillingsbrüder» der jungen Migranten bezeichnet und dabei auch auf die bittere Ironie hinweist, dass gerade diese Gruppe sich bei Befragungen als besonders ausländerfeindlich zu erkennen gibt.

Auch der vierte Grund, den Pfeiffer für die gesunkene Kriminalität nennt, hängt mit dem hohen Gewaltpotential junger Männer zusammen: Unsere Republik vergreist. Andersherum ausgedrückt bedeutet das: Der Anteil junger Männer an der Gesamtbevölkerung geht zurück und damit auch der Anteil jener, die besonders häufig in Konflikt mit dem Gesetz geraten.

Männer sind Schweine

Im Jahr 2005 wurden in Deutschland fast 6,4 Millionen Straftaten registriert, darunter etwa 213 000 Gewaltdelikte. Von den über 2,3 Millionen Tatverdächtigen waren drei Viertel männlich, nur 5 % aller Gefängnisinsassen dagegen sind Frauen. Noch krasser zuungunsten der Männer fällt die Verteilung bei schwerwiegenden Gewaltdelikten aus. Hier gehen sogar bis zu 95 % der Taten auf das Konto von Männern. Kriminologen wie Britta Bannenberg, Professorin an der Universität Gießen, kennen dieses Missverhältnis zwischen Männern und Frauen seit langem: «Den Allgemeinbürger überrascht das meistens, weil viele sich vorstellen, es müsse so etwas wie eine Gleichverteilung der Delikte geben. Doch seit man Kriminalstatistiken erstellt und sich mit solchen Fragen beschäftigt – und das ist seit über hundert Jahren der Fall –, wird dokumentiert, dass Männer krimineller sind als Frauen. Dies zeigt sich aber nicht nur in der statistischen Erfassung, die ja durchaus fehleranfällig sein kann. Es wäre zum Beispiel denkbar, dass Frauen einfach nicht so oft angezeigt werden, dass man ihre Taten herunterspielt oder ihre Verbrechen nicht so ernst nimmt wie die von Männern. Doch selbst bei sogenannten Dunkelfeld-Untersuchungen – das sind repräsentative Befragungen, bei denen die Befragten anonym bleiben – ergeben sich dieselben Verteilungen.»

Britta Bannenberg führt weiter aus, dass lediglich bei der Kleinkriminalität wie Ladendiebstählen, beim Schwarzfahren, bei Alltags- und Bagatelldelikten, leichten Haus- und Familiendiebstählen sowie beim Konsum von leichten Drogen wie Haschisch Mädchen in der Altersgruppe zwischen 14 und 16 Jahren mit ihren männlichen Altersgenossen gleichauf liegen. Danach und bei schwerwiegenderen Vergehen sind die Jungen wieder stärker vertreten.

Über die Gründe für dieses Ungleichgewicht gibt es mehr Spekulationen als feste Hinweise. Hat es biologische Ursachen? Ist der Mann ein aggressiveres Wesen?

Tatsächlich spielt die Biologie dabei eine Rolle, so wird z. B. das männliche Sexualhormon Testosteron mit der höheren Gewaltbereitschaft in Verbindung gebracht. Ob sie sich auf einzelne Merkmale ursächlich zurückführen lässt, bezweifelt Britta Bannenberg. «Eine Rolle spielt sicher, dass Frauen eher sozial denken und an Normen orientiert sind. Es gibt aktuelle Befragungen und Befunde, denen zufolge Frauen eher ein Gewaltverbot akzeptieren als Männer. Mit einer geringeren Aggressivität allein ist diese Bereitschaft, auf Gewalt zu verzichten, nicht zu erklären. Die Psychologie sagt uns, dass Frauen genauso aggressiv sind wie Männer. Vor allem wenn es um verbale Aggression geht, sind beide Geschlechter sozusagen auf Augenhöhe. Aber Frauen setzen diese verbalen Aggressionen seltener in Taten um.»

Aufschlussreich ist in diesem Zusammenhang auch der Blick auf die unterschiedlichen Motive von Männern und Frauen, wenn es um Tötungsdelikte mit Beziehungshintergrund geht: Nur 5 % aller Beziehungstaten mit Todesfolge werden von Frauen begangen. Männer töten in aller Regel, weil sie nicht die Kontrolle verlieren wollen, erklärt Britta Bannenberg. «Ihre Tat folgt dem Motto: ‹Kann ich sie nicht haben, soll sie keiner haben.› Bei den Frauen ist das ganz anders. In aller Regel wollen sie einer langen Gewaltbeziehung ein Ende setzen, weil sie keinen anderen Ausweg mehr sehen und keine Hilfe erfahren.»

Diese unterschiedliche Motivlage ist vermutlich auch der Grund, warum Frauen wesentlich seltener Amok laufen als Männer. Der Fall des Amoklaufs von Sabine R. im badischen Lörrach ist eine der wenigen Ausnahmen. Sabine R. tötete am 19. September 2010 ihren Ehemann und den gemeinsamen Sohn. Danach sprengte sie ihre Wohnung in die Luft, ging zu Fuß zum nahegelegenen Krankenhaus, schoss dabei auf mehrere Passanten und tötete schließlich einen Pfleger, ehe sie selbst bei einem Feuergefecht mit der Polizei starb.

Wie bei allen Amokläufen kann auch im Fall der Rechtsanwältin aus Lörrach über die persönlichen Motive für die Tat nur spekuliert werden. Amok[59] kann jedoch als eine Form von Selbsttötung beschrieben werden, bei der der Selbstmörder andere aus Rache, aus Verzweiflung oder gar aus einer Art Schutzbedürfnis heraus («Ohne mich ist mein Kind in der Welt verloren») mit in den Tod nehmen will.

Gibt es ein Selbstmörder-Gen?

Die Psychologin Lydia Benecke nennt mehrere Faktoren, die zu Suiziden führen: «Dazu gehören alle Formen von Lebenskrisen, wenn beispielsweise jemand aus der Familie stirbt oder man seinen Job verliert und Ähnliches. Manche Leute kommen darüber weg, bei anderen löst die Krise eine Depression aus, sie finden allein nicht mehr aus diesem traurigen Gefühl heraus, denken, alles sei sinnlos, und entwickeln so ein immer schlechteres Selbstwertgefühl.» Wird das nicht behandelt, führt Lydia Benecke weiter aus, kann es zur Selbsttötung kommen. Dieser Effekt wird häufig dadurch verstärkt, dass, statt sich Hilfe zu suchen, auf Alkohol oder Drogen gesetzt wird, um sich zumindest kurzfristig besser zu fühlen. Doch wenn jemand wirklich eine Störung entwickelt, erhöht er durch Drogenkonsum nur noch die Gefahr, sich irgendwann umzubringen, ergänzt die Psychologin. Ein besonderes Risiko besteht in dieser Hinsicht auch für ältere Menschen.

Es gibt bestimmte Anzeichen dafür, dass jemand suizidal ist: Die

Person wirkt bedrückt und fängt schließlich an, sich mit der Frage des Selbstmords zu befassen, indem sie zum Beispiel viele Artikel oder Bücher darüber liest und sich mit unterschiedlichen Selbstmordmethoden beschäftigt. Meist ist das der Zeitpunkt, an dem Freunde, Bekannte und die Familie sich Sorgen zu machen beginnen. Doch dann scheint sich die Situation irgendwann zu verbessern, die Person wirkt entspannter, und das Umfeld denkt, die Krise sei überwunden. «Leider ist es jedoch nicht selten so, dass die betreffende Person sich zu diesem Zeitpunkt bereits entschieden hat, sich umzubringen», hebt Lydia Benecke hervor. Die gute Laune täuscht also und rührt in Wahrheit nur daher, dass die Person eine Entscheidung getroffen und sich womöglich einen Termin für den Suizid gesetzt hat. Die Psychologin rät deshalb, mit einer gefährdeten Person immer darüber zu reden, in Kontakt zu bleiben und ihr zu sagen, dass man sich Sorgen macht.

Ein gängiger Irrtum über Selbstmorde ist, dass sie mit den Lichtverhältnissen und der Länge der Tage zu tun hätten, weshalb es in den nordeuropäischen Staaten sowie im Herbst und Winter zu höheren Selbstmordraten komme. Der Kriminalbiologe Mark Benecke widerspricht dem: «In Europa bringen sich die meisten Leute im Frühling und im Sommer um. Die schiere Anzahl der Suizide ist atemberaubend: Weltweit nehmen sich eine Million Menschen pro Jahr das Leben. Diese Zahl beruht zwar zum Teil auf Schätzungen, da es in vielen Ländern keine soliden Statistiken dafür gibt. Doch sie wirkt umso gigantischer, wenn man bedenkt, dass die Weltgesundheitsorganisation die Zahl der *versuchten* Selbstmorde auf das Zwanzigfache schätzt.»

In Deutschland nahmen sich 2008 rund 9500 Menschen selbst das Leben; rund 75 % davon waren Männer, 25 % Frauen.[60] Dazu als Vergleich: Bei Verkehrsunfällen starben rund 4800 Menschen. Die Zahl der Suizidopfer ist damit fast doppelt so hoch wie die der Toten durch Verkehrsunfälle.

Der Anteil der durch Suizid Verstorbenen an der Gesamtzahl der Toten in Deutschland lag 2008 bei 1,1 %, der der Verkehrsunfälle bei 0,6. Dagegen starben 42 % an Erkrankungen des Kreislaufsystems, weitere 25 % an Krebs sowie 7 % an einem Herzinfarkt. Die wohl am meisten unterschätzte Art, zu Tode zu kommen, sind Stürze. Immerhin 1 % der Toten starb 2008 in Deutschland infolge eines Sturzes, etwa im Haushalt – also fast genauso viele wie durch Freitod.

Sieht man sich die geographische Verteilung der Suizide an, lassen sich durchaus Cluster, das heißt Häufungen, ausmachen. Im weltweiten Vergleich kann man eine Häufung in Osteuropa und Russland erkennen, teilweise auch in Nordeuropa. Auch bei der Betrachtung von Deutschland fällt etwas ins Auge: In Sachsen und Mecklenburg nehmen sich mehr Menschen das Leben als in anderen Teilen Deutschlands. Mark Benecke hat bei seinen Recherchen herausgefunden, dass das bereits im Deutschen Reich und zu DDR-Zeiten der Fall war. «Diese Häufungen sprechen dafür, dass es womöglich auch genetische Gründe für Suizid geben könnte, also eine Art angeborene Neigung zum Suizid.»

Mark Benecke vertiefte diese Vermutung im Mai 2009 noch mit einem weiten Umweg, nämlich einer Studie über Legehennen, die aufgrund neuer Verordnungen mehr Freilauf erhielten. Nicht alle Hennen reagierten dieser Studie zufolge mit der vom Tier erhofften Freude an den neuen, vermeintlich «besseren» Lebensverhältnissen. Viele Hennen begannen sich gegenseitig zu piesacken, sich Federn auszureißen, was teilweise sogar so weit ging, dass die Hennen sich gegenseitig auffraßen. Bei der genetischen Untersuchung der Vögel stellte sich etwas Interessantes heraus: ‹Zwei Gene sind bei dieser Reaktion beteiligt: eins, das für Depressionen zuständig ist, und eins, das auch schon bei Kohl- und Blaumeisen eine starke Persönlichkeitsveränderung bewirkt, nämlich, ob sie neugierig sind oder nicht. Man entdeckte, dass die Tiere, die besonders viele Federn pickten, besonders gestresst sind. Gleichzeitig waren das aber auch diejenigen, die sich zu Zeiten der Legebatterien viel enger aneinanderkuschelten und ängstlicher, depressiver waren. Depressive Hühner sind also aggressiver. Und möglicherweise wendet sich diese Aggression eben in einzelnen Fällen auch gegen sich selbst. Es gibt da auf jeden Fall genetische Zusammenhänge, die allerdings noch nicht richtig geklärt sind.»

Im Februar 2010 vermeldete das Max-Planck-Institut für Psychiatrie aus München, dass das Suizidrisiko bei Depressiven tatsächlich genetisch bedingt erhöht sein kann.[61] Die Forscher identifizierten drei Genvarianten, deren Zusammenspiel bei Depressiven das Risiko eines Suizids um das 4,5fache erhöhen. Die Münchner Forscher waren allerdings nicht den Hinweisen gefolgt, die Mark Benecke bei Hühnern aufgefallen waren, sondern Ergebnissen der Zwillings- und Familienforschung, die einen Zusammenhang von genetischen Faktoren zu Suiziden und Suizidversuchen nahelegten, unabhängig von psychiatrischen Erkrankungen.

Wiederholungen verhindern

Der britische Psychologe Louis Appleby von der Manchester University untersuchte Hunderte von Selbstmorden und Morden, die sich zwischen 1996 und 2000 in Großbritannien ereigneten. In seinem 2001 veröffentlichten Bericht[62] stellte er fest, dass viele Selbstmorde und sogar manche Morde hätten verhindert werden können. Denn gerade bei Selbstmorden hat man es häufig mit Menschen zu tun, die vor ihrer Tat bereits in psychiatrischer Behandlung waren. 23 % der von ihm untersuchten Selbstmorde geschahen nach einer Entlassung aus stationärer Behandlung, immerhin 15 % sogar, während die Patienten noch stationär behandelt wurden. Begünstigt wurden viele Selbstmorde zudem dadurch, dass die Kranken ihre Medikamente nicht mehr einnahmen.

Applebys Untersuchung zeigte darüber hinaus, dass an den 186 von ihm betrachteten Mordfällen niemand beteiligt war, der aufgrund einer psychischen Erkrankung längere Zeit behandelt worden war oder sich noch in Behandlung befand. Allerdings ging die Hälfte dieser Morde auf Täter zurück, die schon zuvor durch nicht austherapierte Persönlichkeitsstörungen und Drogenmissbrauch aufgefallen waren. Gezieltere Behandlungen und ein wacher Blick auf gefährdete Personen könnten also Selbstmorde und zum Teil sogar Morde verhindern. Eine schwedische Studie aus dem Jahr 2010 bestärkt diese Forderung.[63] Bo Runeson, Professor für Psychiatrie am Karolinska-Institut in Stockholm, fand mit seinem Team heraus, dass die Art, mit der ein gescheiterter Selbstmörder versuchte, sich umzubringen, ein Hinweis auf seine Gefährdung ist, den Tötungsversuch zu wiederholen. Je «härter», je brutaler dieser Versuch war, desto größer ist offenbar das Risiko der Wiederholung. Am höchsten ist es bei Menschen, die versuchten, sich zu erhängen. Psychologen haben durch Untersuchungen wie diese die Chance, künftig besser auf diejenigen Patienten zu achten, die offenbar stärker gefährdet sind als andere.

Für ein «Bedrohungsmanagement», wenn auch in einem anderen Zusammenhang, spricht sich auch der Kriminalpsychologe Jens Hoffmann von der Technischen Universität Darmstadt aus. Hoffmann hat in einer Studie untersucht, was zu Gewalttaten am Arbeitsplatz führt.[64]

Der Feind am Arbeitsplatz

«Man muss zwischen verschiedenen Bedrohungen am Arbeitsplatz unterscheiden: Zum einen kann die Gewalt von außen kommen, etwa bei einem Überfall. Aber es gibt auch Fälle, in denen die Gewalt von Kunden oder ehemaligen Mitarbeitern ausgeht. Zum anderen gibt es noch die ‹heiße Wut›, das sind Situationen, die unter Mitarbeitern eskalieren können, Streit zum Beispiel. In solchen Fällen kommt es selten zu schweren Verletzungen. Das wiederum unterscheidet sie von Fällen der ‹kalten Wut›, geplanten Rachefeldzügen, bei denen es häufig sogar Tötungsdelikte gibt.»

Hoffmann untersuchte gemeinsam mit seiner Kollegin Claudia Dölitzsch zwanzig Fälle von Gewalt am Arbeitsplatz aus den Jahren 2000 bis 2006. Bei diesen Fällen starben einundzwanzig Menschen, mehr als zehn wurden teilweise schwer verletzt. Die Bereitschaft zur Gewalt brachten die Beteiligten dabei zum Teil mit in den Betrieb, teilweise baute sich die Aggression im Betrieb aber auch erst auf: «Wir waren ein bisschen überrascht. Wir dachten immer, es müsse eine große Ungerechtigkeit am Arbeitsplatz geben – die haben wir aber nicht immer gefunden. Was wir dagegen fanden, waren Leute, die als schwierig galten, und das eigentlich bereits ihr ganzes Leben. Menschen, die sich immer schon ungerecht behandelt gefühlt haben, die misstrauisch, paranoid waren, eben das, was man auch intuitiv als eine schwierige Persönlichkeit bezeichnen würde. Wir haben sie daher ‹Ungerechtigkeitssammler› genannt. Im Vorfeld der Tat kamen bei diesen Ungerechtigkeitssammlern immer noch berufliche und private Krisen dazu.»

Jens Hoffmann weist darauf hin, wie gut Gewaltdrohungen bedauerlicherweise funktionieren, weshalb aggressive Menschen auch am Arbeitsplatz häufig gut damit durchkommen. Weil das so ist, ist es aber besonders wichtig, dass Unternehmen oder Behörden eine deutliche Hauspolitik aufstellen und klare Grenzen ziehen.

Gleichzeitig muss man aber auch auf die Krise derer eingehen, von denen die Bedrohung ausgeht, rät der Kriminalpsychologe. Man muss sie stabilisieren und sich dafür nötigenfalls auch Unterstützung von außen holen. An Verbote halten sich die Ungerechtigkeitssammler oft nicht, weiß er aus Erfahrung: «Ihre narzisstische Persönlichkeit lässt sie glauben, sie hätten Sonderrechte und Regeln würden für die anderen gelten, nicht aber für sie. Unternehmen, Betriebe und Behörden sollten daher ein Bedrohungsmanagement aufstellen. Ansonsten besteht die Gefahr, dass die Ungerechtigkeitssammler im Betrieb lediglich von einer Abteilung zur anderen durchgereicht werden, weil man Angst vor ihnen hat und es keine Struktur gibt, wie man sich um sie kümmert, bis die Situation eskaliert. Für ein Bedrohungsmanagement muss man die dafür Zuständigen im Betrieb an einen Tisch bringen, beispielsweise den Betriebsarzt, einen Mitarbeiter der Personalabteilung, einen von der Rechtsabteilung. So kann man gemeinsam die Fälle angehen und sie managen.»

Zur Verbrechensvorbeugung braucht es aber nicht immer nur runde Tische. Der Kriminologe Professor Gerhard Schmelz aus Wiesbaden hat sich mit seinen Studenten für dieses Ziel ein Jahr lang Tattoos angesehen.

Hafterfahrungen, die unter die Haut gehen[65]

Augenscheinlich hilfreich sind Tätowierungen für die Polizeiarbeit, wenn es um Identifizierungen und um Fahndungen geht. Je einmaliger ein Tattoo ist, desto besser stehen die Chancen, eine Person auch richtig zu identifizieren. Professor Schmelz und seine Studenten beschäftigten sich jedoch nicht deshalb mit Tätowierungen, sondern gingen der Frage nach, ob es einen Zusammenhang zwischen «Tätowierungen und Kriminalität» gibt, so auch der Titel der Arbeit:[66] «Uns ging es darum, tätertypologische Aspekte, vor allen Dingen auch Hintergründe herauszufinden. Im Laufe des Projektes drängte sich dafür eine Gruppierung auf, eine osteuropäische Tätergruppe, deren Tätowierungen tatsächlich eine ganz intensive eigene Sprache sprechen. Es kommt darauf an, an welcher Körperstelle sie sich befinden, welches Tattoo genau es ist. Daraus lässt sich ablesen, welchen Tätertyp man vor sich hat. Ist es ein Dieb oder ein Mörder? Oder, was vielleicht noch interessanter ist, in welcher Hierarchiestufe steht der Träger dieses Tattoos in dieser kriminellen Welt, in dieser kriminellen Vereinigung?»

Bei ihren Untersuchungen konnten Gerhard Schmelz und seine Mitstreiter drei- oder vierteilige hierarchische Strukturen ausmachen, die jeweils über spezifische Tätowierungen verfügen: Ganz oben gab es einen Kopf, den Anführer, darunter folgte die Elite, darunter wiederum der große Anteil der «Normalen» und am Fuße der Hierarchie schließlich eine sehr problematische, ausgegrenzte Gruppe, die man früher vielleicht als «Outlaws» bezeichnet hätte. Gerhard Schmelz beschreibt das anhand einer osteuropäischen Mafiagruppe, die sich «Diebe im Gesetz» nennt. «Bei dieser Gruppe findet man in der sogenannten Elite bestimmte Sterne, die regelmäßig auf der Körpervorderseite unterhalb des Schlüsselbeins getragen werden. Das sind Sterne mit ganz bestimmten Begleitmotiven, teilweise mit Totenköpfen, teilweise mit Hakenkreuzen verziert, obwohl diese Gruppe eigentlich nicht sehr rechtsradikal ist. Dieses Tattoo verdeutlicht, es handelt sich nicht nur um einen ‹Dieb im Gesetz›, sondern auch um einen Aufseher, einen Boss in dieser kriminellen Vereinigung.»

Bei der Entschlüsselung der Tattoos halfen die Häftlinge selbst natürlich nicht mit. Auch die Justizanstalten zeigen sich häufig nicht in der Lage, bei Forschungen zu diesem Thema mitzuwirken. Kai Bammann und Heiko Stöver von der Ossietzky-Universität in Oldenburg konnten sich bei ihrer Studie über «Tätowierungen im Strafvollzug» lediglich auf Einschätzungen weniger JVA-Mitarbeiter stützen, die auf ihre schriftlichen Fragen geantwortet hatten.[67] Professor Schmelz und seine Studenten wählten für ihre Studie vor allem Mittel, die Bibliotheken bereitstellen, und wurden vor allem in der russischen und englischen Literatur fündig. Außerdem entdeckten sie eine Enzyklopädie, die von Danzig Baldaev in jahrzehntelanger Arbeit in russischen Gefängnissen zusammengestellt worden ist und im Steidl Verlag unter dem Titel «Russian Criminal

Tattoo Encyclopaedia» erschienen ist. Die Wissenschaftler haben alles systematisiert und kamen auf weit über tausend Tätowierungen, die zum Großteil noch nicht dekodiert sind, sodass sie immer nur versuchen konnten, Hintergründe zu erkennen. «Was bedeutet zum Beispiel ein Pirat? Es ist ein Symbol für eine Bedrohung. Meistens ist das Tattoo mit einem kyrillischen Schriftzeichen verbunden, das ganz klar aussagt: Ich gehe als Aktivist, als Gefangener voran und erfülle für meine Elite jeden Auftrag. Auch einen Mordauftrag, deswegen hat dieser Pirat auch ein Messer in den Zähnen. Und so gibt es eine Vielzahl dieser Tätowierungen.»

Schmelz sieht den konkreten, praktischen Nutzen seiner Studie darin, dass sie Beamten und Beamtinnen zum Beispiel bei polizeilichen Kontrollen Hinweise zu dieser oder jener Tätergruppe geben könnte, selbst wenn man Tattoos nicht immer offen zur Schau trägt.

Die Studie ist jedoch nicht unumstritten. Mark Benecke, Dirk-Boris Rödel und Lydia Benecke vertreten die Auffassung, dass ein Zusammenhang zwischen Tätowierung und Kriminalität nicht einmal in den von Schmelz genannten Ausnahmefällen herzuleiten ist, da seit gut fünfzehn Jahren die Tattoo-Mode derart frei sei und «oft auch zufällig bis geschmäcklerisch, dass die kriminalistische Erfassung in Bezug auf deren Symbolwert (...) ohne jeden Nutzen und daher fachlich kriminalistisch, aber auch aus psychologischer und kultureller Sicht, als unrichtig, anachronistisch und seit einem Jahrhundert erledigt abzulehnen ist»[68]. Gerhard Schmelz hält diese Kritik für nicht nachvollziehbar. In Einzelfällen hätte sich die Erfassung von Tätowierungen – «ob dieses Ergebnis passt oder nicht» – bereits als kriminalistisch sinnvoll herausgestellt, schließlich würden auch heute noch «Menschen ‹nur› wegen Tätowierungen umgebracht», wie Schmelz mit einem Verweis auf amerikanische Gangs feststellt.[69]

In der Erzählung «Die Liga der rothaarigen Männer» von Arthur Conan Doyle erkennt Sherlock Holmes mit einem Blick, wo sein neuer Klient längere Zeit lebte. Denn der Mann trägt auf dem linken Handgelenk ein Tattoo, das einen Fisch zeigt. Die Färbung der Schuppen dieses Fisches verrät Holmes, dass der Mann sich in China tätowieren ließ, denn das Rosa der Schuppen sei typisch chinesisch.

So wünschenswert es für viele Ermittler wäre, aus solch einfachen Zeichen derart konkrete Schlüsse ziehen zu können, so problematisch sind die Deutungen solcher Zeichen in Wirklichkeit. Mark Benecke verdeutlicht das am Beispiel des sogenannten Undoings: «Beim Undoing wird der Körper der getöteten Person vom Täter ‹dekoriert›, indem zum Beispiel ein Gegenstand auf den Körper oder das Gesicht gelegt wird. Eine Studie der Hamburger Rechtsmedizin konnte zeigen, dass in allen 129 dazu untersuchten Fällen keine Beziehung zwischen dem Täter und dem Opfer vorlag, obwohl man immer dachte, dass Undoing nur bei Tätern auftritt, die das Opfer kennen.» Eine weitere Legende, die das Undoing betrifft, ist, dass die Täter immer die Augen ihrer Opfer schließen. Bezogen auf frühere Zeiten stimmt das sogar. Denn damals war man davon überzeugt, dass sich das Bild des Täters auf der Netzhaut des Opfers einbrennt, weswegen die Täter die Augen ihrer Opfer schlossen, auch wenn sie das Opfer nicht kannten. Ein Zeichen, aus dem man etwas herauslesen konnte, war solches Undoing also nicht.

Mark Benecke untersuchte einmal einen Fall, bei dem ein Holzstück auf dem Opfer lag: «Wir haben uns damals überlegt, was das bedeuten sollte. Ist die Person mit diesem Holz getötet worden, oder war es nur ein zufälliges Überbleibsel? Denkbar wäre natürlich auch gewesen, dass es sich um ein Ritual handelte, weil der Täter das Opfer, es war seine Ehefrau, früher einmal geliebt hat und es durch dieses Vorgehen im übertragenen Sinne noch beschützen wollte. Doch bevor wir uns mit laienhaftem ‹Profiling› aufhielten, untersuchten wir lieber das Holz. Wir stießen auf Spuren von Ameisen, die sich nur in einer bestimmten Gegend finden. Dieselben fanden wir unter dem Schuh eines Verdächtigen, sodass man den Täter auf diese Weise schließlich überführen konnte.»

Mark Benecke erzählt, dass er einmal mit einer Gruppe von Profilern des Landeskriminalamts Nordrhein-Westfalen zusammenarbeitete. «Das sind alles Polizisten, da ist kein einziger Psychologe dabei, auch kein Rechtsmediziner. Man setzt sich zwar zum eigentlichen Profiling zusammen – in Wirklichkeit nennt man das operative Fallanalyse –, und da kann auch der Rechtsmediziner, der Kriminalbiologe, der Psychologe dabei sein, aber eigentlich handelt es sich hierbei um reine Polizeiarbeit. Die Beamten nehmen sich alle Fotos, die von dem Fall gemacht worden sind, auch die verwackelten und die schiefen, und versuchen anhand der Fotos zu rekonstruieren, wie der Tatort zu Beginn aussah. Aber weniger, um herauszufinden, ob der Täter z. B. eine Beziehung zum Opfer hatte, sondern mehr, ob man überhaupt etwas über den Ablauf der Tat rekonstruieren und daraus dann wiederum erkennen kann, ob derjenige zum Beispiel einen Schlüssel zur Wohnung gehabt haben muss oder nicht. Hilfreich sind auch Indizien wie, ob der Täter etwas umgeschmissen hat, aus welcher Richtung er gekommen ist, von wo aus die Schläge erfolgt sind, ob man das mit den Blutspuren in Einklang bringen kann oder ob die Leiche bewegt worden sein muss.» Das größte Problem dabei ist, dass jeder Tatort verändert wird; durch Rettungssanitäter, die im Vorfeld gerufen worden sind, oder Verwandte, die die Leiche entdeckt haben. Mark Benecke berichtet von einem Fall, bei dem die Nachbarn das gesamte Blut des Toten aufgewischt hatten, bevor die Polizei kam: Sie hatten sich davor geekelt und wollten nicht, dass die Polizei in das Blut steigen musste. Und das, obwohl all diese Spuren als objektive Spuren wichtiger sind als psychologische Profiling-Spuren. «Das ist auch beim Undoing das Problem. Man weiß einfach nicht, was es bedeuten soll. Selbst, wenn man am Tatort kein Undoing vorfindet, weiß man nicht, ob das wichtig ist. Heißt das, dass der Täter das Opfer nicht gekannt hat? Oder heißt das nur, dass der Täter das Opfer zwar kannte, aber kein Undoing vornahm? Man sieht: Der diagnostische Aussagewert des Undoings ist sehr gering.»

Wagner im Sektionssaal

Für reichlich falsche Vorstellungen über die Arbeit von Ermittlern sorgen längst nicht nur Bücher wie die von Arthur Conan Doyle, sondern auch jede Menge Filme und Serien. Michael Tsokos, Leiter der Rechtsmedizin an der Charité in Berlin, hat sich einige dieser Fernsehserien, in denen Rechtsmediziner tätig sind, genauer angesehen und klärt gleich zu Beginn den Unterschied zwischen Pathologen und Rechtsmedizinern: «Pathologen obduzieren im Krankenhaus Verstorbene, in der Regel mit der Einwilligung der Angehörigen. Mittlerweile obduzieren Pathologen nicht mehr so viel, sondern sitzen hauptsächlich am Mikroskop. Rechtsmediziner führen Obduktionen von Verstorbenen durch, die zum Beispiel Opfer eines Verbrechens geworden sind, bei denen die Todesursache unklar ist, und machen das im Auftrag der Staatsanwaltschaft.»

Zu den häufigsten Irrtümern über Rechtsmediziner in Film und Fernsehen zählt Tsokos, dass dort «ständig die Angehörigen in den Obduktionssaal gebeten werden, während der Rechtsmediziner noch bei der Arbeit ist, um den Toten zu identifizieren. Das ist natürlich völliger Blödsinn, das hat sich irgendwann einmal jemand ausgedacht, und alle haben es davon abgeschrieben oder abgeguckt. Dieses Klischee wird eigentlich immer bedient, in fast jedem Krimi. Für die Praxis muss man sich aber vorstellen, dass bei laufenden Ermittlungsverfahren möglicherweise die Angehörige oder

der Angehörige tatverdächtig ist, da kann natürlich nicht jeder in die Rechtsmedizin reinkommen und schon gar nicht, um uns bei der Arbeit zuzugucken. Wir hören bei der Arbeit auch nicht laut Musik und dimmen das Licht, weil der Anblick so schaurig ist. Das sind immer wiederkehrende Klischees, die aber nicht der Realität entsprechen.»

Beim Münsteraner «Tatort» hört der von Jan Josef Liefers gespielte Rechtsmediziner Professor Börne bei Obduktionen gerne Wagner. Tsokos war auf Einladung von Liefers sogar schon bei Dreharbeiten zu einer «Tatort»-Folge dabei, hat zwar auch Fragen beantwortet, ist aber nie als Berater aufgetreten.[70]

«Trotz Wagner im Sektionssaal ist der Münsteraner ‹Tatort› von den ganzen Sendungen, in denen Rechtsmediziner auftauchen, eigentlich noch die, die die Klischees am freundlichsten bedient und wo am wenigsten Fehler gemacht werden. Weitgehend realitätsfern ist dagegen ‹Die Gerichtsmedizinerin› mit Lisa Fitz auf RTL. Das ist wirklich furchtbar, weil dort die Grenzen zwischen Medizinern und Polizeibeamten verwischt werden. Da ermitteln die Rechtsmediziner selbständig und jagen auf Stöckelschuhen Verbrecher – das entspricht in keiner Weise der Realität. In den USA gibt es sogenannte Forensics, das sind Kriminaltechniker, Polizeibeamte mit einer naturwissenschaftlichen Zusatzausbildung. Wenn man so etwas zeigen will, dann sollte man diese Serien gleich in den USA spielen lassen und nicht bei uns, wo es das einfach nicht gibt.»

Kannibalismus in Deutschland

Dass es so etwas nicht geben könne, zumindest nicht in Deutschland, dachten viele, als sie erstmals vom «Kannibalen von Rotenburg» hörten. 2001 lernten sich Armin Meiwes und sein späteres Opfer, Bernd Brandes, über das Internet kennen. Sie verabredeten schließlich, dass Meiwes Brandes «entmannen» sollte. Mit einem Messerstich in den Hals tötete Meiwes Brandes und aß von seinem Fleisch. Meiwes wurde 2006 wegen Mordes zu lebenslanger Haft verurteilt, nachdem ihn das Landgericht Kassel zuvor nur wegen Totschlages zu achteinhalb Jahren Haft verurteilt hatte. Für den Prozess wurde der Kannibale von zwei Sexualwissenschaftlern begutachtet, die darüber ein Buch geschrieben haben:[71] Klaus Michael Beier und Christoph Joseph Ahlers, der damals als Diplompsychologe Mitarbeiter am Institut für Sexualwissenschaften der Berliner Charité war und mittlerweile als freier klinischer Sexualpsychologe und niedergelassener Sexualtherapeut in Berlin arbeitet. Da der Fall so einzigartig ist, haben wir die Schilderung von Christoph Joseph Ahlers, wie er Armin Meiwes erlebte, weitgehend unverändert gelassen.

«Professor Beier und ich waren mehrere Tage dort und haben mit Herrn Meiwes in seiner Zelle sexualpsychologische Untersuchungen durchgeführt. Wir erlebten ihn als einen sehr aufgeschlossenen, offenen Menschen, vor allen Dingen, wenn man ihn mit anderen Straftätern vergleicht, die man sonst zu begutachten hat. Die anderen Straftäter haben häufig Schuldgefühle, was dazu führt, dass sie nicht offen sprechen wollen.

Herr Meiwes hat keine Schuldgefühle. Er fühlt sich nicht schuldig für das, was er getan hat. Für ihn war die Tat die Erfüllung seiner Bedürfnisse, und diese Erfüllung hat er einvernehmlich mit Herrn Brandes erlebt. Wenn er darüber spricht, verändert er sich, etwas wie Glückseligkeit tritt in seine Augen. Wenn er von der Tat berichtet, erzählt er von der Erfüllung seiner größten Sehnsüchte. Und das hat mimisch und in der Sprache die gleichen Auswirkungen wie bei allen anderen Menschen, wenn sie von der Erfüllung ihrer größten Wünsche sprechen.

Herrn Meiwes ist dabei klar, dass die Erfüllung dieser Wünsche mit allem kollidiert, was sich diese Gesellschaft moralisch vorgenommen hat. Das war ihm von Anfang an klar. Und das war ja auch sein Lebensproblem. Wenn Sie in sich selbst Bedürfnisse bemerken, von denen Sie spüren, dass sie den Interessen der Gesellschaft und der Allgemeinheit zuwiderlaufen, dann entsteht ein innerer Konflikt. Deswegen war es für Herrn Meiwes auch so schwierig, jemanden zu finden, der vermeintlich bereit war, sich mit ihm über diese gesellschaftlichen Vorstellungen hinwegzusetzen. Herr Meiwes führte mit Herrn Brandes im Vorfeld über Monate hinweg intensivste Korrespondenz, bei der alles besprochen, ausgemalt und verabredet wurde. Das war schon Teil der Glückserfüllung. Man hatte sich gefunden! Das heißt, zumindest haben sich beide vorgemacht, dass sie sich gefunden hätten, denn eigentlich wollten sie nicht dasselbe. Aber so wie das alle Verliebten tun, haben sie einander glauben gemacht, dasselbe zu wollen. Liebe war aber keineswegs das Motiv für die Tat. Herr Brandes hat jemanden gesucht, einen Mann, um genau zu sein, der ihm maximale Qualen und Schmerzen zufügt – und zwar in der Form, dass er ihm seinen Penis abbeißt. Das war sein größter Wunsch. Das Problem bei Herrn Brandes lag also im Bereich des sexuellen Masochismus. Er hat mit der Vorstellung, bei lebendigem Leibe entmannt und zerfleischt zu werden, größte Erfüllung verbunden. Das wiederum hat Herrn Meiwes überhaupt nicht interessiert, der nämlich kein Sadist ist. Herrn Meiwes ging es nur darum, jemanden zu finden, der ihm sympathisch ist, wo die Chemie stimmt und der dann bereit ist, sich von ihm verspeisen zu lassen. Man sieht also, die beiden Bedürfnisse sind nicht kongruent, jeder wollte eigentlich nur sein Ziel erreichen. Herrn Brandes war es egal, was mit ihm geschieht, nachdem seine Bedürfnisse erfüllt worden sind. Doch da fing das Bedürfnis von Herrn Meiwes eigentlich erst an.

Im Rahmen der gerichtlichen Begutachtung hatten wir zwei Fragen zu beantworten: Zum einen: Würde der Angeklagte eine solche oder eine ähnliche Tat noch einmal begehen? Zum anderen:

Stellt der Angeklagte eine Gefährdung für die öffentliche Sicherheit oder für die Gesellschaft dar?

Die erste Frage konnten wir klar bejahen. Wenn die Gegebenheiten es zuließen und er straffrei davonkommen könnte, würde Herr Meiwes so etwas mit großer Wahrscheinlichkeit wieder tun. Denn es entspricht dem, was er sich am innigsten wünscht. Aber – und das ist die Antwort auf die zweite Frage – gleichzeitig stellt er keinerlei Bedrohung für die öffentliche Sicherheit oder andere Menschen dar. Denn die bedingende Voraussetzung für die Erfüllung seines Wunsches ist ja die Freiwilligkeit des Gegenübers. Genau wie jeder, der einen Partner sucht, sich jemanden wünscht, der sich freiwillig mit ihm einlässt.

Das Skurrile oder das Krankheitswerte bei Herrn Meiwes ist nur, dass er solche Bindungen eben nur erleben kann, wenn sich der begehrte Beziehungspartner in ihm befindet. Das ist der Unterschied zu anderen Menschen. Die meisten können dieses Bindungsbedürfnis erfüllen, indem sie mit jemandem zusammen sind, Körperkontakt und Geschlechtsverkehr haben – doch das funktioniert bei ihm nicht, er muss jemanden in sich spüren. Er würde übrigens keine Frauen essen. Seine Sexualpräferenz ist nach allem, was wir herausfinden konnten, ausschließlich auf Männer orientiert. Woher solche Bedürfnisse kommen, wissen wir leider nicht sicher, darüber können wir nur spekulieren. Als eine mögliche Erklärung lässt sich die Biographie von Herrn Meiwes heranziehen: Er hat lebenslang kein sicheres Bindungsverhalten erleben dürfen, nie eine kontinuierliche, Sicherheit und Vertrauen gewährende Beziehung gespürt. Er hat versucht, diese Beziehung zu seinen Brüdern aufzubauen, sich von ihnen allerdings verlassen gefühlt. Zu seiner Mutter bestand eine distanziert-kühle Beziehung, der Vater war abwesend, von der Mutter in der Abwesenheit de-potenziert oder geringgeschätzt, sodass Herr Meiwes gelernt hat: Wenn ich nur auf diese Art jemanden kenne, dann geht er irgendwann weg.

Irgendwann verlässt er mich, und ich bin wieder allein. Das könnte auf der sozialisatorischen Ebene ein Grund sein, weshalb sich dieses Gefühl – wenn ich jemanden in mir habe, kann er nicht mehr weg, kann er mich nicht mehr verlassen, dann bin ich für immer mit ihm verbunden – bei ihm stark ausgeprägt hat.

Dabei handelt es sich um ein Prinzip, das in unserer Kultur durchaus als Kulturtechnik bekannt ist: Die symbolische Einverleibung eines anderen, um Bindung zu stärken, finden wir zum Beispiel in der christlichen Eucharistiefeier. Wir vergleichen das nicht direkt, sondern nur die Kulturtechniken, lassen den religiösen Aspekt also außen vor. Es geht ja bei der Eucharistie darum, dass Jesu Fleisch und Blut in symbolischer Form von der Gemeinde aufgenommen werden – zur Stärkung der Bindung, zur Stiftung der Nähe zu Gott. Diese symbolischen, rituellen Handlungen haben eine Qualität des inneren Erlebens. Und weil sie eben als Kulturtechnik sublimiert sind, in symbolischer und ritueller Form, müssen sie nicht real geschehen.»

9

Über den Verstand hinaus – Religion, Glaube, Übersinnliches

In Umfragen gaben drei Viertel der Deutschen an, mindestens einmal im Leben bereits etwas erlebt zu haben, wofür sie keine Erklärung hatten. Ein Zahnputzbecher, der am Morgen nicht mehr an dem Ort stand, an dem er am Vorabend abgestellt wurde; ein eigenartiges Geräusch, das man unter der Dusche gehört hat, und ein Teekessel, der sprach. Für alle Spuk- und Poltergeist-Gequälten gibt es seit 1989 die Parapsychologische Beratungsstelle in Freiburg, die vom Land Baden-Württemberg gefördert wird. Es gibt viele Menschen, die meinen, Ufos oder Gespenster gesehen zu haben, doch solche Menschen rufen eher nicht in Freiburg an, denn sie wissen ja schon, was sie wissen wollen. An die Beratungsstelle wenden sich vielmehr Personen aus allen Bevölkerungsschichten, von Kindern bis Hochbetagten, die von ungewöhnlichen Ereignissen irritiert sind: Fernseher schalten sich von selbst ein, das Licht geht aus und flackert, die Personen hören Geräusche wie das Öffnen und Schließen einer Tür, doch wenn sie hingehen, um nachzusehen, was passiert ist, können sie nichts entdecken.

Walter von Lucadou, der Leiter der Beratungsstelle, sieht hier auch einen Zusammenhang zu Gruselfilmen, die im Fernsehen oder im Kino gezeigt werden und die sich häufig auf Geister aus dem Jenseits als Erklärung für derlei Ereignisse berufen. «Solche Ideen greifen die Leute auf, bekommen es dann mit der Angst zu tun und rufen uns dann an. Als Erstes fordern wir die Betroffenen zur Mitarbeit auf. Denn wir können ja nicht überall sofort hinfahren. Das Allerwichtigste ist, genau zuzuhören. Ich gebe auch zu, dass ich die Ursache für dieses Phänomen nicht kenne, wir aber gemeinsam mit den Methoden der Wissenschaft versuchen können dahinterzukommen. Und dabei müssen die Leute mitspielen.»

Als ersten Schritt bitten Walter von Lucadou und seine Mitarbeiter die Anrufer, eine Art Protokoll zu führen, bei dem sie genau aufschreiben, was passiert ist, wann sie z. B. welche Art von Geräuschen gehört haben. Manchmal kann man schon allein aufgrund dessen herausfinden, ob es nur Nachbarn sind, die einem einen üblen Streich spielen, ob vielleicht ein Marder im Gebälk wohnt oder ein Baum das Geräusch verursacht, weil er bei Wind beständig gegen die Hauswand klopft.

Bei einem Drittel der Fälle muss Walter von Lucadou passen, weil er keine definitive Erklärung finden kann. Und zwar ganz einfach deswegen, weil er nicht genügend Informationen zur Verfügung hat oder die Ereignisse zu weit zurückliegen und sich die Menschen nicht mehr an die Details erinnern können. «Mein Standardbeispiel ist das Teekessel-Radio. In diesem Fall hörte jemand immer, wenn er seinen Teekessel auf die Herdplatte stellte, eine Stimme. Ich konnte dann herausfinden, dass es sich dabei um eine Art primitives Radio handelte: In der Nähe befand sich ein starker Mittelwellensender. Wenn der Betroffene mir jedoch erst nach zwanzig Jahren von diesem Phänomen erzählt hätte, womöglich in der Zwischenzeit sogar umgezogen wäre, dann hätte er vielleicht gar nicht mehr gewusst, dass es in der Nähe diesen Mittelwellensender gab. Und ich hätte sagen müssen, dass ich leider auch nicht weiß, was es damit seinerzeit auf sich hatte. Das ist meiner Ansicht nach ein wichtiger Punkt. Es gibt nämlich Leute, die meinen, sie haben für alles eine Antwort. Aber das ist nicht wissenschaftlich. Es gibt immer Fragen, für die wir noch keine endgültigen Antworten haben.»

Aus ebendiesem Grund beschäftigen sich auch die unterschiedlichsten wissenschaftlichen Disziplinen mit dem Phänomen der Religion. Längst sind es nicht nur Theologen und Kulturwissenschaftler, die sich den Glauben als Arbeitsgebiet vorgenommen haben. Religion beschäftigt mittlerweile auch Psychologen, Biologen, Neurologen, Mediziner und sogar Quantenphysiker. Führt man sich vor Augen, dass geschätzte 90 % der Weltbevölkerung, in welcher Form auch immer, religiös sein sollen, muss man sich über diese fächerübergreifende Faszination für das Thema Religion nicht wundern.

Um die Bedeutung der Religion auch für unsere scheinbar säkularisierte Zeit deutlich zu machen, vergleicht der amerikanische Soziologe und Theologe Peter L. Berger die Religion mit dem im Englischen sprichwörtlichen Elefanten im Wohnzimmer.[72] Vor den Anschlägen am 11. September 2001 auf das World Trade Center in New York habe eine Disziplin wie etwa die Soziologie diesen Elefanten im eigenen Wohnzimmer schlicht ignoriert. Schließlich gehören «Soziologen zur Klasse internationaler Intellektueller, die in hohem Maße als säkularisiert gelten darf. Sie sind der sogenannten Säkularisationstheorie verpflichtet, wonach die Moderne unvermeidlich zu einem Niedergang der Religionen führt. Man schreckt davor zurück, sich mit ‹rückwärtsgewandten› Phänomenen zu beschäftigen – da sie ohnehin bald verschwunden sein werden.»[73]

Der 11. September 2001 habe nun aber deutlich gezeigt, dass der Elefant gewissermaßen seine «Notdurft auf dem Teppich verrichtet hat». Bis auf wenige Ausnahmen, die vor allem Europa betreffen, leben wir noch immer in einer durch und durch religiösen Welt.

Ganz in diesem Sinne hat der Physiker und Wissenschaftsredakteur Ulrich Schnabel den Versuch unternommen, zusammenzutragen, was die Wissenschaft bis heute über den Glauben herausgefunden hat.

Schnabel räumt dabei mit so mancher immer wieder bemühten Behauptung über Religiosität auf, wie etwa der, dass religiöse Menschen sich moralischer verhielten als Menschen ohne Glauben. Die psychologischen und sozialwissenschaftlichen Studien, die Schnabel sich dafür angesehen hat, weisen sogar eher darauf hin, dass sich Religion negativ auf das moralische Verhalten von Gläubigen auswirken kann. Denn je mehr sich ein Gläubiger an dogmatischen Lehrsätzen festhält, umso intoleranter gegenüber Andersdenkenden wird er in der Regel. Das kann dazu führen, dass Werte wie Barmherzigkeit und Nächstenliebe zwar allgemein propagiert, aber nur gegenüber den Mitgliedern des eigenen Glaubens gelebt werden.

Bei intensiv praktizierenden Gläubigen kann dieser Mechanismus allerdings wieder kippen. Manche Studien zeigen, dass sogenannte hochreligiöse Menschen eher wieder zur Toleranz neigen und Hilfsbereitschaft nicht nur predigen, sondern sie auch praktizieren. Das verbindet sie ausgerechnet mit den Menschen, die sich am entgegengesetzten Ende der Religiositätsskala befinden, den überzeugten Atheisten. Diese beiden Gruppen erwiesen sich zudem in Studien als glücklicher und gesünder als die Vertreter einer mittleren «Durchschnittsreligiosität». Entscheidend dafür ist offenbar die innere Entschiedenheit und Sicherheit in weltanschaulichen Fragen. Anders gesagt: Wer sich seiner eigenen Position sicher ist, kann auch abweichende Meinungen leichter tolerieren.

Dabei gibt es einen für alle Menschen gültigen Gottesbeweis bislang ebenso wenig, wie es einen Beweis dafür gibt, dass die ganze Ideenwelt der Religion Unfug ist – auch wenn sich in beiden Lagern natürlich immer wieder gegenteilige Behauptungen finden. Ulrich Schnabel macht dieses Dilemma anhand der Frage deutlich, ob der Glaube nicht prinzipiell etwas für schwächere Menschen sei:[75]

«Glaube ist ja nicht gleich Glaube. Es hängt sehr stark davon ab, was jemand glaubt. Manche Menschen glauben an einen Gott in dem Sinne, dass dieser Gott über sie wacht, diese Menschen brauchen dann eher einen Halt. Aber es gibt auch eine durchaus starke Form von Glauben, die über diesen Kinderglauben hinausgeht und der sich nicht nur um das Wohlergehen der eigenen Person dreht. Für mich bündelt sich in dieser Art Glauben eher die Erkenntnis, dass die eigene Erkenntnisfähigkeit beschränkt ist. Dafür offen zu sein, ist für mich durchaus ein Zeichen der Stärke.»

So haben unter anderem Physiker, Ulrich Schnabel nennt in diesem Zusammenhang vor allem Quantenphysiker, gemerkt, dass eine rationalistische Sicht der Welt schnell an ihre Grenzen stößt und es offenbar Dinge gibt, die wir mit unserem Alltagsverstand nicht begreifen können. Das erzeugt eine Offenheit, die bei Quantenphysikern vielleicht sogar größer ist als bei Wissenschaftlern anderer Fachrichtungen.

«Ich selbst kann mit einem persönlichen Gottesbild wenig anfangen, zumindest nicht in dem Sinne, dass Gott als materielle Figur gedacht wird. Ich kann mir nicht vorstellen, dass es irgendwo da oben einen Gott gibt, der über meine persönlichen Befindlichkeiten, Sorgen und Nöte wacht. Für mich ist der Begriff ‹Gott› eher eine Metapher, die darauf hinweist, dass es etwas gibt, das unser Alltagsverständnis übersteigt. Das ist auch gewissermaßen das Ergebnis meiner Vermessung der Religionen, die Quintessenz: Man sollte wissen, dass der eigene Standpunkt immer beschränkt ist. Man sollte offen dafür sein, dass es möglicherweise ganz andere Wahrnehmungsweisen gibt.»

In der Wissenschaft finden sich dafür viele Hinweise etwa bei Menschen mit Hirnschäden oder bei Experimenten, in denen die Gehirne von Probanden mit Drogen oder sogar mit Hilfe von Elektromagnetismus so manipuliert wurden, dass sich Wahrnehmungen zum Teil drastisch änderten. «Wir machen uns ständig selbst ein Modell von uns selbst und von anderen. Anzuerkennen, dass wir die Welt nur durch Modellbildungen erfassen und diese Modelle nicht die Wirklichkeit an sich abbilden, das ist, glaube ich, ein großer Schritt. Die Welt ist größer als das, was wir von uns selbst denken. Zu allen Zeiten und in allen Kulturen gibt es religiösen Glauben.»

Ulrich Schnabel vergleicht das mit einem sehr starken Medikament: «Der Glaube kann unter Umständen sehr heilsam sein, wenn er aber falsch dosiert wird, auch extreme Nebenwirkungen haben, wie man derzeit bei verschiedenen Fundamentalisten und Extremisten erleben kann.»

Religiöser Fundamentalismus

Die Religionspsychologin Dr. Susanne Heine, Professorin und Vorstand des Instituts für Praktische Theologie der Universität Wien, hat sich mit den Ursachen beschäftigt, die einen Menschen zum Fundamentalisten werden lassen.[76]

Psychologisch betrachtet kommen für sie mehrere Momente zusammen: «Zum einen sind Fundamentalisten oft religiös suchende Menschen mit einer großen Sehnsucht nach der Vereinigung mit Gott. So wird zum Beispiel der Märtyrertod auch als ‹Hochzeit mit Gott› bezeichnet. Die Aktionen werden vorbereitet durch Fasten, Gebet, es ist sozusagen ein Kampf um heilige Werte. Das ist ein wichtiger Aspekt. Zum anderen handelt es sich um Menschen, die sich aus irgendeinem Grund gedemütigt fühlen. Diese Demütigung müssen sie nicht selbst erfahren haben, oft funktioniert dieser Mechanismus auch über Identifikation, wenn etwa in den Medien über Gräueltaten an Muslimen berichtet wird. Daraus entsteht eine Aggression, die allerdings nicht zu Gewalttaten führen *muss*, es gibt da also keine Kausalität, aber eine Korrelation.»

Seit dem 11. September 2001 muss man leider dabei betonen,

dass alle Religionen eine Neigung zum Fundamentalismus haben, nicht nur der Islam. Alle Religionen stehen der Welt kritisch gegenüber, verurteilen weltliche Ungerechtigkeiten und weltliches Leid. Sie verbinden ihre kritische Haltung mit der Vorstellung, dass Gott die Welt von allem Unheil reinigt. Häufig wird diese Reinigung in religiösen Schriften in gewaltstarken Szenarien zum Ausdruck gebracht.

Susanne Heine erklärt die Wirkung dieser Passagen folgendermaßen: «Fundamentalisten, die oft wenig Selbstbewusstsein haben und oft auch nur über wenig Empathie, also wenig Einfühlungsvermögen anderen gegenüber, verfügen, greifen diese Szenarien einseitig heraus, sie interpretieren ihre religiösen Schriften selektiv und sehen sich dann als Werkzeug Gottes, das für Gott handelt und seinen Plan umsetzt – auch in der Vorstellung, dadurch dann letztlich mit Gott vereint zu werden.»

Möglich wird so etwas, weil sich die heiligen Schriften aller Religionen sehr verschieden lesen lassen. Es sind im Grunde riesige Symbolsysteme, die eine Reihe an Interpretationsmöglichkeiten bereithalten. Ein wichtiger Punkt ist in diesem Zusammenhang auch, dass die Religionen die Vision einer heilen Welt entwerfen. Wenn man diese Vision dann mit der Wirklichkeit abgleicht, entsteht eine Spannung, die für manche Menschen so groß werden kann, dass sie sich von der Welt abwenden und mit ihr nichts zu tun haben wollen. Sie bekämpfen sie zwar nicht, ziehen sich aber von ihr zurück. Susanne Heine nennt als ein Beispiel dafür friedliche Fundamentalisten wie die Amischen, eine täuferisch-protestantische Glaubensgemeinschaft in den USA und Kanada, die den technischen Fortschritt weitgehend ablehnen und ein Leben abgeschieden von ihrer Umwelt führen.

«Aus der Vision der heilen Welt kann aber auch die Energie gezogen werden, etwas in dieser Welt zu verändern, wie das etwa bei Martin Luther King oder Mahatma Gandhi der Fall war. In diesem

Deutungsmuster wird die religiöse Vision einer besseren Welt zur Forderung, dass auch unsere Welt besser werden muss und wir eine Verantwortung dafür haben, sie zu verbessern.»

Die Gottesfrage

Für den bekennenden Katholiken, Psychotherapeuten, Arzt, Theologen und Bestsellerautor Manfred Lütz[77] ist unter anderem genau deswegen die Frage, ob es einen Gott gibt oder ob es ihn nicht gibt, keine reine Privatangelegenheit, sondern immer auch von öffentlichem Belang. Denn seiner Ansicht nach lebt der, der an Gott glaubt, anders als der, der nicht an ihn glaubt. Für Lütz besteht der Unterschied zwischen Gläubigen und Nichtgläubigen nicht zuletzt in ihrer Einstellung gegenüber moralischen Werten: «Moralisch zu leben ist etwas, das im Grunde irrational ist, wenn es Gott nicht gibt und mit dem Tod alles aus ist. Es ist zwar etwas, das im Kern unseres Gewissens angelegt ist, aber es ist eigentlich unvernünftig. Wenn wir einmal von jemandem ausgehen, der Schulden hat, zum Beispiel ein Hartz-IV-Empfänger oder jemand, der an Krebs erkrankt ist und nur noch kurze Zeit zu leben hat, für den wäre es geradezu irrational, *keine* Bank zu überfallen – vorausgesetzt natürlich, er wäre sicher, dass er dabei nicht erwischt wird.

Wenn es Gott nicht gibt, ist alles erlaubt, sagt Dostojewski. Es gibt aber Gebote, die jeder Mensch in sich hat, in seiner Seele. In der Stimme des Gewissens hören wir sozusagen die Stimme Gottes, und diese Gebote werden erst dann vernünftig, wenn wir an Gott glauben, wie der Philosoph Immanuel Kant gesagt hat. Alle Menschen wollen moralisch sein, aber das ist, so Kant, nur vernünftig, wenn es Freiheit, die Unsterblichkeit der Seele und Gott gibt.»

Warum Menschen an Gott glauben, dafür gibt es keine Universalerklärung, jeder Mensch macht aber existentielle Erfahrungen. Manfred Lütz nennt als Beispiel Verliebtsein, das mitunter sehr nahe an eine spirituelle Erfahrung heranrühren kann: Es ist keine Einbildung, sondern trägt das Leben eines Menschen. «Die Gotteserfahrung ist ebenfalls etwas, das an diese existentiellen Erfahrungen rührt. Der Glaube an Gott ist eine ganz tiefe Gewissheit, er ist viel mehr als Wissen. Gottesbeweise sind daher so etwas wie Liebesbeweise. Sie sind nicht zwingend, aber sie sind die wichtigsten Beweise unseres Lebens.»

Nach christlicher Auffassung ist Gott weder Mann noch Frau. Wäre Gott ein Mann oder eine Frau, dann wäre er bloß ein Produkt unserer Sinne, betont Manfred Lütz: «Die Erfahrung, die wir von Gott machen, ist, dass Gott die Liebe ist. Das ist das, was die Christen glauben. Das gilt auch in Hinblick auf die Tragödien der Menschheit, auf Auschwitz und andere Katastrophen. Der Philosoph Robert Spaemann hat einmal gefragt: Wo war Gott in Auschwitz? Antwort: am Kreuz! Wir glauben als Christen an einen Gott, der auch ein mitleidender Gott ist. Der christlich-jüdische Glaube, der Monotheismus, hat im Grunde den Begriff der Menschenwürde sogar erfunden. Denn der Glaube, dass es nur einen Gott gibt, bedeutet auch, dass jeder Mensch, auch der eines anderen Stammes, als Mensch betrachtet wird. Früher hat man Mitglieder anderer Stämme einfach umgebracht, sie hatten keinerlei Menschenrechte. Seit es den Monotheismus gibt, gibt es die Überzeugung, dass jeder Mensch von Gott geschaffen worden ist, und damit auch, dass jeder Mensch als Mensch betrachtet wird. Das ist Grundlage unserer Werteordnung.»

Ein Religionskritiker wie Michael Schmidt-Salomon, den der «Spiegel» einmal als «Deutschlands Chef-Atheisten» bezeichnete, verabschiedet sich dagegen bewusst von einer solchen christlich begründeten Werteordnung und entwirft stattdessen das Bild einer Gesellschaft, die ohne die Konzepte von Gut und Böse, also ohne Schuld und Sühne, die in der christlichen Religion von zentraler Bedeutung sind, aber auch ohne das Konzept des freien Willens auskommt.[78] Dass ein Atheist von Schuld und Sühne und damit von der christlichen Wahl, entweder in den «Himmel» oder in die «Hölle» zu kommen, wegwill, leuchtet unmittelbar ein. Warum sich Schmidt-Salomon auch vom Konzept der Willensfreiheit verabschiedet und damit von der Vorstellung, der Mensch könne sich allein durch seinen Willen von allem frei machen und sogar von seiner Veranlagung und allen gemachten Erfahrungen, erklärt er so: «Meines Erachtens sollte aus dem Wissen, dass jeder von uns nur so sein *kann*, wie er aufgrund seiner Veranlagungen und Erfahrungen sein *muss*, eine *‹neue Leichtigkeit des Seins›* erwachsen. Denn wenn uns bewusst ist, dass wir unter den gegebenen Bedingungen gar nicht die Möglichkeit besaßen, die Fehler, die wir begangen haben, nicht zu begehen, so sollten wir mit diesen Fehlern viel produktiver umgehen können, als wenn wir uns (wie bisher!) aufgrund dieser Fehler moralisch verurteilen. Pointiert formuliert: *Wer sich nicht schuldig fühlt, der zu sein, der er ist, kann weit besser daran arbeiten, der zu werden, der er optimalerweise sein könnte!*»[79]

Von der Freiheit an sich verabschiedet sich Schmidt-Salomon damit natürlich keineswegs, nur versteht er darunter die Freiheit des Tuns, eine Handlungsfreiheit, die er allerdings keinesfalls mit dem seiner Ansicht nach illusionären Konzept der Willensfreiheit verwechselt sehen will: «‹Frei sein› bedeutet, tun zu können, was man will – es bedeutet nicht, zu einem bestimmten Zeitpunkt etwas anderes wollen zu können als das, was man will. Niemand wird seine ‹Freiheit› ernsthaft in der Ursachenlosigkeit seines Willens erblicken, in dessen Loslösung von äußeren Reizen und inneren, neuronalen Verarbeitungsmustern, also in jenen Fiktionen, die mit der Idee der Willensfreiheit notwendigerweise verbunden sind.»[80]

Welche große Rolle Veranlagung und Erfahrung spielen, wenn Menschen religiöse Erfahrungen machen – und nicht der freie

Wille –, darauf weist auch ein Versuch hin, an dem Katja Wiech, Psychologin und Neurowissenschaftlerin vom Oxford Centre for Functional Magnetic Resonance Imaging of the Brain, mitgewirkt hat.[81]

Kann der Glaube Schmerzen lindern?

Man weiß, dass Schmerz nicht von jedem gleich empfunden wird und dass das Gehirn dabei eine große Rolle spielt. In dem Experiment von Katja Wiech und ihren Kollegen ging es darum herauszufinden, ob religiöse Menschen möglicherweise besser mit Schmerzen umgehen können als ungläubige und ob und wie sich das im Gehirn widerspiegelt.

Dabei wurde im Vorfeld durch einen Fragebogen und persönliche Gespräche sehr genau geprüft, ob die Teilnehmer auch tatsächlich religiös waren. Sie mussten bestimmte Kriterien erfüllen, wie zum Beispiel mindestens einmal in der Woche in die Kirche gehen, täglich beten, Marienverehrung betreiben etc. Den Probanden wurde anfangs ganz genau der Versuchsablauf beschrieben. Anschließend klebte man eine kleine Elektrode auf ihre Handrücken, sodass die Versuchsteilnehmer elektrisch gereizt werden konnten, von einem anfänglichen Kribbeln bis zum wirklich empfundenen Schmerz. Dabei versuchten die Wissenschaftler eine Reizintensität zu finden, die zwar durchaus schmerzhaft, aber gerade noch aushaltbar war.

«Wir haben den Katholiken sowie den Kontrollpersonen, das waren Atheisten, nun immer zwei Bilder gezeigt: eines von der Jungfrau Maria und eines, das sehr ähnlich war vom Zeichenstil, aber keinen religiösen Hintergrund hatte, das Bild ‹Die Dame mit dem Hermelin› von Leonardo da Vinci. Beide Gruppen haben sich diese Bilder angesehen, während sie die elektrischen Reize bekamen. Nach jedem elektrischen Impuls fragten wir die Probanden, wie sie den Schmerz empfanden. Die Katholiken gaben deutlich weniger Schmerzen an, wenn sie das Bild der Jungfrau Maria angesehen hatten – im Vergleich zum Kontrollbild, aber auch im Vergleich zu den Atheisten», fasst Katja Wiech zusammen.

Um diese Aussagen zu überprüfen, betrachteten die Wissenschaftler noch die Hirnbilder sowie zusätzliche Parameter wie etwa die Herzrate. Sie stellten dabei fest, dass die Katholiken deutlich ruhiger wurden, wenn sie die Jungfrau Maria anschauten, also einen niedrigeren Pulsschlag hatten und gleichzeitig ein Areal im Gehirn aktiviert wurde, das mit Sicherheitsempfinden assoziiert wird. «Wann immer ein Mensch eine Strategie zur Hand hat, die ihm hilft, Angst zu reduzieren, dann wird diese Region im rechten vorderen Teil des Gehirns aktiv – und genau das konnten wir bei den katholischen Probanden auch beobachten.»

Versuche wie diese sind längst keine Ausnahme mehr. Gerade die Neurowissenschaften erforschen seit geraumer Zeit, was im Hirn passiert, wenn Religion im Spiel ist. Die Forschung ist so umfangreich, dass sogar eine neue wissenschaftliche Disziplin daraus erwachsen ist, die Neurotheologie. Der Religionswissenschaftler Michael Blume hat seine Doktorarbeit der neuen Disziplin gewidmet:[82]

Wo sitzt der Glaube im Gehirn?

Es gibt im Gehirn keinen Knopf, den man nur anschalten muss, damit religiöse Gefühle und Erfahrungen entstehen. Die Neurologie konnte Aktivitäten in den unterschiedlichsten Hirnregionen beobachten, wenn Menschen über Religion sprachen oder religiösen Tätigkeiten nachgingen. Religion ist also offenbar ein Phänomen, das diverse Fähig- und Fertigkeiten im Menschen anspricht bzw. von ihm erfordert.

Aus der interdisziplinären Forschung weiß man, dass es schon beim Homo sapiens und bei den Neandertalern religiöse Verhaltensweisen wie etwa Bestattungsrituale gab. Bei beiden entwickelte sich in dieser Zeit auch das Stirnhirn, der Bereich über den Augen. Hirnforscher konnten dort Aktivitäten beobachten, wenn wir über religiöse oder moralische Fragen nachdenken.

Michael Blume beschreibt in diesem Zusammenhang den Fall von Phineas Gage, der sehr berühmt geworden ist: Phineas Gage war ein Sprengmeister. Im Jahre 1848 musste er in der Nähe der amerikanischen Stadt Cavendish Felsbrocken wegsprengen, die beim Bau der Eisenbahn im Weg waren. Als er das Bohrloch mit einer Eisenstange stopfte, entzündete sich der Sprengstoff, und die Stange bohrte sich durch seinen Kopf: Sie trat unterhalb des linken Wangenknochens ein, durchdrang das Gehirn und trat an der Schädeldecke wieder aus. Unglaublicherweise überlebte Gage den Unfall. Allerdings hatte sich sein Charakter verändert. Wurde er zuvor als umgänglich und besonnen beschrieben, wirkte er nun auf seine Umgebung launisch und streitsüchtig. «Damals erkannte man erstmals, dass sich die Persönlichkeit tatsächlich stark verändert, wenn das Stirnhirn betroffen ist. Bis dahin hatte man nämlich angenommen, das Hirn übe lediglich sensorische und motorische Funktionen aus.»[83]

Vor allem seit den 1970er Jahren bemühen sich Hirnforscher, dem Rätsel der menschlichen Religiosität auf die Spur zu kommen. Lange Zeit gab es Vermutungen, Gläubigkeit sei eine Art Krankheit. Der kanadische Neurologe Michael Persinger entwickelte zum Beispiel ein Gerät, das durch Magnetspulen Gehirnregionen des Menschen reizte und dadurch angeblich religiöse Erfahrungen hervorrief. Der Versuch hielt Gegenstudien nicht stand, und selbst der überzeugte Atheist Richard Dawkins («Die Gotteslüge») stellte nach einem Versuch mit Persingers «Gotteshelm» enttäuscht fest, dass er dabei keinerlei religiöse Erfahrung gemacht hatte. Einen für die Religion zuständigen «Knopf» im Gehirn wird wohl auch die Neurotheologie nie finden, denn es scheint vielmehr so zu sein, «dass Religion etwas ist, das in der Architektur unseres Gehirns angelegt ist, das sich entwickelt hat über Jahrzehntausende. Dafür spricht auch, dass wir Ähnlichkeiten in den verschiedenen Religionen finden, von den Naturreligionen bis zu Hochreligionen, was bestimmte Meditationstechniken, Gebetstechniken, aber auch rituelle Verhaltensweisen betrifft», stellt der Religionswissenschaftler Blume fest.

Religion ist, diesem Gedanken zufolge, also auch ein Produkt der Evolution. Tatsächlich vermuten Biologen wie Hans Dieter Görz, Evolutionsbiologe der Universität Stuttgart, dass Religion im Verlauf der Evolution kein Verlustgeschäft war, sondern im Gegenteil einen klaren Selektionsvorteil bot. Dafür spricht nicht zuletzt die schon erwähnte Schätzung, dass 90 % aller Menschen religiös sind.

Religion als Evolutionsvorteil

«Um zu klären, warum Religion evolutionär sinnvoll ist, müssen wir in die Anfänge der Menschheit zurückgehen, können dann aber auch unsere eigene Erfahrung heranziehen. Wir alle haben ein Grundschutzbedürfnis. Die Kinder der Menschen wachsen ja sehr lange in der Obhut ihrer Eltern auf, anders als bei vielen Tieren. So gesehen, ist dieses Schutzbedürfnis uns sicherlich eigen und geht über die Eltern hinaus. Daher ist schon ganz im Anfang der Menschwerdung die Suche nach einem höheren Wesen gut zu verstehen.»

Hans Dieter Görz erkennt darüber hinaus den Vorteil, dass der Glaube dort, wo er herrscht, zu einem Zusammenhalt der Gruppe führt: «Ein Wesenszug des Menschen ist sein Altruismus der eigenen Gruppe gegenüber, dieser strukturiert die Gruppe, macht sie geschlossener und nach außen hin verteidigungsfähiger. Denn der

Altruismus nach innen impliziert, dass man nach außen hin geradezu brutal aggressiv agiert. Dass ist ein Erfolgsrezept des Menschen. Dass man damit heute nicht mehr landen kann, steht natürlich auf einem anderen Blatt, in den Anfängen der Menschheit war das aber ganz wichtig.»

Hans Dieter Görz sieht die Biologie auch nicht als richtige Ansprechpartnerin für die Beantwortung der Frage, ob es einen Gott gibt oder nicht: «Die Biologie kann nur beantworten, warum es vielleicht von Vorteil war, religiös zu sein, und wie Gottgläubigkeit sich in der Menschheitsentwicklung etablieren konnte.»

Auf die Evolutionsbiologie bezieht sich, zumindest in Teilen, auch Dr. Rainer Hagencord, katholischer Pfarrer und Zoologe aus Münster. Er ist Leiter des bisher einzigen Instituts für Theologische Zoologie.[84]

Gott und die Tierwelt

Dem Institut geht es um einen interdisziplinären Zugang zum Mensch-Tier-Verhältnis. Dafür greifen die Wissenschaftler auf Inhalte der modernen Verhaltensforschung und der Evolutionsbiologe zurück. Sie sichten aber auch biblische Texte neu mit der Frage, welchen Stellenwert das Tier in der biblischen Tradition hat.

«Hier fällt vielen zunächst ein, dass das Tier in der Bibel ein Opfertier ist, man bedankt sich bei Gott, indem man Tiere opfert. Jesus hat diese Tradition übrigens kritisiert und hinter sich gelassen. Darüber hinaus kennen sicher viele die Schöpfungsgeschichten, das Sieben-Tage-Werk und den Garten Eden. Hier wird deutlich, dass der Mensch noch nicht einmal einen eigenen Schöpfungstag hat: Er wird mit den Tieren zusammen am sechsten Tag geschaffen.»

Rainer Hagencord betont, dass der Satz, der Mensch sei die Krone der Schöpfung, sich so nicht in der Bibel finde. Die Krone der

Schöpfung ist laut Bibel der Sabbat, der siebte Tag, der Tag, auf den die Schöpfung hinausläuft, der Tag der Ruhe.

Der zweite Schöpfungsbericht, der Garten Eden, mündet im tragischen Schicksal des Menschen, der den Garten Eden vergessen muss. Das Tier muss das dagegen nicht, zumindest schweigt die Bibel darüber. «Aber es ist plausibel anzunehmen, dass das Tier diese Gottesunmittelbarkeit – dafür steht im Grunde der Garten Eden – nicht verloren hat. Eine Ausnahme macht nur die Schlange, die muss den Garten Eden verlassen und fortan auf dem Boden kriechen», so Rainer Hagencord.

Missinterpretiert wird häufig auch der Satz, der Mensch solle über die Tiere herrschen.

«Der entsprechende Bibeltext ist 2500 Jahre alt, man muss die Bibel also kritisch lesen. Das Wort ‹herrschen› war damals anders besetzt und anders konnotiert als heute. Damals war ‹herrschen› die Attitüde des guten Hirten, des guten Königs, und daher bedeutet ‹herrschen› in diesem Zusammenhang, dass der Mensch Verantwortung übernimmt für die ihm anvertrauten Tiere. Erst in der Neuzeit wurde dieser Auftrag absolutistisch uminterpretiert, um ein verheerendes Verhältnis gegenüber den Tieren auch theologisch zu legitimieren.»

Es ist deshalb das Anliegen des Instituts für Theologische Zoologie, die theologische Debatte über das Verhältnis des Menschen zum Tier zu verändern und Brücken zwischen Evolutionsbiologie und Theologie zu schlagen, die sich oft unversöhnlich gegenüberstehen. Als zweites Anliegen nennt Rainer Hagencord ein politisches: «Wenn man sich zum Beispiel vorstellt, dass alle Christen und Christinnen nur noch Fleisch aus artgerechter Tierhaltung kaufen würden und das Stichwort ‹Bewahrung der Schöpfung› nicht nur auf Sonne, Mond und Sterne sowie auf das Klima beziehen, sondern auch auf das Fleisch, das sie täglich kaufen, dann würde politisch ein Ruck durch Europa gehen.»

10

Perspektiven der Zeit – Die Geschichte mit der Geschichte

Vermutlich gab es um uns herum noch nie so wenig Altes wie heute. Noch vor rund 150 Jahren verliefen um die meisten europäischen Städte Wallanlagen, und ihr Erscheinungsbild war geprägt durch eine mittelalterliche Bebauung. Längst sind solche Überreste aus vormoderner Zeit fast überall verschwunden oder bis aufs Pittoreske gestutzt, wofür nicht allein die zwei Weltkriege des vorigen Jahrhunderts verantwortlich gemacht werden können. Die Moderne definiert sich durch Fortschritt, durch ein Immer-weiter, Immer-besser, Immer-vorwärts, und verdrängt dadurch historisch Gewachsenes.

Deutlich zu erkennen war und ist dieses Prinzip in Berlin nach dem Mauerfall: Was an die – in historischer Dimension – «eben erst» untergegangene Epoche der DDR erinnerte, ist längst weitgehend abgerissen oder bis zur Unkenntlichkeit geschliffen. Wer heute durch das ehemalige Ostberlin geht, wird kaum noch Unterschiede zu westdeutschen Städten ausmachen können – fast alles wurde saniert, modernisiert oder durch Neubauten ersetzt. Geradezu zum Symbol für den Umgang mit unserer Geschichte wurde der Palast der Republik. Erst wurde der Mehrzweckbau (er war u. a. Parlament, Theater und Begegnungsstätte) aufwendig vom Asbest befreit, nur um schließlich abgerissen zu werden. Weichen musste er dem Versprechen auf einen historisierenden Nachbau des ehemaligen Berliner Stadtschlosses. Bis dieses Versprechen umgesetzt ist, werden sicher noch Jahre, wenn nicht Jahrzehnte vergehen. Das

Versprechen besteht im Wesentlichen aus der angeblichen Wiederherstellung des klassizistischen Ensembles, das sich vom Berliner Schlossplatz über den Fuß der Prachtstraße Unter den Linden bis zur Berliner Museumsinsel zieht. Da dieses Ensemble spätestens mit der Sprengung des Berliner Stadtschlosses 1950 unwiederbringlich zerstört worden war, kann das Wort «Wiederherstellung» in diesem Zusammenhang nur ein Euphemismus, eine Beschönigung der Tatsache sein, dass hier bestenfalls einmal neue Fassaden an eine alte, vergangene Zeit erinnern werden. Die Emotionalität, mit der der Streit um den Wiederaufbau der Berliner Stadtschloss-Fassade[85] geführt wurde, zeigt, dass es bei historischen Fragen fast immer auch um die eigene Identität geht: Wie stellt man sich dar? Wie will man gesehen werden? Was soll bleiben, und was soll vergessen bzw. überwunden werden?

Geschichtsschreibung, sei es die aufs Papier gebrachte oder die, die sich in Bauwerken und Denkmalen manifestiert, ist daher seit je immer auch ein Instrument, Identität zu stiften. Schon der sogenannte «Vater der Geschichtsschreibung», der Grieche Herodot (gestorben um 430 vor Christus), wählte als zentrales Thema seiner insgesamt neun Bücher die Perserkriege, die wesentlich zu einem Gefühl der Zusammengehörigkeit im antiken Griechenland beitrugen. Indem die Geschichtsschreibung Identitäten über die Jahrhunderte fortschreibt, schafft sie zugleich so etwas wie ein kulturelles Gedächtnis.

Die Moderne hat die Tendenz, in diesem kulturellen Gedächtnis eine Erfolgsgeschichte zu erkennen. Mit der Aufklärung im 17. Jahrhundert geht ein nie gekannter technischer Fortschritt einher, die Lebensbedingungen der Menschen verbesserten sich stetig, und die Menschheit wurde seither im wahrsten Sinne des Wortes sogar immer größer, sowohl in ihrer Gesamtheit zahlen- als auch individuell längenmäßig. Seit der Schaffung der UNO gibt es zudem zumindest so etwas wie eine Voraussetzung dessen, worauf der Philosoph Immanuel Kant mit seinem Traktat «Zum ewigen Frieden» einst zielte: einen Völkerbund – auch wenn die UNO sicherlich nicht der Völkerbund ist, an den Kant dachte.[86] Das im «Projekt der Moderne» angelegte, zielgerichtete Geschichtsverständnis hin zum Besseren lässt der Moderne kaum eine andere Wahl, als der Tradition zu misstrauen und in der Überwindung von Vergangenem einen Fortschritt zu sehen. Dass dieses Geschichtsverständnis bestenfalls aus einer europäischen Sicht zu halten ist, liegt angesichts der ungleichen Verteilung des Wohlstands und der bürgerlichen Rechte in der Welt auf der Hand. Wie sehr dieses Geschichtsverständnis aber auch hierzulande zum Problem wird, offenbart sich wiederum in einem Streit wie dem um den Wiederaufbau des Berliner Stadtschlosses: Der Wunsch nach historischen Fassaden erwächst u. a. auch aus dem Wunsch nach mehr Behaglichkeit in unseren Städten, und die scheinen viele Menschen eher im Vertrauten, in der Tradition zu finden als in der Erneuerung. Zweifel am technischen Fortschritt und die zunehmende Unübersichtlichkeit der modernen Welt, die es dem Einzelnen immer schwerer macht, sich auf der «Höhe der Zeit» zu fühlen, befördert die Sehnsucht nach Altem, nach scheinbar Bekanntem, Bewährtem nur umso mehr.

Auf die Geschichtsdisziplinen kommt aber nicht nur deshalb in Zukunft einiges zu. In der globalisierten Welt werden sie auch immer häufiger zwischen scheinbar unversöhnlichen Traditionen vermitteln müssen – die Debatte um die Fähigkeit des Islams zur Integration in unsere christlich-abendländische Tradition ist dabei sicher nur ein Anfang. Die Zuversicht, dass die Geschichtswissenschaft dem gewachsen sein könnte, speist sich aus einem schon heute in den Schulen geübten Blick in die Geschichte, der Fremdheitserfahrungen möglich macht: Wie konnten die Deutschen in den 1930er Jahren nur einem Mann wie Adolf Hitler zujubeln? Was waren das für Menschen, die die Französische Revolution herbeiführten? Woran ging das Römische Reich zugrunde? Wer solchen Fragen nachgeht und sie ehrlich beantworten wissen will, nimmt zwangsläufig Perspektiven ein, die nicht seine eigenen sind. Geschichte hilft daher nicht nur, die Zerrissenheit der Moderne zu verstehen, sondern auch, sich in ihr zurechtzufinden.

Der Mensch und seine katastrophale Geschichte

Das wachsende Unbehagen an der Moderne zeichnet sich wohl nirgends so deutlich ab wie bei Umweltfragen. Forscher haben längst keinen Zweifel mehr an der Tatsache, dass wir vor einem Klimawandel stehen, zu dem der Mensch durch die Verschmutzung der Luft und der Meere zu einem großen Teil beiträgt. Das entbehrt nicht einer gewissen Ironie. Denn vor zweieinhalb Millionen Jahren war es umgekehrt: Damals sorgte ein dramatischer Klimawandel dafür, dass die menschliche Zivilisation überhaupt erst entstehen konnte, wie Friedemann Schrenk, Professor für Paläobiologie an der Universität Frankfurt, darlegt:

«Vor zweieinhalb Millionen Jahren gab es sogenannte Vormenschen, also Menschenaffen ähnliche Wesen, die bereits den aufrechten Gang hatten, ansonsten aber noch im Wesentlichen so aussahen wie Schimpansen. Im gleichen Zeitraum begannen auf der nördlichen Hemisphäre die Eiszeiten. Auch in Afrika wurde es dadurch ein bisschen kühler, vor allem aber trockener. Und diese zunehmende Trockenheit führte dazu, dass sich die Nahrungsgrundlage drastisch veränderte. Die Regenzeiten blieben für einige hunderttausend Jahre aus, und was an Nahrung zur Verfügung stand, war vornehmlich hartfaserig und hartschalig. Die Vormenschen mussten lernen, diese hartschalige Nahrung zu verarbeiten.

Fossilienfunde weisen darauf hin, dass genau das geschehen ist, und zwar auf zweierlei Weise: Auf der einen Seite haben sich die sogenannten Nussknacker-Menschen mit einer sehr starken Kaumuskulatur entwickelt, die Australopithecinen. Ihre Kaumuskeln gingen bis auf den Schädel und stießen dort zusammen, sodass sich ein Knochenkamm bildete wie bei Raubtieren. Das Gesicht dieser Gattung war daher unheimlich breit, mit riesigen Kaumuskel-Paketen an der Seite und Zähnen, die dreimal so groß waren wie unsere. Die Entwicklung hin zum Nussknacker-Menschen verlief entwicklungsgeschichtlich schnell – innerhalb von nur 200 000 Jahren.

Auf der anderen Seite gab es gleichzeitig noch eine weitere Lösung für das Nahrungsproblem: Eine andere Gruppe der Vormenschen, der ‹Homo rudolfensis›, zerkleinerte die hartschalige Nahrung nicht mit den Zähnen, sondern verlagerte den Prozess nach außen. Das war der Beginn der Werkzeugkultur und somit auch der Anfang unserer heutigen Zivilisation.»

Friedemann Schrenk und sein amerikanischer Kollege Timothy Bromage fanden am 11. August 1991 in Malawi einen bezahnten Unterkiefer, der später einem Homo rudolfensis zugeordnet werden konnte, welcher mit einem Alter von 2,4 Millionen Jahren als der älteste Vertreter der Gattung Homo gilt. Vom Homo rudolfensis führt eine direkte Linie zu uns heutigen Menschen. Und bis heute ist der Umgang mit Katastrophen ein konstitutives oder zumindest prägendes Element für Kulturen.

Die Fähigkeit, Katastrophen zu bewältigen und Gesellschaften vor Katastrophen zu schützen, gilt beispielsweise in unserer modernen westlichen Tradition als eine der Hauptaufgaben der politisch-administrativen Praxis und hier auch als Indikator für gute Regierungskunst und Verwaltung. Warum das nicht überall und zu jeder Zeit so war und ist, erläutert Gerrit Jasper Schenk, Professor für Geschichte des Mittelalters an der TU Darmstadt:[87] «Angesichts einer Katastrophe gibt es menschliche Reaktionen, die zu allen Zeiten und in allen Kontinenten ähnlich sind: Angst, Entsetzen,

Furcht, Flucht. Aber eben auch Solidarität, spontane Hilfe und der Versuch der Bewältigung. Unterschiede zwischen den Kulturen findet man allerdings bei dem Aspekt, wie Katastrophen wahrgenommen werden. Und damit beginnt eine gewisse Relativität der Katastrophe. Was in China als Katastrophe gesehen wird und was in der Schweiz, womöglich auch noch in unterschiedlichen Epochen, differiert stark. Für die Betroffenen ist eine Katastrophe natürlich immer gleich schlimm, aber wie die Gesellschaft damit umgeht, ist höchst unterschiedlich. Nimmt sie das Geschehene als etwas Gottgegebenes hin? Vielleicht sogar als eine Strafe? Oder betrachtet sie sie als ein rein physikalisches Ereignis oder als Ergebnis mangelnder Prävention, zum Beispiel eines falschen Bebauungsplans?»

Schon in der Antike gab es den Versuch, Katastrophen auch physikalisch zu erklären. Aristoteles zum Beispiel nahm an, dass Erdbeben entstehen, weil sich heiße Luft im Erdinneren zusammenballt und dann die Erde erschüttert. Diese Theorie hielt sich bis ins Mittelalter.

Der globalen Medienvielfalt durch Fernsehen und Internet zum Trotz findet man aber auch heute noch Deutungsmuster, die eine höhere Macht als ursächlich für ungewöhnliche Ereignisse sehen. Gerrit Jasper Schenk nennt als Beispiel den sogenannten Blutregen: «In Indien fiel vor ein paar Jahren ein roter Regen, was sofort religiös gedeutet wurde. Schon im Mittelalter wurde Blutregen in Europa als ein schlechtes Vorzeichen, eine Warnung Gottes gesehen.» Es kommt eben immer auf die Perspektive an. «Das gilt auch für das, was wir allgemein als ‹Klimakatastrophe› bezeichnen, denn de facto handelt es sich hierbei wahrscheinlich eher um einen ‹Klimawandel›. Ob dieser katastrophal ausgehen wird, wird über die Welt verteilt recht unterschiedlich beurteilt. In unserer christlichen Tradition findet man zum Beispiel so etwas wie ein säkularisiertes Sündenmuster: Wir Klimasünder sind verantwortlich für die Katastrophe, denn die Natur schlägt zurück. Allerdings gibt es bei der Wahrnehmung von Katastrophen – nicht zuletzt durch die modernen Medien – einen weltweiten Vereinheitlichungstrend. Die Interpretation und die Bewältigung sowie die Interpretation von Katastrophen und die Reaktionen darauf werden weltweit immer ähnlicher.»

Dieser Vereinheitlichungstrend im Umgang mit Katastrophen birgt zugleich die große Chance, langfristige, globale Prozesse wie den Klimawandel positiv zu beeinflussen. «Der Mensch», meint Dr. Ludwig Weißflog, Toxikologe vom Helmholtz-Zentrum für Umweltforschung (UFZ)[88], «hat energetisch nicht die Macht, um etwa Vulkanausbrüche zu mindern. Aber er kann den Zeitpunkt eines Ausbruchs erkennen und gewinnt dadurch Einwirkungsmöglichkeiten auf die Folgen. Wir müssen daher erforschen, welche Prozesse in der Natur zu Katastrophen führen können. Nur dann können wir nach Möglichkeiten suchen, sie zu steuern.»

Weißflog war Leiter eines internationalen Forscherteams, das u. a. eine neue Theorie über die Ursachen für das größte Massensterben der Erdgeschichte vor 250 Millionen Jahren entwickelte. Zu dieser Zeit starben an der Grenze vom Perm zur Trias rund 90 % aller Tier- und Pflanzenarten aus, vermutlich, so nahm man bisher an, ausgelöst durch riesige Vulkanausbrüche im jetzigen Sibirien, aber auch durch Meteoriteneinschläge oder durch im Ozean aus Methanhydraten freigesetztes Methan.[89] Weißflog und seine Kollegen gingen dem Verdacht nach, dass auch winzige Mikroben das Massensterben verursacht haben könnten. Diese Mikroben sind «urzeitliche Lebewesen, die auch unter Sauerstoffabschluss in hypersalinen Ökosystemen leben können. Die sogenannten Archaea sind keine Bakterien, auch wenn sie früher einmal als Archaebakterien oder Urbakterien bezeichnet wurden. Tatsächlich ist das aber ein anderes Reich der Lebewesen.» Die Entdeckung, dass vor allem diese in hypersalinen Salzseen lebenden halophilen Mikroben phytotoxische und ozonabbauende Halogenkohlenwasserstoffe produzieren, gelang den Wissenschaftlern, als sie in Südrussland versuchten, die Wüstenausbreitung zu erforschen.[90] Sie entdeckten, dass für die Schädigung der Vegetation nicht nur luftgetragene Industrieemissionen, sondern auch diese halophilen Archaea mit den von ihnen produzierten Schadstoffen verantwortlich sind. Nach der Freisetzung dieser Substanzen in die Atmosphäre, ihrem Lufttransport und ihrer Aufnahme in die Vegetation schädigen sie diese in Verbindung mit vorherrschender Trockenheit in einem komplizierten biochemischen Prozess, welcher schließlich zur beschleunigten Ausbreitung von Wüsten führt. Dabei läuft die Photosynthese gebremst ab, weniger Sauerstoff wird von den Pflanzen freigesetzt, und damit verändert sich u. a. der Sauerstoffgehalt in der Atmosphäre.

«Vor 250 Millionen Jahren herrschte im Zentrum des Superkontinents Pangäa wüstenartiges Klima, riesige Salzseen (wie das Zechsteinmeer) prägten die trockene, heiße Landschaft. Auf der Erde lebten Vorformen der Säugetiere, urzeitliche Pflanzen, aber auch schon Urformen der Koniferen, also Kiefernarten, mit deren neuzeitlichen Verwandten die Wissenschaftler sowohl im Laboratorium als auch in der südrussischen Steppe experimentierten.[91] Als die Vegetation in großem Maßstab abstarb, kam es zu einem großen Eintrag von Abbauprodukten und damit auch Schadstoffen in die marinen Systeme, was zu deren Abdunklung führte. Das marine Phytoplankton erhielt nicht mehr genügend Licht, und damit stand auch nicht mehr genügend Nahrung für marine Lebewesen zur Verfügung, sodass es auch dort zu einem ‹Umkippen› und einem großen Sterben in den Ozeanen kam.

Auch unsere heutigen Salzseen und Salzwüsten in Südosteuropa, Mittelasien, Australien, Afrika, Amerika emittieren solche von Archaea produzierten Halogenkohlenwasserstoffe und können so auf verschiedenen Wegen nicht nur das regionale, sondern auch das globale Klima beeinflussen. Der IPCC-Report[92], der sich mit dem Klimawandel beschäftigt, zeigt, dass es in Zukunft, in Abhängigkeit vom CO_2-Eintrag in die Atmosphäre, zu einer Erwärmung sowie zu einer Verminderung der Niederschläge und damit zu einer Zunahme von Trockenheit speziell in den südlichen Breiten kommt. Der Anstieg der Niederschläge wird zu einer flächenmäßigen Zunahme von vorhandenen Salzseen bzw. deren Neubildung führen. Die erhöhte Verdunstungsrate wird zukünftig in den Sommermonaten, bedingt durch steigende Temperaturen, zur Abnahme der Bodenfeuchtigkeit und auf diese Art zur Ausbildung von Salzböden in den betroffenen Regionen führen. Mit einem klimabewussten Verhalten können wir diese Versalzung zumindest mindern.»

Wie aber brachte es der Mensch überhaupt so weit, dass er nun vor der Frage steht, ob und wie er mit seinen Fähig- und Fertigkeiten den Klimawandel befördert oder verhindert?

Nach der Entwicklung des Werkzeuggebrauchs durch unsere Ahnen war ein weiterer wichtiger Entwicklungsschritt des Menschen sein Sesshaftwerden. Lange Zeit war die Forschung der Meinung, dass es der Mangel an tierischer Nahrung war, der in der Jungsteinzeit Jäger und Sammler zu Viehzucht und Ackerbau brachte. Dies wird jedoch immer stärker bezweifelt. Zu den Kritikern dieser «Theorie des Mangels» gehört auch Josef Reichholf, ehemaliger Leiter der Wirbeltierabteilung an der Zoologischen Staatssammlung München und emeritierter Professor für Ökologie und Naturschutz an der TU München[93]. Er findet die bisherige Erklärung für das Sesshaftwerden alles andere als überzeugend.

Durch Überfluss und Rausch zur Kultur

«90 % seiner Existenzzeit hat der Mensch als Jäger und Sammler gelebt. Vor etwa 15 000 Jahren fing etwas an, was die ganze Welt des Menschen entscheidend veränderte: Im Bereich des fruchtbaren Halbmondes – im Vorderen Orient, der Gegend vom unteren Niltal über die östliche Türkei bis nach Mesopotamien – begann man offenbar mit der Nutzung von Wildgetreide, aus dem dann im Laufe der Jahrhunderte, wahrscheinlich sogar Jahrtausende, das Brotgetreide wurde. Entgegen der gängigen Annahme, das Wild sei knapp geworden und die Menschen hätten sich nach neuer Nahrung umsehen müssen, hat sich der fruchtbare Halbmond eben als das herausgestellt, was sein Name nahelegt, nämlich als fruchtbar, aber auch attraktiv für das Wild. Neue Funde, gerade in der Südost-Türkei, zeigen, dass es in jener Zeit riesige Gazellen-Herden gegeben hat. Auch die Entstehung der Haustiere lässt sich nur verstehen, wenn es genügend Wildziegen und Wildschafe gegeben hatte. Denn sonst hätte man aus Hunger die gefangenen Tiere schlicht aufgegessen. So konnte man es sich aber offenbar leisten, die Jungtiere großzuziehen und für die spätere Verwendung ‹aufzubewahren›.»

Dabei stellt sich natürlich die Frage, wenn keine Not, keine Verknappung am Anfang des Ackerbaus stand, was dann? Warum sollte man raue Körner aus rauen Spelzen hervorholen, die man noch dazu erst zerkleinern muss, um sie überhaupt irgendwie genießbar zu machen – wenn man genügend Fleisch zur Verfügung hat?

Josef Reichholf erklärt das so: «Wenn man sich überlegt, was Wildgetreide in einer Situation, in der man keinen Mangel leidet, überhaupt liefern kann, dann rückt das in den Vordergrund, was man bis heute mit der ältesten Getreideform, dem Gersten, macht: Man benutzt sie zur Biererzeugung. Bier entsteht quasi wie von selbst, wenn man zum Beispiel Gerstenkörner zerquetscht und sie mit Wasser zu einem Brei anrührt. Denn die Hefepilze, die die Gärung hervorrufen, sind so gut wie allgegenwärtig vorhanden – nicht in der Qualität, die wir heute in Anspruch nehmen, aber doch in einem Maß, das als Grundlage für die Gärung ausreicht.

Diesen alkoholhaltigen Saft kann man schlürfen, mit Rohrhalmen trinken und dabei eben angeregt werden, in euphorische Zustände kommen.»

Mit anderen Worten: Wenn man solche Getreidevorkommen, die von Natur aus nur an bestimmten Orten zu finden sind, regelmäßig genug nutzt, dann ergibt es sich von selbst, dass man sich in deren Nähe niederlässt, um zur richtigen Zeit eben auch die Feste feiern zu können. «Hinzu kommt, dass an diesem Wildgetreide auch die Wildtiere, gerade die Ziegen und die Schafe, interessiert sind. Das bedeutet, man muss das Getreide von Anfang an, eigentlich mit Beginn des Auskeimens im Frühjahr, beschützen, damit überhaupt eine nennenswerte Ernte herauskommt. All das zwingt zur Sesshaftigkeit.

Es zwingt zugleich dazu, dass Arbeiter schon von Anfang an in die Fronarbeit des Ackerbaus genommen werden mussten, während die Herren das freie Jagen für sich in Anspruch nahmen.»

Von der Sesshaftigkeit zur Entwicklung der Hochkulturen mit zentralem Verwaltungssystem, Städten und Handel vergehen noch einmal etwas mehr als zehntausend Jahre. Dazwischen liegt die Entwicklung von Schmuck und Werkzeug aus Metall – zuerst aus Gold und Kupfer und später aus Bronze, einer Kupfer-Zinn-Legierung. Die ersten Hochkulturen entstehen in Flussnähe, wie etwa die mesopotamischen Städte um 3500 v. Chr. an Euphrat und Tigris, nur wenig später, um 3200 v. Chr., das ägyptische Reich am Nil, die Harappa-Kultur um 2500 v. Chr. im nordindischen Industal und um 1800 v. Chr. die chinesischen Reiche am gelben Fluss in Nordchina.

Der britische Klimaforscher Nick Brooks ist der Ansicht, dass die Menschen in diese fruchtbaren Gegenden drängten, weil damals außerhalb dieser Gebiete die Landschaft austrocknete. Möglich ist aber natürlich auch, dass es die fruchtbaren Flusslandschaften selbst waren, die zu einem rasanten Anstieg der Bevölkerungszahlen führten. Fest steht, dass in den ersten Hochkulturen immer mehr Menschen auf immer engerem Raum lebten, wodurch immer ausdifferenziertere Arbeitsteilungen notwendig und möglich wurden, was letztlich zu Herrschaftsstrukturen führte, die mit immer größerem Druck von innen und außen zurande kamen.

Legitimiert wurde Herrschaft damals meist mit einem religiösen, göttlichen Anspruch der Herrschenden wie etwa bei den ägyptischen Pharaonen. Einer der bis heute bekanntesten Pharaonen war Tutanchamun, was einigermaßen kurios ist, denn nach dem, was die Forschung über ihn weiß, gehörte er doch eher zu den unbedeutenderen Herrschern des ägyptischen Reiches. Tutanchamun wurde bereits im Knabenalter zum Pharao und regierte um 1333 bis 1322–24 v. Chr. Seine heutige Popularität verdankt er den mysteriösen Todesfällen, die sich nach der Öffnung seiner Grabkammer im Tal der Könige durch Howard Carter 1923 ereigneten. Seither wird von einem «Fluch des Pharao» gemunkelt, der alle treffe, die seine Totenruhe stören. Für Spekulationen sorgt aber auch Tutanchamuns eigener Tod. Erlag er einem natürlichen Tod, oder wurde er gar erschlagen oder vergiftet? Dr. Frank Rühli, Mediziner und Paläopathologe am Anatomischen Institut der Universität Zürich, hat keine Angst vor dem «Fluch des Pharao», und so nutzte er die sich ihm bietende Gelegenheit, sich das Innere der Mumie von Tutanchamun genauer anzusehen. Die ägyptische Antikenverwaltung hatte beschlossen, dass man sie mit einem Computertomographen untersuchen sollte, einer Art Röntgengerät, das ein dreidimensionales Bild des Körpers und vor allem auch vom Körperinneren produzieren kann. Ägyptische Forscher brachten im Januar 2005 dafür einen mobilen Computertomographen ins Tal der Könige, nahmen die Mumie über Nacht heraus, untersuchten sie etwa ein bis zwei Stunden im Computertomographen und legten die Mumie dann wieder zurück ins Grab.

Ein 3000 Jahre alter Fall

Zu dem internationalen Forscherteam, das die Bilder im März 2005 auswertete, gehörten zehn Ägypter, zwei Italiener und eben der Schweizer Frank Rühli. Erstmals nach achtzig Jahren wurde der Sarkophag damals wieder geöffnet. Insgesamt wurden rund zweitausend CT-Scans gemacht. Bis zu diesem Zeitpunkt hatte die Forschung nur auf Röntgenaufnahmen der Mumie aus den Jahren 1968 und 1978 zurückgreifen können. Ob Tutanchamun Opfer eines Mordes oder eines Unfalls wurde, ließ sich jedoch auch durch die CT-Scans nicht klären, wie Frank Rühli weiß:

«Jedoch können wir aufgrund der Bilder, wie wir sie gesehen haben, nun ein paar Dinge sicher ausschließen. Dazu zählt die Vermutung, der Pharao sei durch einen Schlag auf den Kopf gestorben. Es wurde stets postuliert, dass er vielleicht von hinten erschlagen worden ist, das kann man nun sicher ausschließen. Was man ebenfalls – soweit es die CT-Bilder zeigen – ausschließen kann, sind Tumore, die er wohl nicht gehabt hat. Das, was möglicherweise zu seinen Lebzeiten passiert sein könnte, ist ein Bruch im Bereich des linken Oberschenkels. Er könnte also zum Beispiel einen Unfall gehabt haben. Die Tatsache, dass die Fraktur im Bereich nah dem Kniegelenk liegt, bedeutet, dass es ein relativ massives Trauma gewesen sein könnte, da sich ein 19-jähriger gesunder Mensch nur schwer einen Bruch oberhalb des Kniegelenkes holt.»

Im Zeitraum zwischen September 2007 und Oktober 2009 wurde die Mumie Tutanchamuns erneut mit dem Computertomographen durchleuchtet, zusammen mit Mumien zehn weiterer königlicher Mitglieder des sogenannten Neuen Reichs, das vom 16. bis zum 11. Jahrhundert v. Chr. bestand. Diesmal wurden auch DNA-Proben für genetische Untersuchungen genommen. Dabei konnte festgestellt werden, dass Tutanchamuns Vater tatsächlich, wie angenommen, Echnaton war. Umstritten ist dagegen, was Zahi

Hawass, Generaldirektor der ägyptischen Antikenverwaltung, im Februar 2010 als weiteres Ergebnis der Untersuchungen bekanntgab: Zwei verkürzte Mittelfußknochen Tutanchamuns würden demnach auf die Köhler'sche Krankheit (auch Morbus Köhler-Albau genannt), eine aseptische Knochennekrose,[94] hinweisen, die in Kombination mit einer schweren Form der Malaria den erst 19-jährigen Pharao ums Leben gebracht habe. Diese Vermutungen halten viele andere Forscher für übertrieben. Als Gründe führen die Kritiker ins Feld, dass die Mumie in einem sehr schlechten Zustand sei, die inneren Organe fehlten, man diese jedoch zur sicheren Bestimmung der Todesursache benötige, Malaria nur bei Kindern tödlich verlaufe und statt der Köhler'schen Krankheit auch die Sichelzellenkrankheit in Frage käme – mit anderen Worten: Auch wenn derzeit niemand mehr von einer Ermordung Tutanchamuns spricht, das Rätsel um seinen Tod bleibt.

Dass sich Geschichte häufig um Tote dreht, liegt zu einem Gutteil in der Natur ihrer Sache, aber auch daran, dass in früheren Zeiten die Menschen dem Tod mehr Aufmerksamkeit schenkten. Selten hinterließ ein Totenkult zwar solch epochale Bauwerke wie die Grabstätten der Pharaonen, doch auch jenseits der Pyramiden beschäftigen sich Historiker immer wieder mit Grabstätten großer Persönlichkeiten der Geschichte. Im April 2007 machte Ehud Netzer, Archäologieprofessor am archäologischen Institut der Hebrew University in Jerusalem, Schlagzeilen mit seiner Behauptung, er habe solch eine Grabstätte entdeckt.

Das Grab des Herodes

Netzer hatte seit 1972 nach dem Grab von König Herodes gesucht, und zwar auf der Festung Herodium, dem ehemaligen Königspalast von Herodes, der rund zwölf Kilometer südlich von Jerusalem im heutigen Westjordanland liegt. Der Ort der Grabung war nicht zufällig gewählt, denn dem jüdischen Geschichtsschreiber Flavius Josephus zufolge fand Herodes ebendort seine letzte Ruhe:

«Hierauf beschäftigte man sich mit der Beerdigung des Königs. Archelaus ließ es dabei nicht an Aufwand fehlen, sondern den Leichnam pomphaft in vollem königlichem Schmucke bestatten. Das Paradebett war massiv von Gold und mit Edelsteinen besät, die Decke war von Scharlach, der in mancherlei Farben spielte, der Leichnam selbst wurde in dunklen Purpur gehüllt. Um das Haupt schlang sich ein Diadem, über welchem eine goldene Krone glänzte, die Rechte hielt das Zepter umfasst. Um das Paradebett standen die Söhne des Königs und seine Anverwandten in großer Zahl, ihnen folgten die Trabanten, die thrakische Schar, dann die Germanen und Gallier, alle in kriegerischem Schmucke. Voran ging das übrige Heer, von seinem Feldherrn und den Obersten geführt, in vollständiger Rüstung und schöner Ordnung. Nach demselben kamen fünfhundert Sklaven und Freigelassene mit Räucherwerk, der Leichnam wurde 200 Stadien weit nach Herodium gebracht, wo man ihn der Verordnung des Verstorbenen gemäß beisetzte.»[95]

Netzer stieß auf das Grab durch die Freilegung einer über sechs Meter großen Treppenflucht, die vermutlich für die Grabzeremonie angelegt worden war und direkt auf das Mausoleum zuführte. Über das gesamte Grabungsgelände verteilt fand man die Reste eines, laut Netzer, einzigartigen Sarkophags aus rötlichem Jerusalemer Sandstein. Der Sarkophag war mit Rosetten und Ornamenten verziert, allerdings fand man keine Inschriften und somit auch keinen direkten Hinweis auf Herodes. Dennoch hält es auch Dr. Ulrich Hübner, Professor an der theologischen Fakultät der Universität Kiel, für plausibel, dass Netzer tatsächlich das Grab des Herodes gefunden haben könnte: «Wenn es so ist, hätten wir zum ersten Mal einen Beleg für ein Königsgrab. Das wäre schon etwas, aber man darf das auch nicht zu hoch hängen, denn schließlich gab es an der Existenz des Herodes auch schon vorher keinen Zweifel.»

Die Zerstörung und den Abriss des Grabs datiert Professor Netzer auf die Zeit zwischen 66 und 72 n. Chr. und macht dafür jüdische Freiheitskämpfer verantwortlich. Dies hält auch Ulrich Hübner für möglich, gibt aber zugleich zu bedenken, dass «alle antiken Gräber schon in der Antike geplündert worden sind. Das Hauptmotiv dafür war die Gier, man wollte an wertvolle Dinge herankommen. Bei Herodes könnte es sein – das ist aber auch nur eine Vermutung –, dass seine Grabstätte während des ersten jüdischen Aufstandes, also mehrere Jahrzehnte nach seinem Tod, von jüdischen Aufständischen im Aufstand gegen die Römer als Festung besetzt war. Und wenn sie das Grab zu dieser Zeit gefunden haben sollten, hätten sie es sehr wahrscheinlich auch geplündert, da das Judentum Herodes ziemlich kritisch gegenüberstand.»

Dass Herodes dennoch den Beinamen «der Große» trägt, hat mehr mit seiner regen Bautätigkeit als seinen Regierungskünsten zu tun. Der Beisatz ist schon relativ früh nach seinem Tod aufgekommen, wurde damals aber nur im Sinne von «der Ältere» verwendet, da es mehrere jüdische Könige und Herrscher mit dem Namen Herodes gegeben hat. «Erst später wurde aus ‹der Ältere› dann ‹der Große›, und das hängt u. a. damit zusammen, dass er der größte Baumeister war, der jemals in Palästina geherrscht hat. Viele seiner Bauten prägen bis heute die Landschaft. Allein Jerusalem mit dem Tempelberg ist durch ihn massiv geprägt, und es gibt eine Reihe weiterer Orte, darunter eben auch seine wahrscheinliche Grabstätte, das Herodium.»

Bis heute bekannt ist Herodes durch seine «Rolle» in der christlichen Weihnachtsgeschichte. Der von Rom eingesetzte Vasallenkönig fürchtete demnach ständig um seine Macht. Als er von der Prophezeiung der Heiligen Drei Könige hört, der König der Juden sei geboren worden, lässt er alle neugeborenen und bis zu zwei

Jahre alten Knaben in Bethlehem und Umgebung ermorden. An dieser Geschichte ist jedoch nicht viel Wahres, der Kindermord in Bethlehem ist mit einiger Wahrscheinlichkeit nur eine Legende – darin stimmen fast alle Fachleute überein. «Aber man muss sich dennoch fragen, wie so eine Legende zustande kommt. Sie ist ja nur im Neuen Testament überliefert, aber dort auch nur bei Lukas und Matthäus, nicht in anderen Evangelien und auch nicht in anderen antiken Quellen. Wie ist sie also entstanden? Einen kleinen Anhaltspunkt finden wir in der Familiengeschichte von Herodes dem Großen, denn Herodes hat eine Reihe von eigenen Familienangehörigen, unter anderem auch Söhne, hinrichten lassen. Und dann kommt noch etwas hinzu: Das Neue Testament greift gerne auf bestimmte Motive des Alten Testaments zurück. Und dort findet sich das Motiv vom gewaltsamen Tod von Propheten. Jesus wird als Prophet dargestellt, der schon während seiner Kindheit durch einen Tyrannen extrem gefährdet ist und dem Anschlag auf sein Leben gerade noch einmal entkommen kann.»

Alles nur geklaut

Auch der Jesusforscher Gerd Lüdemann, Professor für Neues Testament an der theologischen Fakultät der Universität Göttingen, hält die Weihnachtsgeschichte für weitgehend erfunden:[96] «An der Geschichte der Geburt von Jesus Christus stimmt nichts, außer ein paar Namen wie Maria und Josef. Es ist alles erfunden und entspricht nicht den historischen Gegebenheiten. Der Sachstand ist zunächst einmal folgender: Es gibt zwei Evangelien, die in ihren ersten Kapiteln die Weihnachtsgeschichte bzw. -geschichten erzählen – das nach Matthäus und das nach Lukas. Sie widersprechen sich, weswegen schon der Verdacht aufkommen kann, dass da irgendetwas nicht stimmen könnte. Nehmen wir einmal die Geschichte der sogenannten Heiligen Drei Könige. Es sind eigentlich drei Magier, die aus Babylon nach Jerusalem kommen und den Stern gesehen haben. Der Stern leitet sie dann zur Krippe, wo das Jesuskind liegt. Aber wie genau soll ein Stern Magier zu einem bestimmten Ort leiten? Das kann so nicht gewesen sein!»

Nun kann man einwenden, dass es darum geht, die Geschichte glauben zu wollen, unabhängig von deren Wahrheitsgehalt. Zugleich besteht aber der Anspruch der Evangelisten Lukas und Matthäus, dass das, was sie erzählen, erforscht ist und den Tatsachen entspricht. «Hier wird der Anspruch an den Glauben ergänzt durch Historizität, und da beginnt es gefährlich zu werden. Tatsächlich wissen wir nicht, was in dieser Nacht passiert ist, wir wissen auch nicht, wann diese Nacht genau war. An der Geburt Jesu kann nicht gezweifelt werden. Denn Jesu hat es sicherlich gegeben. Seine Mutter hieß Maria, das geht auch aus den Quellen hervor. Wer sein Vater war, wissen wir nicht. Wir müssen aber aufgrund der Bibel sagen, dass Jesus von einem anderen erzeugt worden ist als von Josef. Das ist der Urbestand, der Urkern des Ganzen.»

Noch dazu ist die Geschichte von der Geburt Jesu anfangs gar nicht niedergeschrieben worden. Der älteste Zeuge, dessen Schriften wir kennen, ist Paulus, und der erwähnt darin keine wunderbare Geburt. Er berichtet lediglich von der Geburt Jesu durch eine Frau, wobei er den Namen der Frau ungesagt lässt. «Erst als der christliche Glaube sich immer weiter ausbreitete, hat man diesen Glauben ausgeschmückt, ihn parallel interpretiert zu den vielen Gottessöhnen, die es in der Umgebung gab, die ebenfalls von einer Jungfrau geboren und auch von einem Gott gezeugt worden sind.»

Das Ausschmücken historischer Tatsachen ist natürlich keine rein christliche Domäne. Auch andere Religionen und Mächte haben sich stets gern des vorhandenen Erzählschatzes ihrer Vorfahren oder angrenzender Völker bedient. Eine gute Story findet im Laufe der Geschichte des Menschen eben immer einen Weg durch die Zeit und die verschiedenen Kulturen. Gleiches gilt, wenn auch eingeschränkt, für Gegenstände, die solche Ideen verkörpern, wie es die antiken Statuen taten. Sie zeigten vollendete Körper, wohlproportioniert und anmutig, Götter und Helden, die mit idealisierten Posen bis heute bewundernde Blicke auf sich ziehen. Vergleicht man den eigenen Körper mit diesen antiken Statuen, kommt man sich selbst leicht wie eine Bockwurst vor, bis auf ein kleines, für das Geschlechterleben nicht unerhebliches Detail.

Die archivierten Penisse des Vatikans

Studenten des Archäologischen Instituts der Karl-Franzens-Universität in Graz rückten dieses Detail im Sommer 2009 in den Mittelpunkt ihrer Ausstellung, die sie kurz und treffend «Unterm Feigenblatt» nannten und die im Gipsmuseum der Universität Graz zu sehen war. Zum besagten Feigenblatt kamen die antiken Statuen erst, nachdem sie zwischen dem 15. und 19. Jahrhundert von damals zur Prüderie bekehrten Christen abgeschlagen wurden. Klaus Hohsner, Mitarbeiter der Ausstellung, nennt als Beispiel das Vatikanmuseum in Rom, dort wurden die abgeschlagenen Penisse wenigstens archiviert und mit Nummern versehen. Für die «beschnittenen» Statuen gab es zum Ausgleich Feigenblätter aus Bronze oder Messing. «Die Penisse liegen bis heute irgendwo im Archiv des Vatikans und haben wahrscheinlich sogar einen eigenen Archivar.»

An den noch vollständig bemannten antiken Statuen, vor allem an den römischen und griechischen, fällt auf, dass die Penisse recht klein sind.

«Es kann natürlich sein, dass kleine Penisse in Griechenland die Regel waren, aber es ist natürlich vor allem das Ideal. Beim griechischen Ideal hat ein kleiner Penis einen Intellektuellen ausgezeichnet. Und zwar im Gegensatz zu den angeblich triebgesteuerten, animalischen Wilden afrikanischer Völker, die mit einem übergroßen Penis dargestellt wurden. Hinzu kommt erstens, dass die Betrachter und auch Betrachterinnen nicht von der Harmonie der Skulptur abgelenkt werden sollten, sowie zweitens der praktische Grund, dass mit wachsender Größe auch die Gefahr zunimmt, dass der steinerne Penis abbricht oder sonst wie zu Schaden kommt.»

Ein Erfolg war die Ausstellung, so Hohsner, vor allem bei Schulklassen, aber auch bei «gediegenen Frauen im höheren Alter».

Während die Betrachtung antiker Statuen bei den meisten Menschen eher Gefühle von Fremdheit auslöst, so wie man sie auch erlebt, wenn man sich die Geschichten um Tutanchamun oder Herodes anhört, kennt die Geschichtsforschung auch Themen, die erschreckend aktuell wirken und bei denen sich offenbar nie etwas Wesentliches ändert. Dr. Christine Schedensack vom Verein für Geschichte und Altertumskunde Westfalens hat sich solch eines Themas angenommen.

Nachbarn im Konflikt[97]

Sie beschäftigte sich in ihrer Untersuchung mit sogenannten Nachbar-Rechtskonflikten im 17. Jahrhundert, beschränkte sich also auf jene, in denen sich die Nachbarn ganz konkret um ihre Immobilien stritten. Wer darf über den Hof des Nachbarn gehen? Darf man am Brunnen Wasser schöpfen? Darf man die Toilette benutzen? Darf man durch eine Sode gehen, einen kleinen schmalen Weg, der zwischen zwei Häusern liegt? Darf man ein Schwein dort hindurchtreiben? Darf ein geöffnetes Fenster auf das Grundstück des Nachbarn reichen?

«Schon damals, in der Zeit um 1650, hatte man in Münster die Möglichkeit, einen Gerichtsprozess anzustrengen, allerdings erst, nachdem man einen sogenannten Schöffentag bemüht hatte. Das schrieb die damalige Polizeiordnung vor, die Gültigkeit für die Stadt Münster hatte. Man musste bei einem Rechtsstreit also zunächst die Schöffen, die Ratsabgeordneten, verständigen. Die kamen dann zum Ort des Geschehens, schauten sich die Gegebenheiten an, befragten Nachbarn oder sonstige Personen in der Umgebung und entschieden, ob und wie man den Streit gleich vor Ort beilegen konnte. Waren die Nachbarn einverstanden mit der Lösung des Konfliktes, dann war Ruhe. Waren sie das nicht, konnten sie einen Zivilprozess anstrengen.»

Konflikte entstanden damals aufgrund der räumlichen Gegebenheiten schnell, denn alles spielte sich auf engstem Raum ab: Die Menschen wohnten dicht an dicht, Haus stand an Haus, dazwischen befanden sich nur kleine Wege, im hinteren Bereich Höfe, wo Schweineställe und auch Toiletten angesiedelt waren. Zudem dienten die Häuser nicht nur zum Wohnen, es wurden auch Handwerk und Gewerbe dort ausgeübt. «Das bot jede Menge Konfliktstoff: Hatte man zum Beispiel einen Gerber zum Nachbarn, bekam man es immer auch mit Tierabfällen zutun, die beim Enthäuten zwangsläufig anfallen. So ist auch der Fall zweier Schwestern verbürgt, die sich über ihren Nachbarn, einen Gerber, beschwerten, dessen Handwerk einen ‹unleidlichen grewlichen stanck› verursache.» Bereits im 17. Jahrhundert gab es Vorschriften für solche Fälle: Wer sich zum Beispiel ein Schwein hielt, was damals viele taten, die es sich leisten konnten, musste bestimmte Regeln beachten, wie der Schweinestall einzurichten sei, und dabei fest definierte Abstände zum Nachbargrundstück einhalten. Wenn man das nicht tat, und sei es auch nur deshalb, weil es auf dem Grundstück nicht möglich war, den Stall in der vorgeschriebenen Art zu versetzen, wurde er vom Richter verboten. «In aller Regel hielten sich Parteien wohl an den Richterspruch. Zumindest geben die Quellen keine Auskunft darüber, dass sich die Streithähne hinterher gegenseitig verletzt, beleidigt oder gar ermordet hätten.»

Ein häufiger Anlass für Nachforschungen in der Geschichte ist bei Hobbyhistorikern die Frage nach der eigenen Herkunft. Wer damit beginnt, sich mit der Vergangenheit seiner dahingeschiedenen Verwandtschaft zu beschäftigen, hofft womöglich, eine irgendwie bedeutende Person in der Familiengeschichte zu entdecken oder einen in Vergessenheit geratenen Familienzweig, der nach Amerika auswanderte. Natürlich würde es auch dem eigenen Ego schmeicheln, behaupten zu dürfen, man entstamme einem Geschlecht, das schon edle Ritter hervorgebracht habe. Nichts von alldem kann der Journalist und Autor Oliver Pötzsch von sich behaupten. Was andere in ihrer Familiengeschichte lieber verschweigen, hat er dennoch zum Thema gleich mehrerer Veröffentlichungen gemacht.[98]

Geh zum Henker – er könnte dir helfen!

Oliver Pötzsch blickt mütterlicherseits auf den Zweig der Familie Kuisl zurück, die vom 16. bis zum 19. Jahrhundert eine der bekanntesten Henkerdynastien Bayerns war. Insgesamt gab es vierzehn Scharfrichter in seiner Familie. Bereits als Jugendlicher stieß er auf das Archiv des Cousins seiner Großmutter, der alles über die Henkersfamilie gesammelt hatte. Eine Erbschuld plagt Pötzsch angesichts der blutigen Familientradition nicht, dafür liegt sie schon zu weit zurück: 1777 kam es zu der letzten Hinrichtung. 1807 starb sein letzter Henkervorfahr. «Dennoch hat meine Großmutter ihre Enkel und auch die Urenkel immer in Kuisls und Nicht-Kuisls eingeteilt, mit einem scharfen Blick, der gut zu einer Henkersfamilie passt.»

Dass eine ganze Henkerdynastie entstand, hängt damit zusammen, dass der Beruf des Henkers als sogenannter unehrlicher Beruf galt, so wie das auch bei Spielleuten, Gauklern oder Huren der Fall war. Wer einen solchen unehrlichen Beruf ausübte, konnte ihn nicht einfach wieder wechseln. Es galt vielmehr: Einmal Henker, immer Henker! Ein Henker konnte also nicht einfach sagen: «Ich kann kein Blut mehr sehen, ich lass das mit der Henkerei, ich werd jetzt Bäcker.» Henker durften, so Pötzsch, auch nicht christlich heiraten, wurden nicht christlich begraben, durften im Wirtshaus nur an einem speziellen Tisch sitzen und mussten außerhalb der Stadt wohnen. Auch eine Henkerstochter konnte nur einen anderen Henkerssohn aus dem Nachbardorf heiraten. Henker waren also stigmatisiert, und da ihnen nichts anderes übrigblieb, als Henker zu sein, wurde der Beruf von dem Vater auf den Sohn weitervererbt – und daraus sind diese ganzen Dynastien entstanden.

Nichtsdestotrotz war das ein Handwerk wie jedes andere. «Es gab sogar eine Meisterprüfung im Henken. In Preußen mussten Henker zudem ein theoretisches Staatsexamen bestehen, worauf man in Bayern aber verzichtete, dort beschränkte man sich auf das Praktische. Wenn der Zimmermann eine Meisterprüfung ablegt, dann muss er wahrscheinlich ein schönes Dach oder ein Möbelstück bauen. Entsprechend musste der Henker jemanden enthaupten, erst dann bekam er den Meisterbrief ausgestellt. Von einem meiner Vorfahren ist solch ein Meisterbrief noch erhalten, und er besagt, dass mein Ahne in Anwesenheit einer großen Menge Volk einen Mann so perfekt geköpft hat, dass er sich ab jetzt Henker nennen und jemanden enthaupten darf. Es war also ein Beruf mit einer Ausbildung wie jeder andere auch. Wohl auch deshalb bin ich bislang nicht auf etwaige Schuldgefühle meiner Vorfahren gestoßen. Es war eine Zeit, in der acht von zehn Kindern in den ersten Jahren starben. Man weiß aus anderen Überlieferungen, dass die Menschen damals noch nicht so viel Mitleid für solche Schicksale empfanden, wie das heute bei uns der Fall ist. Hinrichtungen waren sogar Riesenspektakel mit einer gewissen Jahrmarkt-Atmosphäre.»

Was die Henkersfamilien mehr beschäftigte, betraf eher Dinge, die nur mittelbar mit dem Hinrichten zu tun hatten. So klagte die Frau eines der Vorfahren von Pötzsch zum Beispiel bitter darüber, dass ihr Mann seinen Beruf als Heiler nicht ausüben durfte. Dafür muss man wissen, dass die Henker oftmals auch die Heilkundigen im Dorf waren, zu denen die einfachen Leute gepilgert sind. Der Hintergrund ist einfach zu verstehen: Zunächst einmal war es damals sehr schwierig, am menschlichen Körper zu forschen – im Grunde standen dafür nur die Leichen von Schwerverbrechern oder Selbstmördern zur Verfügung. Die Ärzte hatten oft Probleme, an die Leichen zu kommen, die Henker logischerweise nicht. Der zweite makabre Grund, warum Henker auch Heiler waren, ist, dass sie außerdem für die Folter zuständig waren. «Wenn sie jemanden gefoltert hatten, mussten sie ihn vor der Hinrichtung sozusagen wiederherrichten. Sie wussten daher zum Beispiel ausgezeichnet, wie man Schultergelenke wieder einkugelt, verstanden sich auf Knochenbrüche jeder Art, aber auch auf Heilkräuter usw.»

Gerade die einfachen Leute gingen damals nicht zum Medicus vor Ort, weil sie ihm misstrauten: Das war doch so ein Studierter. Oft konnten sie sich den Gang zum Arzt aber auch einfach finanziell nicht leisten. Stattdessen gingen sie eben zum Bader oder zum Henker. «Einen Großteil ihres Gehalts bestritten die Henker zudem mit dem Verkauf von ‹Medizin› an Apotheken: Geköpften zogen sie die Haut ab, die bei rheumatischen Beschwerden helfen sollte, und das Menschenfett wurde in Cremes verwendet, die bei Gicht Anwendung fanden. Auch mit Devotionalien, also Körperresten der Geköpften, verdienten Henker ihr Geld: Abergläubische legten z. B. eine Hand in den Futtertrog der Tiere, damit sie gut gediehen, und ein abgehackter Daumen im Portemonnaie sollte gegen Diebe schützen.

Als im frühen 19. Jahrhundert vieles zentralisiert wurde, verloren auch die meisten Henker ihre Arbeit und mussten sich nach einem anderen Beruf umschauen. Häufig wechselten sie in den Beruf des Arztes, so wie es in meiner Familie der Fall war, in der sich dann über mehrere Generationen hinweg Ärzte finden. Und so entstamme ich nicht nur einer Henkersdynastie, sondern auch einer Arztfamilie.»

Es ist kein Zufall, dass Henker und andere Personengruppen, die eher am Rande ihrer jeweiligen Gesellschaften standen, mittlerweile immer häufiger im Fokus der geschichtsinteressierten Öffentlichkeit stehen. Sie erleichtern uns das Eintauchen in das Alltagsleben einer vergangenen Zeit eher als jene Persönlichkeiten, deren Taten zwar die Eckdaten der Geschichtsschreibung besetzen, die uns aber gerade wegen ihrer schieren Bedeutung auch fremd bleiben. Der Düsseldorfer Publizist Helge Hesse hat nicht zuletzt deshalb einmal den Versuch unternommen, einen Zugang zur Geschichte über die Hintertreppe vergessener historischer Figuren zu finden. Dass er dafür den Begriff des Helden[99] wählt, ist aus Sicht eines Historikers sicher problematisch, da eine Geschichtsschreibung, die einer Person einen Heldenstatus zuschreibt, die für sie gebotene Objektivität eben schon damit verlässt. Da Hesse diesen Status aber nur Menschen zubilligt, die mit ihren Taten und Werken bis heute mehr von unserer Aufmerksamkeit verdient hätten, kann man darüber sicher auch hinwegsehen.

Vergessene Persönlichkeiten der Weltgeschichte

Ein Beispiel für solch einen «vergessenen Helden» ist der deutsche Soldat Friedrich Lengfeld. Er ist der einzige deutsche Soldat des Zweiten Weltkriegs, dem Alliierte ein Denkmal gesetzt haben. In einer der letzten Schlachten des Zweiten Weltkriegs, der Schlacht im Hürtgenwald bei Aachen – eine ebenfalls fast vergessene Schlacht mit Tausenden von Toten –, hörte Friedrich Lengfeld eines Morgens, wie ein amerikanischer Soldat in einem Minenfeld stundenlang jämmerlich nach Hilfe schrie, weil er dort verletzt lag. Irgendwann hielt es Lengfeld nicht mehr aus und machte sich auf den Weg, um den Soldaten zu retten. Doch er schaffte es nicht und trat selbst auf eine Mine. Diese Geschichte ist über die Jahre vor allem von Alliierten nicht vergessen worden, und so hat man ihm vor einigen Jahren ein Denkmal auf einem Friedhof im Hürtgenwald errichtet.

Als weiteres Beispiel für bis heute vorbildhaftes Verhalten nennt Helge Hesse Harriet Tubman, eine Farbige aus den USA, die Tochter von Sklaven und auch selbst Sklavin war. In der Zeit vor dem Amerikanischen Bürgerkrieg, der auch ein Streit um die Sklavenfrage war, flüchtete Tubman aus der Sklaverei. Sie zog für sich dann jedoch nicht die Sicherheit vor, sondern half anderen Farbigen, sich ebenfalls aus der Sklaverei zu befreien. Dafür ging sie immer wieder auf Schleichwegen, unter größten Gefahren, zurück in die Sklavenstaaten und führte insgesamt mehrere Dutzend Sklaven in die Freiheit. Und dies, obwohl sie selbst eine eher zarte, kleine Person war. Aber sie war unglaublich energisch, trug eine Pistole bei sich, mit der sie auch schon mal Menschen, die während der Flucht aufgeben wollten, zwang durchzuhalten. «Sie hat es tatsächlich geschafft, jeden sicher in die Freiheit zu bringen, sie hat keinen verloren, wie sie später glücklich sagte.»

Woran es liegt, dass solche Figuren trotz ihres interessanten Lebens bzw. ihrer außergewöhnlichen Taten gegenüber den großen Darstellern der Geschichte weitgehend in Vergessenheit gerieten, ahnt Hesse: «Bei den ganz großen Namen spielt natürlich auch immer ihr Gesamtwirken eine Rolle. Da ist immer der große Entwurf dabei. In der Sprache des Films würde man die Figuren aus meinem Buch als Nebendarsteller bezeichnen. Wenn man das Beispiel des Amerikanischen Bürgerkriegs betrachtet, ist aber auch klar, dass sehr viele für die Freiheit der Sklaven gekämpft haben, obwohl man in diesem Zusammenhang meist nur an die großen Weltbeweger erinnert wie in diesem Beispiel dann an Abraham Lincoln. Man vergisst einfach oft diejenigen, die im Alltag gekämpft haben.»

Da es bei der Geschichtsschreibung hauptsächlich um das Verständnis unterschiedlicher Perspektiven aus unterschiedlichen Zeiten geht, verspricht nicht nur der Blick auf Randfiguren der Geschichte Erkenntnisgewinne. Gelegentlich unternehmen Historiker sogar den Versuch, den Perspektivenwechsel so weit zu treiben, dass sie bei einer sehr hypothetischen Frage landen:

Was wäre geschehen, wenn ...?

Der Althistoriker Alexander Demandt stellt ebendiese Frage in seinem Buch «Ungeschehene Geschichte».[100]

«Alle großen Historiker haben sich immer wieder mal solche Fragen gestellt, wenn auch mit schlechtem Gewissen, Leopold von Ranke oder Jacob Burckhardt zum Beispiel, die das zwar nicht ausgesponnen, aber zumindest angedacht haben, sodass der Ansatz im Prinzip legitim ist. Mir ging es darum zu erforschen, welche Kräfte in einer ganz bestimmten Situation, bei einer ganz bestimmten Entscheidung wirksam waren. Wenn man die Hintergründe einer Entscheidung analysiert, kann man sehen, dass jede Situation ein gewisses Potential an Möglichkeiten enthält, von denen in der Regel immer nur eine realisiert wird. Die nicht realisierten Möglichkeiten muss man jedoch in der Vergangenheit und in der jeweiligen Lage verorten können, um sagen zu können, wie die Sache weitergegangen wäre, wenn man sich für sie entschieden hätte. Zum Beispiel bei der Bundestagswahl: Da stehen verschiedene Parteien zur Wahl, und wenn die stärkste nicht gewonnen hätte, hätte wahrscheinlich die zweitstärkste gewonnen. Aber es hat keinen Sinn, irgendwelche neuen Parteien zu erfinden.»

Stimuliert wird dieser Ansatz durch den Zweiten Weltkrieg. Denn natürlich stellt sich die Frage, ob dieser Krieg unvermeidlich war. Durch welche Situation, durch welche andersartigen Entscheidungen hätte er unter Umständen verhindert werden können? Was wäre gewesen, wenn Deutschland den Krieg gewonnen hätte? Und was bedeutet in diesem Fall gewonnen? Wenn die Engländer 1941 oder 1943 Frieden geschlossen hätten mit dem bis dahin erreichten Status quo, dann wären die Folgen andere, als wenn der Krieg bis in die 50er Jahre weitergeführt worden wäre und die Alliierten zusammengebrochen wären. Ein Sieg Deutschlands hätte also letztlich völlig unterschiedlich aussehen können. «Ein langfristiger Erfolg eines faschistischen Europa ist jedoch überhaupt nicht zu erkennen. Alle faschistischen oder pseudofaschistischen Regime in Europa sind früher oder später zusammengebrochen, in Spanien, Italien, Griechenland, der Türkei und auch Polen – überall gab es solche militaristischen, nationalistischen Bewegungen, die sich aber in einer modernen Industriegesellschaft niemals halten konnten.»

Dass eine faschistische Bewegung in Deutschland überhaupt Fuß fassen konnte, ist für Alexander Demandt stark mit der Person Adolf Hitlers verknüpft. Wäre er ein erfolgreicher Maler geworden, wäre die deutsche Geschichte wohl anders verlaufen.

«Der Nationalsozialismus ist ohne Hitler nicht denkbar, wobei natürlich der Erfolg von Hitler weitgehend darauf beruhte, dass es eine Heilssehnsucht im deutschen Volk gegeben hat. Man wollte einen neuen Kaiser oder einen besseren Hindenburg, der, wie man damals sagte, die Ehre und die Größe Deutschlands wiederherstellte, die man 1918 verloren hatte.

Diese Heilssehnsucht hätte daher sicher auch jemand anderen auf den Plan rufen können. Die Disposition war da, aber dass man sie so intensiv, so radikal, ja maximal nutzte, das war an die Person Hitlers gebunden!»

Das Gedankenexperiment der Frage, ob und wie der Nationalsozialismus in Deutschland auch ohne Hitler möglich gewesen wäre, zeigt deutlich die Vorteile einer solch «kontrafaktischen» Historie. Denkt man sich probehalber ein Ereignis oder eine Person aus der Geschichte weg, zwingt das zur Beurteilung, wie wichtig dieses Ereignis oder diese Person für die Geschichte war. Das lässt sich natürlich auch auf religiöse Figuren wie beispielsweise Jesus Christus übertragen und auf die Frage, was anders in unserer Welt wäre, wenn Jesus nicht gekreuzigt worden wäre. Das Christentum hat in den Zeiten seiner Entstehung eine ganze Reihe religiöser Bedürfnisse befriedigt, die auch von anderen Religionen hätten bedient werden können, wie etwa dem Mithraskult sowie von verschiedenen anderen orientalischen Erlösungsreligionen. Außerdem gab es verschiedene philosophische, monotheistische Lösungen, die das Potential hatten, sich anstelle des Christentums durchzusetzen. Das Christentum selbst jedoch wäre, so wie es sich entwickelt hat, ohne Jesus Christus überhaupt nicht denkbar gewesen. «Wahrscheinlich wäre ohne ihn auch der Polytheismus, das heißt der Mehrgötterglaube, lebendig geblieben, und natürlich wären auch eine große Anzahl von Religionskriegen vermieden worden, denn das Christentum ist ja zu einer sehr kriegerischen Religion geworden. Auf der anderen Seite steht die christliche Nächstenliebe, das ganze Armenwesen, die Waisenfürsorge und vor allem auch die christliche Kunst – all das hätten wir nicht. Eher unwahrscheinlich ist, dass wir noch immer irgendwelche Wald- und Wiesengötter anbeten würden. Aber es hätte sicher anstelle der Kathedralen in unseren Städten Tempel gegeben. Große Kultfeste, große Opferhandlungen. Unter Umständen hätte auch der Buddhismus eine Chance gehabt.»

Die Antworten auf solch hypothetische Fragen sind in aller Regel vielfältig und so gut wie nie eindeutig. Das entspricht auch ganz dem Zweck der Übung, denn schließlich will Alexander Demandt zeigen, «dass die Geschichte ein offener Prozess ist, dass sie keine Einbahnstraße ist, so wie das bei Hegel steht, der sagt, dass alles von einer höheren Notwendigkeit durch den Weltgeist stimuliert wäre, sondern dass die Geschichte eine Folge von Entscheidungen darstellt, die von einzelnen verantwortlichen Menschen getroffen werden und die keineswegs unbedingt nötig waren, sondern eben tatsächlich einen Freiraum ausfüllen, der objektiv gegeben war».

11

Der Regent, den niemand versteht – Die Wissenschaft vom Geld

«Aah Geld! Es ist mir ein Hochgenuss, wie ein Seehund hineinzuspringen ... und wie ein Maulwurf darin herumzuwühlen ... und es in die Luft zu schmeißen, dass es mir auf die Glatze prasselt.»

Dagobert Duck (Carl Barks/Erika Fuchs)

Der Homo oeconomicus

Um Geld darf man keine Angst haben, man muss es einfach nur lieben, dann bleibt es auch bei einem. Damit die reichste Ente der Welt, Dagobert Duck, das lernt, lässt ihr Zeichner und Erfinder Carl Barks seine Lieblingsfigur ihren schlimmsten Albtraum durchleben. In «Der arme reiche Mann» («Only A Poor Old Man», Erstveröffentlichung März 1952) will Dagobert sein in einem Speicher gelagertes Geld endgültig und auf alle Zeit vor Ungeziefer wie Ratten, Spinnen und Motten sowie der Bande der «Panzerknacker» in Sicherheit bringen. Unter Bauschutt getarnt, schmuggelt er es heraus und schüttet es in einen See. Als die Panzerknacker bei ihm einbrechen, finden sie nur einen leeren Speicher vor. Doch sie kommen dem alten Knauserer auf die Schliche, als dieser im Stausee seiner alten Leidenschaft frönt und im Geld badet. Der Kampf um sein Geld wird nun zu einer Schlacht um den Stausee. Mit Hilfe von Holzwürmern gelingt es den Panzerknackern, den Stausee zum Bersten und das Geld in ihre Gewalt zu bringen. Alles scheint für

Dagobert verloren zu sein. Doch die Panzerknacker gewähren ihm seine letzte Bitte und lassen ihn noch einmal in dem Geld baden, was natürlich nur eine List von Dagobert ist. Denn er animiert sie damit, es ihm gleichzutun. Als sie kopfüber in die Geld- und Goldmünzen springen, setzt der harte Aufprall die Ganoven außer Gefecht. Wie Dagobert es anstellt, durch seine Münzen regelrecht zu schwimmen, bleibt zwar sein Geheimnis, doch die Pointe steht: Derjenige, der die innigste Beziehung zum Geld hat, behält es am Ende. Es wird dabei auch deutlich, dass Dagobert Duck kein lupenreiner Kapitalist ist. Denn statt sein Geld gegen Zinsen zu verleihen oder es zu investieren, verbuddelt er es lieber in einem Stausee – jedes Sparbuch brächte mehr Rendite. Geld hat für Dagobert keinen wirklichen Tauschwert, es muss sich daher auch nicht unbedingt vermehren. Aus seiner Sicht hat Geld nur eine Funktion: Es stiftet ihm Identität! Am Ende der Geschichte billigt sein Neffe Donald, einmal mehr vom Geiz seines Onkels genervt, genau das seinem Onkel zu: «Du bist nur ein armer, reicher Mann.» Vollkommen glücklich und mit sich im Reinen, springt Dagobert daraufhin erneut in sein Geld.

Wegen dieser Fixierung aufs Geld muss Dagobert nicht nur fälschlicherweise oft als Prototyp des Kapitalisten herhalten, sondern wird gern auch als Prototyp des «Homo oeconomicus» bezeichnet, jener idealtypischen Vorstellung vom Menschen als reinem Wirtschaftswesen, das nur an einem interessiert ist: der Maximierung all dessen, was ihm nutzt. Der Homo oeconomicus handelt nicht, um glücklich zu werden, sondern um aus seinen Handlungen größtmöglichen Gewinn zu erzielen. Da der Homo oeconomicus ein Ideal darstellt, handelt er wie Mr. Spock aus der Science-Fiction-Serie *Raumschiff Enterprise* zugleich stets rein rational. Die hierfür geforderte Rationalität könnte man Dagobert Duck sogar noch zugestehen, denn gemeint ist lediglich eine Vernunft, die sich am Nutzen orientiert. Da für Dagobert der größte

Nutzen darin besteht, sein Geld zu bewahren, ist es in diesem Sinn sogar vernünftig, es vor allen zu verstecken, und sei es in einem See. Als Homo oeconomicus würde Dagobert sein Geld aber vermutlich doch eher in Unternehmen stecken oder es einer Bank für Zinsgeschäfte zur Verfügung stellen.

Über Jahrzehnte hinweg erklärten die Wirtschaftswissenschaften mit diesem Bild des Homo oeconomicus, wie die verschiedensten Märkte funktionieren. Selbst wenn Einzelne sich in diesem Sinne einmal nicht ökonomisch verhalten, die Masse an sich tut es. Die Annahme jedoch, der Mensch handle immer nur, um seinen Nutzen zu steigern, ist mittlerweile durch eine Vielzahl von Forschungen in Frage gestellt. All diese Forschungen haben eines gemeinsam: Sie gehen nicht mehr vom Ideal aus, sondern versuchen, den Menschen so zu sehen, wie er wirklich ist – und ziehen daraus meist erfreuliche Schlüsse.

Fairness rechnet sich

Ein einfaches Spiel mit zwei Personen, das sogenannte Trust Game, zeigt, wie sehr sich Menschen auch bei ökonomischen Entscheidungen von sozialen Belangen beeinflussen lassen: Im Rahmen des Spiels bekommt die erste Person 10 Euro angeboten. Das Geld darf sie aber nur behalten, wenn sie sich mit einer zweiten Person darüber einigt, wie der Betrag zu teilen ist. Lehnt die zweite Person das Angebot ab, bekommt keiner von beiden etwas. Bei Versuchen zeigte sich, dass die zweite Person in aller Regel mindestens ein Angebot von 4 Euro erwartet. Wurde weniger geboten, wurde das als ungerecht empfunden, und beide Parteien gingen leer aus. Der Homo oeconomicus hätte sich aber sogar mit nur 1 Cent zufriedengegeben, schließlich ist das immer noch besser als nichts.

Dass Menschen offenbar nicht nur egoistisch handeln, sondern bei ökonomischen Entscheidungen stark auf Werte achten, die das soziale Gefüge betreffen, zwingt die Ökonomen zum Umdenken. Uwe Jean Heuser, Leiter des Wirtschaftsressorts der Wochenzeitung «Die Zeit», nennt diesen neuen Ansatz der Wirtschaftswissenschaften «Humanomics»[101]. Heuser glaubt, dass es sich auch für Unternehmen, zumindest langfristig, bezahlt macht, den Menschen künftig mehr in ihr ökonomisches Handeln einzubeziehen, da es den Wunsch gibt zu teilen, den Wunsch, fair behandelt zu werden und dann den anderen auch fair zu behandeln. «Diese Motivation spielt in der Wirtschaft eine wachsende Rolle, weil wir in immer mehr Situationen stehen, die auch eine gewisse Art von Kooperation erfordern – innerhalb von Unternehmen, aber auch darüber hinaus. Und da hilft es eben nicht, ein reiner Egoist zu sein, das Kooperative muss hinzukommen. Die Unternehmen wollen etwas von den Menschen, sie wollen, dass diese Menschen selber entscheiden im Sinne des Unternehmens, dass sie mit anderen kooperieren, dass sie Konflikte austragen usw.»

Fairness im Betrieb zu gewährleisten, bekommt in diesem Wirtschaftsbild höchste Priorität. Der Ökonom Ernst Fehr von der Universität Zürich hat in Studien gezeigt, dass Menschen umgekehrt sogar bereit sind, dem Unternehmen zu schaden, wenn sie sich schlecht behandelt fühlen. Diese Bereitschaft bleibt auch dann vorhanden, wenn man ihnen mit Gehaltskürzung oder sogar Kündigung droht. Eine von vielen Konsequenzen daraus ist, die Lohnunterschiede in miteinander arbeitenden Teams möglichst gering zu halten. Fehrs Kollege an der Universität Zürich, Bruno Frey, hat sich viel mit der Frage beschäftigt, was Menschen glücklich macht. Der Faktor Geld wird dabei regelmäßig überschätzt. Viel wichtiger sei das Gefühl, gebraucht zu werden und Anerkennung zu bekommen. Arbeit wandelt sich in diesem Modell von einer notwendigen Last zu etwas, das für unser Wohlbefinden unerlässlich ist, vorausgesetzt, wir werden dabei nicht durch enge Hierarchien in unserer persönlichen Entfaltung stark eingeschränkt. Eine solche Rücksichtnahme auf die Bedürfnisse ihrer Mitarbeiter findet sich bereits heute in einigen Familienunternehmen, so Uwe Jean Heuser. Bis sie sich als Leitbild der Wirtschaft insgesamt durchsetzt, werden aber wohl noch Jahre oder Jahrzehnte vergehen. Aus Unternehmen, die ihre Mitarbeiter menschlicher behandeln als bisher, werden jedoch keine Veranstaltungen um der Barmherzigkeit willen. Die «Humanomics», die Heuser skizziert, werden nur dann nachhaltig sein, «wenn der Unternehmer sich ihnen verpflichtet fühlt, weil sie sich für ihn ökonomisch rentieren. Da ändert sich allerdings die Perspektive, es geht nicht mehr um das nächste Vierteljahr, sondern um langfristige Gewinne und um das langfristige Überleben des Unternehmens.» Der Unternehmer wird also beispielsweise die Geschwindigkeit am Fließband nicht einfach erhöhen können, weil er glücklichere Arbeiter hat. Mit einem zufriedenen Mitarbeiter ist er aber imstande, die Arbeit so zu optimieren, dass die Produktivität selbst langfristig ausreicht, um auf den Märkten zu bestehen.

Auch der Wirtschafts-Nobelpreisträger Daniel Kahneman hält die Auffassung, dass großer Reichtum zugleich großes Lebensglück bedeute, für eine Illusion.

Geld macht glücklich – aber nur verhältnismäßig

Mit seinem Kollegen Daniel Gilbert analysierte Kahneman große Datenmengen aus verschiedenen Ländern. Sie begannen mit Daten aus Japan, dort hatte sich das Pro-Kopf-Einkommen in den letzten Jahrzehnten verfünffacht. Die Menschen wurden in dieser Zeit aber nicht im gleichen Maße glücklicher, sondern sind so glücklich wie zu Beginn dieses wirtschaftlichen Aufstiegs. Nun hätte es sein können, dass das gleichbleibende Glücksniveau trotz gewachsenen wirtschaftlichen Wohlstands ein speziell japanisches Phänomen ist, verursacht zum Beispiel durch die dort eigene Kultur oder dadurch, dass Japan eine relativ kleine Insel mit besonders hoher Besiedlung ist und die Industrialisierung starke soziale Veränderungen hervorrief. Deshalb bezogen Kahneman und Gilbert Daten aus weiteren Ländern in ihre Studie mit ein, darunter natürlich auch aus den USA. Dort befragten sie unter anderem Arbeiter und Angestellte alle 25 Minuten, wie glücklich sie gerade im Moment sind. Es stellte sich heraus, dass die Menschen zwar ein ganz kleines bisschen glücklicher waren, wenn das Haushaltseinkommen etwas stieg, aber es war gar nicht so viel. Auf deutsche Verhältnisse umgerechnet betrug das monatliche Familieneinkommen ca. 3500 bis 4000 Euro pro Monat. Unter- und oberhalb dieses Einkommens waren alle Menschen gleich glücklich.

In den Jahren 2008 und 2009 ging Daniel Kahneman, diesmal zusammen mit seinem Kollegen Angus Deaton, erneut der Frage nach dem Verhältnis zwischen Einkommen und Glück nach.[102] Diesmal befragte er insgesamt 450 000 Amerikaner nach ihrem Einkommen und wie glücklich sie sich am Vortag gefühlt hatten. Mit jedem mehr verdienten Dollar fühlten sich die Befragten besser, allerdings nur bis zur Einkommensgrenze von 75 000 Dollar, was ungefähr 60 000 Euro entspricht. Ab diesem Jahresnettoeinkommen lässt sich die Lebensqualität durch Geld allein nicht mehr steigern. Die Studie zeigte zugleich, dass Menschen unterhalb dieser Einkommensgrenze mit jedem Dollar weniger unzufriedener sind und sich zugleich stärker gestresst zeigen durch emotionale Unglücke wie Scheidungen, Unfälle oder Krankheiten. All das wird besser verkraftet, wenn das Einkommen ungefähr bei 60 000 Euro liegt. In der Studie, die Kahneman mit Gilbert durchführte, sah man sich auf der Suche nach den Gründen der Zufriedenheit, die mit dieser Einkommensgrenze zusammenhängen können, die Tagespläne der Befragten an und kam auf Folgendes: «Die Menschen, die ein bisschen mehr Geld haben, können zwar ihren Nachbarn neidisch machen, und das ist offenbar wichtig. Denn Menschen mögen es anscheinend, wenn andere Menschen auf sie neidisch sind. Aber was sie sich dadurch einhandeln, ist, dass sie ihre soziale Position aufrechterhalten müssen. Statt einer 40-Stunden-Woche haben sie auf einmal eine 60-Stunden-Woche. Außerdem müssen sie, wenn sie zu Hause sind und das Bild von einer heilen Familie aufrechterhalten wollen, umso mehr Geld investieren, damit die Familie möglichst heil erscheint. Sie müssen mehr einkaufen gehen, sich mehr um die Kinder kümmern, um nach außen das Sozialprestige aufrechtzuerhalten. Und weil sie so leistungsbezogen leben, brauchen sie ein bisschen Ausgleich, rennen ins Fitness-Studio und jagen von einem Event zum nächsten. Unter dem Strich sind diese Leute trotz höheren Einkommens nicht glücklicher – weil sie viel gestresster sind.»

Daniel Gilbert bringt dieses Ergebnis auf die griffige Formel: «Der erste Dollar kauft dir ein Stück vom Glück. Und jeder weitere kauft dir ein Stück weniger.»[103]

Geld macht süchtig

Wie es kommt, dass dennoch so viele Menschen eher dem großen Geld hinterherjagen, als danach zu streben, glücklich und zufrieden zu leben, versucht die Wirtschaftswissenschaft mittlerweile durch einen Blick in unsere Gehirne zu erfassen. In der sogenannten Neuroökonomie werden Menschen vor ökonomische Aufgaben gestellt, während sie gleichzeitig an einen Magnetresonanztomographen (MRT) angeschlossen sind, der Auskunft darüber gibt, welche Gehirnregionen beim Lösen dieser Aufgaben aktiv sind. Beim oben erwähnten Spiel, dem «Trust Game», lässt sich zum Beispiel eine Aktivierung des «Nucleus accumbens» bei der zweiten Person feststellen, wenn sie ein Angebot ablehnt, das ihr nicht fair erscheint (weil ihr z. B. nur zwei oder drei Euro angeboten wurden, sie aber mindestens vier Euro erwarten würde). Die zweite Person weiß, dass nun auch die erste Person kein Geld erhält. Dass der «Nucleus accumbens» dabei aktiv wird, weist gewissermaßen auf unsere dunklen Seiten hin. Denn es handelt sich um das Belohnungszentrum, das unter anderem auch dafür verantwortlich ist, dass wir Spaß an Drogen und Sex haben. Der «Nucleus accumbens» ist Teil des mesolimbischen Systems. Dort werden emotionale Lernprozesse gesteuert. In Versuchen mit Affen konnte man zeigen, dass diese Gehirnregion zudem für Konditionierungen sorgt. Wenn Affen für das Drücken eines Knopfes mit Kirschsaft belohnt werden, drücken sie den Knopf später selbst dann, wenn es keinen Kirschsaft mehr gibt, sie sind darauf konditioniert: Das Drücken des Knopfes allein verschafft ihnen nun ein gutes Gefühl. Diese emotionale Konditionierung bildet sich in der Regel erst durch Wiederholungen aus. Für unseren Alltag sind sie von essentieller Bedeutung, da sie uns rasch ein Gefühl geben, wie wir auf bestimmte Menschen oder Situationen reagieren sollten. Der Neurobiologe Prof. Dr. Gerhard Roth bezeichnet die emotionale Konditionierung als die «im Prinzip vernünftigste Art, Entscheidungen zu treffen und Verhalten zu steuern».[104] Im Volksmund würde man die emotionale Konditionierung wohl am ehesten noch als «Bauchgefühl» bezeichnen. Wie viel dieses Bauchgefühl auch und gerade im ökonomischen Bereich zu leisten vermag, zeigt eines der Lieblingsexperimente von Mark Benecke:

«Bei einem Börsenwettbewerb trat die Schauspielerin Michaela Schaffrath, die vor ihrer Karriere als Schauspielerin als Pornodarstellerin Gina Wild bekannt wurde, gegen Wolf Drees von der 60 Milliarden Euro schweren Firma Union Investment sowie gegen ein Kamel namens Laila an. Drees wählte seine Aktien ‹durch analytische Kenntnis›, Frau Schaffrath ‹aus dem Bauch raus› und Laila durch die Verzehrreihenfolge von auf Aktienstapel gelegten Brötchen. Nach drei Monaten Laufzeit lag der Wert der Aktien von Wolf Drees auf Platz drei und damit hinter den Paketen des Kamels sowie der strahlenden Siegerin Michaela Schaffrath.»

Mitunter lassen sich ökonomische Entscheidungen sogar beeinflussen, indem durch Hormongabe bestimmte neuronale Prozesse ausgelöst werden. Der New Yorker Forscher Paul Glimcher, der als der Begründer der Neuroökonomie gilt, verabreichte Probanden das Hormon Oxytocin, das leicht über die Nasenschleimhaut aufgenommen werden kann und von dort aus rasch ins Gehirn gelangt. In Glimchers Versuch gab es jeweils einen Sponsor und einen, der vom Sponsor Geld haben wollte. Glimcher wählte diesen Versuchsaufbau, weil das Hormon Oxytocin dafür bekannt ist, dass es bei Mensch und Tier die Bindungen stärkt. Tatsächlich erwiesen sich die Sponsoren in Glimchers Versuch viel offener gegenüber den Wünschen ihres Gegenübers, wenn sie zuvor ein Nasenspray mit Oxytocin erhalten hatten. Die Kontrollgruppe, die lediglich ein Placebospray erhielt, war längst nicht so vertrauensselig. Wurde dagegen mit einem Computer verhandelt, zeigte auch Oxytocin keine Wirkung.

Großzügigkeit wird aber offenbar nicht allein durch neuronale Prozesse ausgelöst. Neuere Forschungen weisen darauf hin, dass auch Gene darüber entscheiden, ob jemand mit Spendierhosen durchs Leben läuft oder eher nach dem Motto lebt: «Spare jetzt, dann hast du immer Not».

Das Kommunismus-Gen

Aus Sicht der Evolution erscheint Altruismus, also uneigennütziges Handeln im Dienste anderer, zumindest auf den ersten Blick wenig sinnvoll. Für die Weitergabe der eigenen Gene müsste eigentlich ein rücksichtsloses Vorgehen gegen alle, die nicht mit einem verwandt sind, das beste Mittel sein. Doch ganz zweifellos gibt es Altruismus, er hat sich über die Jahrtausende als ein Mittel erwiesen, sich gut seiner Umwelt anzupassen. Nicht nur Menschen können sich altruistisch verhalten, sondern auch Tiere. So adoptieren Schimpansen mitunter Nachwuchs, mit dem sie selbst nicht verwandt sind. Letztlich steckt hinter altruistischem Verhalten, zumindest aus biologischer Sicht, jedoch auch nur Eigennutz. Die gute Tat will irgendwann erwidert werden, irgendein Vorteil muss für den altruistisch Handelnden herausspringen. Die Schimpansen etwa halten durch die Adoption des Nachwuchses die genetische Vielfalt in ihrer Sippe hoch. Aus Studien weiß man, dass an solchen Vorgängen das Gen AVPR1 a beteiligt ist, da es die Rezeptoren des Hormons Vasopressin produziert, das ähnlich wie Oxytocin soziale Verbindungen fördert.[105] Eine Forschergruppe um den israelischen Wissenschaftler Ariel Knafo unterzog 200 Studenten zunächst einem Gentest und ließ sie anschließend gegeneinander spielen. Die Probanden wurde in zwei Gruppen aufgeteilt: Ähnlich wie in dem bereits erwähnten «Trust Game» erhielt die erste Gruppe 50 israelische Schekel, was umgerechnet knapp 10 Euro entspricht. Diesmal stand es dieser Gruppe aber gänzlich frei, ob sie ihr Geld mit einem oder mehreren, ihnen zudem auch noch unbekannten, Empfänger bzw. Empfängern aus der zweiten Gruppe teilen wollten oder nicht. Rund 18 % der Studenten behielten die komplette Summe, ein Drittel gab ungefähr 5 Euro ab, und 6 % gingen so weit, fast ihren ganzen Gewinn an andere weiterzugeben. Diese unterschiedliche Großzügigkeit korrespondierte mit einer unterschiedlichen Länge des Gens AVPR1 a. Die 18 %, die sich besonders selbstsüchtig verhielten, hatten die kürzeste Version des AVPR1-a-Gens. Wie die Länge des Gens die Vasopressin-Rezeptoren steuert, ist aber noch unklar.

Langfinger sind erfolgreicher

Nicht nur die Großzügigkeit wird durch körperliche Prozesse gesteuert, sondern auch die Risikobereitschaft von Börsianern. John Coates konnte gemeinsam mit seinem Kollegen Joe Herbert von der Universität Cambridge zeigen, dass erfolgreiche Börsen-Trader vor allem über eins verfügen: den richtigen Hormoncocktail.[106] Sie fanden siebzehn Händler an der Börse von London, die bereit waren, ihnen acht Tage lang jeweils morgens und abends eine Speichelprobe zu geben. Diese wurde auf die Hormone Testosteron und Cortisol untersucht. Gleichzeitig sahen sich die Forscher an, welcher Händler besonders gut verdiente. Das war immer dann der Fall, wenn der Testosteronspiegel morgens hoch war. Testosteron, so glauben die Forscher, erhöht unter anderem die Risikobereitschaft von Männern. Umgekehrt war es aber nicht so, dass ein hoher Cortisolwert am Morgen bedeutete, dass der Händler an diesem Tag schlechte Geschäfte machte. Das Cortisol stieg allerdings immer an, wenn es Stress gab, ausgelöst etwa durch häufige Kursschwankungen.

Da das Testosteron offenkundig eine Rolle beim Erfolg an der Börse spielt, vermaß John Coates in einer zweiten Studie die Ringfinger von Börsianern.[107] Denn bereits früher hatte der britische Anthropologe John Manning entdeckt, dass Männer mit einem besonders langen Ringfinger über besonders viel Testosteron verfügen. Die wissenschaftliche Formel für dieses Phänomen wird 2D:4D genannt, wobei das «D» für «digit», also das englische Wort für «Finger», steht. Die Formel verweist auf das Längenverhältnis des zweiten Fingers der Hand, des Zeigefingers, zum vierten Finger, dem Ringfinger. In Tests mit Sportlern waren immer die Männer besser, deren Ringfinger im Verhältnis zum Zeigefinger besonders lang war. John Coates fand für seine zweite Studie insgesamt 49 männliche Börsenhändler, deren Hände er in einen Scanner legen ließ, um sie anschließend zu vermessen. Diesmal verfolgte er Erfolg und Misserfolg der Händler über 20 Monate. Wie erwartet, schnitten die Besitzer besonders langer Ringfinger besser ab als ihre in dieser Hinsicht zu kurz gekommenen Kollegen. Außerdem blieben Männer mit hohem Testosteronspiegel auch länger in dem psychisch und körperlich anstrengenden Job, der stets hohe Aufmerksamkeit und rasche Entscheidungen fordert. Banken sollten bei der Auswahl ihrer männlichen Börsenhändler künftig daher nicht nur deren Ausbildung berücksichtigen, so die Forscher, sondern sich auch sehr genau die Hände der Bewerber ansehen.

Prominente Chefs schaden

Einen Tipp, wie auch Börsenhändler mit kürzeren Ringfingern, zumindest teilweise, erfolgreich sein können, hat Ulrike Malmendier, Professorin für Verhaltensökonomik der Berkeley-Universität in Kalifornien. Sie konnte in einer Studie, die sie mit ihrem Kollegen Geoffrey Tate durchführte, nachweisen, dass besonders erfolgreiche Manager an Selbstüberschätzung leiden und dadurch systematisch Fehlentscheidungen treffen:

«Wenn man Magazine wie ‹Business Week›, das dem deutschen ‹Manager Magazin› entspricht, über Jahre verfolgt, erkennt man irgendwann, dass ein Manager, der im einen Jahr noch als Manager des Jahres mit strahlendem Lächeln auf dem Titelblatt zu sehen war, häufig ein paar Jahre später in einer Skandalzeitung auftaucht, dann aber nicht mehr so strahlend und in Handschellen.»

Die Ökonomen fragten sich daher, ob dahinter vielleicht eine systematische Kehrtwende stecken könnte. Und tatsächlich ist das häufig der Fall. «Sicherlich ist es zunächst einmal so, dass Prominenz für die Firma genutzt werden kann: Die Firma ist dann in aller Munde, es wird in der Zeitung über die Firma berichtet. So weit, so gut. Der Ruhm an sich bedeutet überhaupt nichts Schlechtes. Ein Aktionär muss in solchen Fällen dennoch vorsichtig sein, denn es kommt sehr darauf an, was der Manager von nun an anstellt. Kümmert er sich nach wie vor um die Firma, oder fängt er an, sich mehr außerhalb der Firma auf Events zu zeigen, sich in verschiedenen Aufsichtsräten usw. einzusetzen, statt auf das etwas langweiligere Kerngeschäft der Firma zu schauen?»

Besondere Warnzeichen für fortan fallende Kurse sind laut Malmendier, wenn der im Business-Deutsch «CEO» genannte Vorstandsvorsitzende, der «Chief Executive Officer», damit beginnt, noch während seiner Amtszeit Bücher zu schreiben. Ebenfalls alarmiert dürfen Aktionäre sein, wenn sie davon erfahren, dass der CEO sein Golf-Handicap verbessert hat. Ein Grund für fallende Aktienkurse nach Ehrungen und Auszeichnungen für Manager ist allerdings vom Verhalten der Manager nahezu unabhängig. Schließlich erhalten sie ihre Auszeichnung meist in einem Jahr, in dem der Aktienkurs ihrer Firma besonders hoch war und sich oft schon allein aus zyklischen Gründen nicht auf diesem hohen Niveau halten lässt.

Die negativen Folgen der Prominenz von CEOs können stets dann vermieden werden, «wenn durch gute Aufsichtsgremien negative Auswüchse vermieden werden. In einem gut gesteuerten Unternehmen treten die negativen Effekte der Prominenz nicht auf. Man kann beides haben, den Preis und die Aufmerksamkeit in den Medien und trotzdem weiterhin eine gute Performance, wenn man nur ein tüchtiges Kontrollorgan hat.»

Belohnung macht faul

Dass Belohnungen nicht immer nur förderlich sind, fanden auch die Psychologen Felix Warneken und Michael Tomasello vom Leipziger Max-Planck-Institut für evolutionäre Anthropologie in Studien mit Kindern heraus. Belohnungen, so die Forscher, zerstören den natürlichen Altruismus der Kinder, die per se motiviert sind zu helfen.[108] Werden sie belohnt, schwächt das diesen Drang. Warneken und Thomasello luden für ihren Versuch insgesamt 48 Kleinkinder ein, die im Schnitt etwa zwanzig Monate alt waren. Die Kinder wurden mit jeweils einem Elternteil in einen Raum geführt, in dem sie etwas zum Spielen fanden. In einer Ecke des Raums saß an einem Tisch eine weitere Person, die zunächst weder auf das Kind noch das Elternteil einging und offenbar mit etwas beschäftigt war, das ihre volle Aufmerksamkeit erforderte. Gelegentlich ließ diese Person nun aber einen Gegenstand vom Tisch fallen, einen Kugelschreiber zum Beispiel. Die Person am Tisch tat so, als würde sie nach diesem Gegenstand greifen wollen, ihn aber ohne Hilfe nicht zu fassen bekommen. Sie sah daher die Kinder für 30 Sekunden mit einem hilfesuchenden Blick an. Einige Kinder waren nicht bereit zu helfen, weil sie sich nicht zu weit von ihrem Elternteil entfernen wollten. Aber immerhin 36 Kinder halfen der Person am Tisch, und das nicht nur einmal, sondern mehrfach. Diese 36 sehr verlässlichen kleinen Helfer teilte man nun in drei Gruppen auf: Die erste wurde mit einem Gegenstand fürs Helfen belohnt, der zweiten wurde verbal gedankt, und die dritte bekam nichts. Da die 36 Kinder schon vorher gezeigt hatten, dass sie sehr verlässliche Helfer waren, gab man ihnen nun ein neues, für sie tolles Spielzeug, das ihre Bereitschaft, weiterhin zu helfen, womöglich einschränkte, da sie ja nun buchstäblich Besseres zu tun hatten. Doch weiterhin war die Mehrheit der Kinder sehr hilfsbereit. Zum Erstaunen der Forscher war es aber so, dass die Kinder, die überhaupt kein Geschenk erhielten, weiterhin die verlässlichsten Helfer waren. Ihnen folgten dicht diejenigen Kinder, denen zumindest gedankt wurde. Die Kinder dagegen, die eine Belohnung erhalten hatten, waren nur noch zu knapp der Hälfte bereit, von ihrem neuen Spielzeug abzulassen, um der Person am Tisch zu helfen. Zu ähnlichen Ergebnissen kam auch der Psychologe Edward Deci von der University of Rochester bereits in den 70er Jahren. Wenn ein Kind von sich aus motiviert ist, etwas zu tun, so Deci, dann wirken Belohnungen auf die Motivation eher destruktiv. Puzzelt ein Kind zum Beispiel gern, wird es das Puzzle ohne Belohnung eher zu Ende führen, als wenn es die Aussicht hat, dadurch etwas zu bekommen. Die Motivationsforschung geht daher davon aus, dass eine solche «intrinsische», von innen kommende, Motivation stets stärker ist als die «extrinsische» Motivation, die von äußeren Reizen wie Geld oder Geschenken lebt. Werden die intrinsischen Motive für das eigene Handeln durch äußere Motive ersetzt, spricht die Forschung von einem Korrumpierungseffekt. Die Belohnung sorgt dafür, dass der Handelnde sich seiner eigenen Motivation nicht mehr gewiss sein kann. Handelt er noch aus sich heraus, weil es ihm zum Beispiel einfach Vergnügen bereitet, ein Rätsel zu lösen, oder handelt er nur, um sich die Belohnung abzuholen? Die Belohnung korrumpiert also das eigene Bewertungssystem und kann dazu führen, dass die eigene Kreativität und Leistungsfähigkeit nachlassen. Belohnungen müssen allerdings nicht zwangsläufig dazu führen, dass die intrinsische Motivation sinkt, wie Edward Deci mit Kollegen in einer Metastudie zum Thema feststellte.[109] Sie fanden auch Studien, die zeigten, dass die Motivation trotz Belohnung erhalten blieb. Schulen, Arbeitgeber und andere Institutionen, die auf Belohnungen zur Motivation setzen, sollten jedoch immer bedenken, dass extrinsische Motivierungen durch Geld oder Geschenke immer Gefahr laufen, ein negatives Gefühl von Fremdbestimmung hervorzurufen, während bei der Förderung von intrinsischer Motivierung das positive Gefühl von Selbstbestimmung gestärkt wird.

Geld muss fließen

Kurioserweise lässt sich die psychologische Erkenntnis, dass man Belohnungen gelegentlich aussetzen muss, um Leistungen zu fördern, auch auf den Kreislauf des Geldes in der Volkswirtschaft übertragen – wenn auch nur im Sinne einer Analogie. Der Volkswirtschaftler Bernd Senf, Professor an der Fachhochschule für Wirtschaft in Berlin, plädiert dafür, die Geldflüsse in unserer Wirtschaft künftig anders zu organisieren.[110] Bislang sorgt vor allem das Zinssystem dafür, dass Menschen, die Geld haben, nicht wie Dagobert Duck darauf sitzen bleiben und es vergraben, sondern es anderen zur Verfügung stellen. Belohnt wird der Geldgeber für diese Bereitschaft, sein Geld anderen zu verleihen, durch einen Zins; er erhält später also mehr Geld zurück, als er verliehen hat. So schön dieses Belohnungssystem für den Einzelnen ist, wird es in der Summe doch zum Problem, denn «gesamtwirtschaftlich trägt der Zins auf Geldanlagen dazu bei, dass sich die Geldvermögen stetig vergrößern. Wenn die Zinserträge immer wieder auf die Geldanlage gepackt werden, ergibt sich das, was man Zinseszins nennt. Das ist eine Dynamik des sogenannten exponentiellen Wachstums. In den ersten Jahren verläuft sie relativ unauffällig, sogar noch in den ersten Jahrzehnten nach dem Neustart eines Geldsystems, aber der Prozess beschleunigt sich immer mehr. Im Laufe von vier, fünf oder sechs Jahrzehnten erhält man eine Dynamik, die auf Dauer zwangsläufig zur krisenhaften Entladung führen muss.»

Das Problem zeigte sich sehr deutlich in der Immobilienkrise in den USA, die letztlich zur Bankenkrise 2007/2008 führte. Die Schuldner konnten ihre Zinsen nicht mehr bezahlen. Für Bernd Senf ist das nur die glanzlose Seite der goldenen Medaille ständiger Zinsgewinne:

«Würden nur die Geldvermögen anwachsen, wäre das für die Geldanleger eine feine Sache, aber sie können ja nur anwachsen, wenn dem im Gesamtsystem irgendwo anders Schulden und Verschuldung gegenüberstehen. Mit exponentiell wachsendem Geldvermögen müssen auch die Schulden exponentiell wachsen, und die müssen jährlich bedient werden mit Zinsen, sodass auch die jährlich aufzubringenden Zinslasten exponentiell – also im beschleunigten Maße – wachsen müssen. Das ginge auf Dauer nur, wenn auch das Sozialprodukt innerhalb der Realwirtschaft entsprechend mitwachsen würde, und das ist ein Ding der Unmöglichkeit.»

Als Alternative zum Zinssystem nennt Bernd Senf eine sogenannte Umlaufsicherungsgebühr, die der aus Belgien stammende Ökonom Silvio Gesell am Anfang des 20. Jahrhunderts anregte. Sie sollte auf dasjenige Geld erhoben werden, das dem realwirtschaftlichen Kreislauf entzogen wird. «Wer Geld übrig hat und dieser Gebühr ausweichen will, würde das Geld dann auch ohne einen geforderten Mindestzins in den Kreislauf, also an das Bankensystem, geben. Die Banken müssten dem Geldanleger in diesem Fall keinen Zins zahlen und könnten dann ihrerseits bei der Kreditvergabe die Kreditzinsen deutlich senken. Es geht dabei nicht darum, dass die Banken karitative Einrichtungen werden. Indem Produktion und Investition ohne Unterbrechung und ohne Einbrüche fortgesetzt werden könnten, würde sich das Realkapital, z. B. in Form von Fabriken und Mietshäusern, weiter erhöhen.» Das dadurch wachsende Angebot an Waren bzw. an Wohnungen würde auf die Preise und auf die Rendite dieser Kapitalanlagen drücken, und entsprechend würden weitere Kredite nur noch nachgefragt, wenn sie billiger würden. Die Geldkapitalbesitzer, die aufgrund der Umlaufsicherungsgebühr ihr Geld nicht mehr beliebig zurückhalten könnten, müssten sich dann wohl oder übel auf sinkende Zinsen einlassen. «Auf diese Weise würde der Zinssatz auf Geldanlagen langfristig immer weiter absinken und sich schließlich gegen null bewegen. Dennoch würde die Umlaufsicherungsgebühr dafür sorgen, dass überflüssiges Geld auf den Kapitalmarkt fließt und der Wirtschaftskreislauf geschlossen bleibt. Mit dem allmählichen Absinken des Zinses würden auch dessen problematische Folgen mehr und mehr abgebaut, und die Wirtschaft könnte sich in Richtung einer weitgehend störungsfreien Selbstregulierung entwickeln.»

12

Das Genie in uns – Die Erforschung unseres Gehirns

Sie wünschen sich, bewundert zu werden, beneidet, verehrt, gar in den Himmel gelobt? Dann werden Sie doch einfach ein Genie!

Was unglaublich klingt, ist gar nicht so abwegig, wie man denkt: Die jüngere Wissenschaft lehrt uns, dass jeder prinzipiell ein Genie werden, zumindest aber geniale Fähigkeiten erwerben kann. Ob das wirklich erstrebenswert ist, steht freilich auf einem anderen Blatt, schließlich bezahlt das Genie nach landläufiger Meinung seine außerordentlichen Talente mit ausgeprägten Schrullen, wenn nicht sogar mit pathologischen Macken: Van Gogh schnitt sich selbst ein Ohr ab, Mozart schaffte es weder, still auf einem Stuhl sitzen zu bleiben, noch, sich in Gesprächen Anzüglichkeiten zu verkneifen; und Fontane urteilte über seinen Schriftstellerkollegen August Strindberg: «Ein furchtbarer Mann, dieser Strindberg, aber doch von einem so großen Talent, dass man in seinem Unmut, Ärger und Ekel immer wieder erschüttert wird.»

Die Idee, dass Genie und Wahnsinn zwei Seiten derselben Medaille seien, gab es schon in der Antike. In Platons «Phaidros» heißt es: «Wer aber ohne den Wahnsinn der Musen sich den Pforten der Dichtkunst naht, in der Überzeugung, schon durch gute Technik ein fähiger Dichter zu werden, der bleibt selbst erfolglos, und die Dichtung des Vernünftlers verschwindet vor der Dichtung der in Wahn Verzückten ins Nichts.»

1864 feierte der italienische Psychiater Cesare Lombroso einen Welterfolg mit seinem Buch «Genio e Follia» (dt. «Genie und Irrsinn»). Lombroso glaubte, dass sich Genies während ihrer schöpferischen Phasen in einem permanenten Zustand der Ekstase befänden, der dem von Verrückten nahekomme. Ähnliches attestierte Lombroso auch Verbrechern, wodurch er das Thema Genie und Wahnsinn mit einer bis heute für die Populärkultur reizvollen Note würzte: dem zum Verbrechen geborenen, wahnsinnigen Genie. 1888 erschien eine Neuauflage von «Genio e Follia», nun unter dem Titel «L'Uomo di genio» (dt. «Der geniale Mensch»), was eine Anspielung auf Lombrosos 1876 veröffentlichtes Hauptwerk «L'Uomo delinquente» (dt. «Der geborene Verbrecher») war. Letzterem verdankt Lombroso übrigens den lexikalischen Eintrag als «Begründer der Kriminologie».

Lombrosos Idee vom angeborenen Wahnsinn, der zu außergewöhnlichen Taten befähigt, passte gut in die Romantik mit ihrer Verehrung der Natur, deren Größe und Gewalt der Mensch lediglich staunend gegenüberstehen konnte. Wer staunt, hinterfragt nicht, und so kostete es Lombroso auch keine besondere Mühe, seine Zeitgenossen davon zu überzeugen, dass es überhaupt so etwas wie Genies gibt.

Heutzutage tut man sich eher schwer mit dem Begriff; Forscher sprechen lieber von Hochbegabung, in speziellen Fällen auch von Menschen mit Inselbegabungen. Oder sie verweisen angesichts außergewöhnlicher Fähigkeiten ganz einfach auf das Wunder, das sich zwischen unser aller Ohren befindet: das Gehirn.

Das Genie sitzt zwischen unseren Ohren

Dass uns die Welt überhaupt bunt und vielfältig erscheint, ist vermutlich allein das Verdienst unserer grauen Zellen. Das ist zumindest die erkenntnistheoretische Position vieler Neurologen. Die wissen zwar noch immer nicht, wie unser Gehirn es genau anstellt, dass wir uns in der Welt zurechtfinden, haben aber doch wenigstens Hinweise darauf, wie diese geniale Schöpfung der Evolution arbeitet.

So gilt es mittlerweile als ein Gemeinplatz unter Neurowissenschaftlern, dass alles, was in unserem Bewusstsein vorgeht, alles, was unsere Persönlichkeit prägt, vom Gehirn «gemacht» wird. Ernst Pöppel, Professor für Medizinische Psychologie an der Ludwig-Maximilians-Universität in München, geht sogar so weit zu behaupten, dass wir uns eine Wirklichkeit schaffen, die gar nicht unbedingt der Realität entspricht. Unsere subjektive Wahrnehmung der Welt muss also nicht in allen Belangen mit den objektiven Daten der Realität zusammenpassen. Für den einen ist eine auf dem Weg gefundene 1-Cent-Münze ein Glücksbringer, für den anderen nur etwas, für das es sich nicht lohnt, sich zu bücken. «Wir schaffen einen ‹Rahmen›, damit wir mit uns selbst zurechtkommen», fasst Ernst Pöppel das zusammen.

Diesen Rahmen muss man sich als ein breites Netz von Wissenssystemen vorstellen, auf die wir zurückgreifen, um uns in Raum und Zeit orientieren und mit anderen interagieren zu können. Wenn wir z. B. ein Restaurant betreten, erwarten wir Stühle und Tische, an die wir uns setzen können, um dort etwas zu verzehren. Der Rahmen sorgt dafür, dass wir alle implizit wissen, dass wir uns im Restaurant anders verhalten müssen als in der vergleichbaren Situation zu Hause am Küchentisch. Die Kultur, in der wir uns befinden, bietet zudem für einen solchen Anlass eine Vielzahl von Traditionen und Benimmregeln. Der Rahmen ändert sich auch, wenn wir mit Japanern oder Chinesen statt mit Deutschen an einem Restauranttisch sitzen. Das Gleiche gilt, wenn wir statt mit gleichaltrigen Freunden mit Eltern essen. Denn ein wesentlicher Teil des Rahmens ist das, was wir als unser «Ich» bezeichnen. Dieses «Ich», unsere Persönlichkeit, konstruieren wir auf der Grundlage der Bilder, die wir in unserem Gedächtnis tragen. Das ist für jeden leicht nachvollziehbar; wir alle haben Bilder aus unserer Vergangenheit im Gedächtnis. Häufig sehen wir uns selbst in diesen Erinnerungen, was physikalisch eigentlich unmöglich ist – schließlich haben wir diese Bilder sozusagen selbst «geschossen». In unseren Erinnerungen werden wir zu unserem eigenen Doppelgänger. Wir konstruieren uns selbst, damit wir auf uns selbst Bezug nehmen können. Die Abfolge dieser Bilder ist unsere Lebensgeschichte.

Bewusst erschaffen wir unsere Persönlichkeit, so Ernst Pöppel weiter, übrigens nicht. Wir entscheiden nicht, unser Ich solle so oder so sein, sondern greifen unbewusst auf ein intuitives, implizites Wissensgedächtnis zurück und konstruieren bzw. rekonstruieren uns lediglich so, dass es für uns «stimmig» ist.

Vor diesem Hintergrund wird auch deutlich, warum wir uns von anderen häufig nicht verstanden fühlen und das Bild, das wir von uns selbst haben, oft nicht mit dem übereinstimmt, wie andere uns sehen.

Ernst Pöppel: «Ich bin in jeder Situation ein anderer! Es ist wahnsinnig schwierig, immer den Rahmen zu finden, in dem man sich mit sich selbst wohl fühlt. Manchmal geht das ja auch schief; dann hat man das Gefühl, neben sich zu stehen. Ich bin immer anders, als andere mich sehen. Das ist auch die große Schwierigkeit für die Kommunikation: Andere können mich deshalb gar nicht verstehen. Es gibt so etwas wie den ‹Terror des Verstehens›.» Jeder fordert vom anderen Verständnis ein, ist selbst aber gar nicht in der Lage, den Rahmen des anderen immer zu verstehen.

In seinem Buch «Der Rahmen»[111] bedient sich Ernst Pöppel ungewöhnlicher Mittel, um ganz praktisch aufzuzeigen, wie jeder von uns denkt: Er erlaubt sich zahlreiche Einschübe, verfolgt einzelne Gedanken bis ins Detail und notiert auch scheinbar Nebensächliches. «Es ist die Beschreibung unseres Rahmens. Ich habe mir erlaubt, Kommentare zu setzen und einzelne Ideen zum Geschriebenen nicht zu unterdrücken. Jeder Mensch hat Einfälle, ständig, und sie kommen ja nicht von ungefähr. Ich versuche deutlich zu machen, dass auch Forschung alles andere als ein linearer Prozess ist, sondern vielmehr abhängig von plötzlichen Einfällen. Diese Einfälle zeigen, dass nicht *wir denken*, sondern dass *es in uns denkt*. Denken ist kein aktiver, sondern ein assoziativer Prozess. Der plötzliche Einfall bedeutet, dass irgendetwas *in mir* gedacht hat.»

Unser Hirn ist folglich ständig damit beschäftigt, sein erlerntes Wissen mit den Eindrücken abzugleichen, die permanent auf uns einströmen. Aus ebendiesem Prozess erwächst das, was wir als den Charakter oder die spezifische Persönlichkeit eines Menschen bezeichnen.

Lombrosos Idee vom geborenen Verbrecher bzw. vom geborenen Genie ist aus dieser Perspektive nicht mehr zu halten. Denn es liegt weder allein in unseren Genen noch am Hirn selbst, wie wir werden, was wir sind. Entscheidend ist «die Art und Weise, wie das Gehirn mit seiner Umwelt interagiert», sagt Georg Northoff, Professor für Geist, Gehirn und Neuroethik an der Universität Ottawa/Kanada.[112] «Unser Gehirn hat eine gewisse Prädisposition. Aber erst die Interaktion des Gehirns mit seiner Umwelt macht das Selbst aus.» Genialität kann daher auch nur aus der Interaktion mit der Umwelt entstehen und ist nicht etwa einem Menschen von Geburt bedingungslos mitgegeben. Bildlich gesprochen: Ist die notwendige Hardware vorhanden, muss noch die passende Software aufgespielt und diese dann auch ständig upgedatet werden.

Zeigt man Menschen, die in einem Kernspintomographen liegen, Gegenstände, die ihnen wichtig sind, lassen sich Veränderungen in den Aktivitätsmustern ihres Gehirns aufzeichnen.

«Ein Pianist hat z. B. eine emotional gefärbte Beziehung zu einem Klavier, die ein anderer Mensch nicht hat. Ein kanadischer Holzfäller bleibt beim Klavier gelassen, reagiert aber emotional, wenn er die Wildnis sieht.»

Das Genie anschalten

Diese spezifischen Neigungen führen uns zurück zur Frage, was ein Genie ausmacht. Dr. Allan Snyder von der University of Sydney ist davon überzeugt, das in jedem von uns ein Genie steckt, dieses aber von einem Teil unseres Verstandes unterdrückt wird. Man müsse also nur diesen Teil abschalten, um das Genie in uns anzuschalten.

Einen Hinweis darauf, dass dieser Gedanke in die richtige Richtung weist, lieferte auch die Neurowissenschaftlerin und Psychologin Shelly Carson von der Harvard University. In ihrem Experiment mussten Studenten in einem Text, der ihnen über Kopfhörer vorgelesen wurde, absurde Begriffe bzw. frei erfundene Phantasiewörter identifizieren. Carson hatte zwei verschiedene Gruppen von Studenten zusammengestellt. Die Studenten der ersten Gruppe konnten gut auswendig lernen und funktionierten prächtig, wenn es darum ging, stupide Arbeiten zuverlässig zu erledigen, waren aber wenig kreativ. Diese Gruppe hatte keinerlei Schwierigkeiten mit dem Test. Sie ließ sich auch nicht durch die Störgeräusche beeinflussen, die Carson in die Lesung des Textes eingebaut hatte. Wie gewünscht, identifizierten die Studenten die Phantasiewörter mit geringer Fehlerquote.

Der zweiten Gruppe der Studenten wurden die Störgeräusche jedoch zum Verhängnis. Carson hatte für sie besonders kreative Menschen ausgesucht. Es waren Studenten, die gerne Dinge hinterfragten und in Seminaren mit originellen Gedankengängen auffielen. Nur wenige aus dieser Gruppe standen das Experiment durch – die meisten gaben vorzeitig entnervt auf. Die wenigen, die bis zum Ende durchhielten, machten zahllose Fehler.

Die Erklärung dafür liefert das Phänomen der «latenten Hemmung»: Um uns vor Reizüberflutung zu schützen, schränkt sie die Wahrnehmung des Menschen ein. Die Vertreter der ersten Studentengruppe verfügten über eine stark ausgeprägte latente Hemmung und ließen sich daher nicht aus der Ruhe bringen. Ihr Gehirn schaltete die Störgeräusche schlicht aus. Kreative dagegen sind höchst offen gegenüber allen Sinnesreizen. Ihre Kreativität ist daher aber auch labil und kollabiert rasch, wenn zu viel auf sie einströmt.

Auch bei den sogenannten Savants («Wissende») bzw. «Menschen mit Inselbegabungen» fehlt dieser Filter offenbar ganz. Forscher bezeichnen mit diesen Begriffen Autisten, die außergewöhnliche Talente besitzen, zugleich aber schwer geistig behindert sind. Savants sind in der Lage, selbst kleinste Details wahrzunehmen, weil sie die Kontexte ihrer Umwelt vernachlässigen und sich daher auch auf scheinbar Nebensächliches konzentrieren. Manche Savants sind Gedächtnisgenies wie zum Beispiel Kim Peek, dessen Lebensgeschichte das Vorbild für den Kinofilm «Rain Man» war. Peek kommt im Alltag nicht allein zurecht, kann aber an jeder beliebigen Bushaltestelle in den USA sagen, wann der nächste Bus fährt. Peek kennt nicht nur alle Busverbindungen und das gesamte Straßennetz Amerikas auswendig, sondern hat darüber hinaus auch noch alle Telefonvorwahlen und Postleitzahlen im Kopf.

Der deutsche Wissenschaftsjournalist Bas Kast ist nach Sydney zu Dr. Allan Snyder geflogen und hat versucht, sich in ein solches autistisches Genie verwandeln zu lassen.[113] Seine Idee: Wenn man bestimmte Gehirnareale ausschaltet, müssten doch eigentlich geniale (Wahrnehmungs-)Fähigkeiten zum Vorschein kommen. Zunächst wurde ihm in Dr. Snyders Labor eine Art Bademütze aus Stoff auf den Kopf gesetzt. Diese diente dazu, die Stelle an seinem Kopf zu markieren, an die der «MagPro X100» genannte Magnetstimulator ansetzen sollte. Seine Impulse sind so stark, dass sie durch den Schädel dringen können und eine ausgewählte Fläche schachmatt setzen. In Bas Kasts Fall waren es Teile der linken Gehirnhälfte, auf die der Stimulator 15 Minuten lang wie ein Störsender einwirkte.

Bas Kast berichtet: «Ich war währenddessen bei vollem Bewusstsein und empfand es als richtig unangenehm, obwohl es nicht wehtat, da das Gehirn schmerzunempfindlich ist. Trotzdem kann ich keinem empfehlen, es nachzumachen. Das Licht wurde danach intensiver, alle Details kamen genauer zum Vorschein. Ich bin dann raus auf den Campus gegangen, und mir kam es so vor, als sei der Rasen mit einem Leuchtstift angemalt worden, er sprang mich regelrecht an. Ein Leonardo da Vinci wurde zwar nicht aus mir und auch kein autistischer Savant, aber es war zum Beispiel tatsächlich so, dass ich nach der Stimulation, also mit abgeschaltetem Verstand, besser zeichnen konnte. Meine Bilder wurden detailreicher, und ich zeichnete weniger schematisch. Diese Wirkung ließ nach ungefähr einer Dreiviertelstunde nach. Ich hoffe, dass ich mittlerweile wieder bei vollem Verstand bin. Geniale Fähigkeiten blieben nicht übrig.»

Dr. Allan Snyders Ziel ist es, irgendwann eine Denkkappe zu entwickeln, mit der sich Savant-Fähigkeiten nach Belieben an- und ausschalten lassen. In absehbarer Zukunft wird das jedoch kaum gelingen, dafür ist unser Gehirn zu komplex.

Das geniale Bauchgefühl

Sie sollten nun aber nicht allzu traurig darüber sein, dass es noch lange dauern wird, bis man eine Art Genie-Kappe erfindet (falls es überhaupt gelingt, etwas Derartiges zu entwickeln). Schließlich schlummern in uns allen viel mehr Fähigkeiten, als uns gemeinhin bewusst ist. Zuverlässiger als bislang von der Wissenschaft vermutet ist etwa das berühmte «Bauchgefühl», die Intuition. Gerd Gigerenzer, Professor und Direktor des Max-Planck-Instituts für Bildungsforschung Berlin, definiert die Intuition so[114]: «Sie ist gefühltes Wissen, das schnell im Bewusstsein ist, dessen Gründe wir nicht kennen und das uns stark zum Handeln anleitet.»

Gigerenzer verwendet die Begriffe Intuition und Bauchgefühl als Synonyme und stellt klar, dass das, was man damit umschreibt, «in unserem Hirn steckt und uns nicht bewusst ist. Man sagt nur: ‹Es ist im Bauch.› Man kann genauso sagen: ‹Es ist im Herz.› Es gibt diesen schönen Ausspruch: ‹Das Herz hat seine Gründe, die der Verstand nicht kennt.›[115] Es gibt vieles, das wir nicht verstehen und bewusst ausdrücken können, was aber nichtsdestotrotz unser Verhalten lenkt, unsere Emotionen und in starkem Maße auch unsere Motivation.»

Wir neigen allerdings dazu, der Intuition eher zu misstrauen und uns auf die Ratio, unseren Verstand, zu verlassen. Das hat historische Gründe. Spätestens seit der Aufklärung, deren oberste Maxime die Nutzung des Verstandes war, wurde das Bauchgefühl als minderwertig abgeurteilt. Für den Aufklärer Immanuel Kant war unser Denken nicht intuitiv, sondern diskursiv, rationale, gute Entscheidungen konnten nur durch das Abwägen aller Pros und Contras getroffen werden.

Auch heute noch erscheint es für viele ganz absurd, dass Bauchgefühle zu besseren Entscheidungen führen könnten. Gigerenzer sagt jedoch: «Wir zeigen in unseren Forschungen, dass spontane Entscheidungen, die auf wenig Information, aber auf wichtigen, den richtigen Informationen beruhen, oft viel besser sein können als überlegte, langsame Entscheidungen, bei denen man versucht, alle Pros und Contras abzuwägen.»

Gigerenzer vertraut der Intuition dabei so sehr, dass er sogar bereit war, sein Geld auf sie zu verwetten. Als im Jahr 2000 das Wirtschaftsmagazin «Capital» ein Börsenspiel veranstaltete, entschied sich Gigerenzer mitzumachen. Aus einer Liste von 50 Internetaktien galt es diejenigen auszuwählen, welche die größten Gewinne versprachen. Gigerenzer testete ein einfaches intuitives Prinzip vieler Menschen: jene Aktien zu kaufen, deren Namen man schon mal gehört hatte. Er befragte 100 Passanten auf der Straße. Kaum jemand kannte sich wirklich mit Aktien aus. Gigerenzer stellte ein Paket zusammen, in das er schlicht die Aktien der zehn Unternehmen packte, deren Namen die meisten Passanten kannten. Es schnitt mit dieser Methode besser ab als 88 % der von den Fachleuten zusammengestellten Portfolios. Gigerenzer wiederholte das mehrfach und investierte sogar selbst 50 000 Euro in ein Portfolio, das auf der Grundlage von Straßenbefragungen zusammengestellt worden war. Nach sechs Monaten hatte er einen Gewinn von 47 % erzielt.

Gigerenzer warnt allerdings davor, alle Entscheidungen der Intuition zu überlassen; immer dann, wenn diese sehr emotional aufgeladen sind, sollte man doch den Verstand einschalten: «Viele Leute haben Angst vor dem Fliegen. Nach dem Anschlag auf das World Trade Center am 11. September 2001 etwa hat eine große Anzahl Reisender in den USA aufs Fliegen verzichtet und ist aufs Auto umgestiegen. Mit dem Ergebnis, dass im ersten Jahr nach dem Anschlag ungefähr 1500 Amerikaner ihr Leben auf der Straße verloren – bei dem Versuch, das Risiko des Fliegens zu vermeiden. Das ist ein Beispiel dafür, dass das Bauchgefühl auch schiefliegen und sogar Leben kosten kann.»

Gerade in Alltagssituationen biete die Intuition jedoch fraglos Vorteile. Gigerenzer plädiert daher auch dafür, das intuitive Denken bereits in der Schule zu fördern. Dort wird bislang einseitig das rationale Denken trainiert – mit manchmal tragikomischen Folgen: «Es gibt Menschen, die wir als ‹Maximierer› bezeichnen, also z. B. Menschen, die die Speisekarten von vorne bis hinten durchlesen, um ja nicht das Beste zu verpassen. Wenn die Pech haben, dann sitzen sie in New York an einem zwanzigseitigen Wälzer und brauchen eine halbe Stunde, um ihn durchzulesen. Maximierer sind Menschen, die nicht eine gute Lösung akzeptieren können, sondern immer die beste Lösung wollen – nichts weniger. Auf der anderen Seite gibt es intuitive Strategien. Im Falle des Restaurantbesuchs würden sich deren Anhänger sagen: ‹Na ja, gut, jetzt ist

Spargelzeit, also bestelle ich Spargel und habe so mehr Zeit, mich mit meinem Gegenüber zu unterhalten.›»

Zur Genialität fehlt Ihnen lediglich die Übung

Die Intuition macht sicher niemanden von uns zum Genie. Der Wissenschaftsjournalist Werner Siefer ist davon überzeugt, dass aber wenigstens Talent erlernbar ist.[116] Siefer beruft sich dabei unter anderem auf den Psychologen Anders Ericsson und dessen 10 000-Stunden-Regel, die besagt, dass jeder durch tägliches zweistündiges Üben nach ca. 10 Jahren zu außergewöhnlichen Leistungen imstande sei.

«Naturtalente sind oft keine: Wer gut singen kann, hat häufig als Kind viel gesungen. Wenn man sich die Lebensläufe sogenannter Genies anschaut, dann findet man dazu kein Gegenargument. Das Wichtigste ist, sich wirklich sehr, sehr intensiv mit einem Thema zu beschäftigen, dann wird man auch gut darin.»

Das Stichwort dafür heißt in der Psychologie «intrinsisches Interesse». So sind Kinder, denen das Lernen durch Schokolade versüßt wird, weniger erfolgreich als Kinder, die keine solche Belohnung erhalten. Am wichtigsten für Lernerfolge ist offenbar die eigene Motivation (siehe Seite 197). Zu ähnlichen Ergebnissen kommt man auch, wenn man die Biographien von Menschen ansieht, die als genial gelten. Sie wurden nicht deshalb in ihrem Fach gut, weil es ihr Ziel war, berühmt zu werden, sondern weil sie das, was sie machten, gut machen wollten.

Für Siefer ist derjenige genial, der sich «sehr, sehr intensiv mit einem Fachgebiet beschäftigt und alle technischen Fragen so weit intus hat, dass er alle Kreativität spielerisch umsetzen kann».

Warum wir nicht alle längst Genies sind, liegt für Siefer ebenfalls auf der Hand: «Weil die meisten nicht bereit sind, etwas dafür zu tun! Man muss es allerdings auch nicht wollen. Es ist ehrlich gesagt ein schwieriger Weg, der einen zuweilen von seinem sozialen Umfeld entfernt. Denn man muss still in seinem Kämmerchen sitzen und über den Büchern brüten, lernen oder eben am Klavier üben. Und das erfordert sehr viel Disziplin.»

Ohne Übung kommen auch Gedächtnistrainer und -künstler nicht aus. Oliver Geisselhart arbeitete bereits als Sechzehnjähriger als Gedächtnistrainer. Er verrät, wie man sich, auch ohne auf einen Zettel schauen zu müssen, einen Vortrag merkt.[117] Das Wichtigste dabei sind Bilder.

Trainieren Sie Ihr Gedächtnis!

Unser Gehirn, unser Gedächtnis braucht Bilder, weil es sich besser an sie erinnert. Wenn die Bilder dann noch lustig, skurril, vielleicht sogar bescheuert sind, fällt es uns noch leichter, sie uns zu merken. Wir müssen unser Gedächtnis regelmäßig verblüffen, damit es überhaupt etwas behält. «Leider werden wir in der Schule auf ‹Normalo› getrimmt», bedauert Oliver Geisselhart. «Wir lernen, unsere Welt logisch und verstandesmäßig zu begreifen. Damit wird in der Schule einseitig die linke Gehirnhälfte geschult, obwohl wir uns mit der rechten Hirnhälfte vieles besser merken könnten. Wenn man von einer Person, die man gerade neu kennenlernt, eine interessante Geschichte hört, erinnert man sich an diese Person sicher auch noch eine Woche später. Das Gleiche ist der Fall, wenn die Person eine dicke goldene Rolex am Arm trägt oder mit einem völlig abgedrehten Auto vorgefahren kam. An solch einprägsame Bilder erinnern wir uns wesentlich besser als beispielsweise an den Namen der Person. Den werden die meisten von uns nach einer Woche wieder vergessen haben. Habe ich aber ein Bild aus dem Namen gemacht, behält mein Gedächtnis diesen auch. Wer sich z. B. vorstellt, wie ich mich ‹geißle ganz hart› wird meinen Namen – Geisselhart – leicht merken.»

Bilder sind demnach das Geheimnis für ein gutes Gedächtnis, und das kann man sich zunutze machen, wenn man z. B. einen Vortrag nicht vom Blatt ablesen will. Oliver Geisselhart schlägt vor, dass man sich einmalig ein Grundgerüst schafft – ein «Ordnungssystem fürs Gehirn». Dazu sollten die Zahlen in Bilder umgewandelt werden. Dann kann jeder Stichpunkt der Rede an der entsprechenden Stelle abgespeichert werden. Für die Eins kann man sich eine Kerze vorstellen, für die Zwei einen Schwan, für die Drei einen Dreizack, für die Vier ein vierblätteriges Kleeblatt und für die Fünf eine Hand mit fünf Fingern usw., bis zehn oder zwanzig. Je mehr Stichpunkte die Rede enthält, desto mehr Zahlenbilder braucht man. «Wenn man jetzt eine Rede halten will, z. B. über die Klimakatastrophe, und will als Erstes mit dem Ozonloch anfangen, könnte man sich dafür folgendes Bild zurechtlegen: Die Kerze steht für Punkt eins, leuchtet in den Himmel und brennt dort ein Ozonloch hinein. Wenn Punkt zwei des Vortrags die globale Erderwärmung wäre, könnte man sich dazu vorstellen, wie ein Schwan in einem Eismeer schwimmt und das Eismeer wegschmilzt. Wäre Punkt drei z. B. ‹hoher CO_2-Ausstoß›, könnte das Filmchen so aussehen: Mit dem Dreizack spieße ich alle alten großen Autos auf und werfe sie auf den Schrott, ihr CO_2-Ausstoß ist viel zu hoch.

So werden alle Punkte des Vortrags auf möglichst skurrile Art in Bilder umgewandelt und mit den entsprechenden Zahlenbildern lustig und lebhaft verknüpft. Auf der Bühne braucht man dann nur in sein Ordnungssystem fürs Gehirn zu schauen, also an Kerze, Schwan, Dreizack usw. zu denken, und hat alle vorher verknüpften Stichpunkte sicher parat. Voraussetzung ist, dass man die Zahlenbilder einmalig als Grundfundament intus hat. Dann kann man damit Listen aller Art sicher, schnell und zuverlässig behalten. Ob To-do-Listen, Argumente für ein Gespräch, Produkteigenschaften oder Allgemeinwissen – alles, was man sich in einer bestimmten Reihenfolge merken will, merkt man sich damit leicht.»

13

Wie die Welt beschaffen ist – Große Fragen, kurz beantwortet

Was können wir Menschen wirklich über die Welt wissen? Die griechischen Philosophen der Antike unterschieden das Wissen vom Glauben mit der Forderung, dass derjenige, der vorgibt, «etwas zu wissen», dieses Wissen auch begründen, rechtfertigen oder demonstrieren können soll. Die sogenannten Dogmatiker vertraten dabei die Auffassung, dass solche Begründungen auch tatsächlich und grundsätzlich möglich sind, die «Skeptiker» dagegen meinten, dass man nichts wirklich wissen kann. Bekannt für diese Position ist das Sokrates zugeschriebene Wort «Ich weiß, dass ich nichts weiß».

In unseren modernen Wissenschaften scheint der Skeptizismus über den Dogmatismus längst triumphiert zu haben. Denn es gilt in der Wissenschaft mittlerweile als selbstverständlich, dass jede Theorie fehlerhaft ist. Diese Fehlerhaftigkeit ist zugleich die eigentliche Antriebsfeder wissenschaftlichen Fortschritts. Denn nur wenn eine Theorie, und mag sie noch so gut sein und richtig erscheinen, fehlerhaft ist, lohnt es sich, sie noch genauer, noch präziser zu formulieren oder sie sogar durch eine neue Theorie zu ersetzen. Letztlich unterscheidet sich erst durch diesen unendlichen Prozess Wissenschaft vom Glauben, wie eine schöne Anekdote von Galileo Galilei veranschaulicht. Galilei erzählt von einer Leichensektion im Haus eines sehr angesehenen Arztes, anhand derer man klären will, wo die Nerven ihren Ausgangspunkt haben – ein Streitpunkt zwischen den Vertretern der Galen-Schule, die ihn im Hirn vermuteten, und den Peripatetikern, die das Herz als Ursprungsort der Nervenbahnen annahmen.

«Als nun der Anatom zeigte, wie der Hauptstamm der Nerven, vom Gehirn ausgehend, den Nacken entlangzieht, sich durch das Rückgrat erstreckt und durch den ganzen Körper verzweigt und wie nur ein ganz feiner Faden von Zwirnsdicke zum Herzen gelangt, wendete er sich an einen Edelmann, der ihm als Peripatetiker bekannt war [...], mit der Frage, ob er sich überzeugt habe, dass die Nerven im Gehirn ihren Ursprung nehmen und nicht im Herzen. Worauf unser Philosoph [...] erwiderte: Ihr habt mir das alles so klar, so augenfällig gezeigt – stünde nicht der Text des Aristoteles entgegen, der deutlich besagt, der Nervenursprung liege im Herzen, man sähe sich zu dem Zugeständnis gezwungen, dass Ihr recht habt.»[118]

Aus heutiger Sicht wirkt das Verhalten des Philosophen geradezu lächerlich. Das war es zu Galileos Zeiten jedoch keineswegs. Erst Galileo Galilei setzte dem statischen, letztgültigen Wissen seiner Zeit ein Forschen entgegen, das auf Versuch und Irrtum baut. Vielen gilt Galilei daher auch als Begründer der modernen Naturwissenschaft. Wie weit es dieses Verfahren gebracht hat, wissen wir alle und profitieren gern davon. Naturwissenschaftliche Theorien und Gedanken sind aber mittlerweile auch so weit fortgeschritten, dass sie oft nur noch von Experten verstanden und diskutiert werden können. Dem in dieser Hinsicht ungebildeten Rest der Menschheit bleiben oft nur bares Unverständnis und (gläubiges oder ungläubiges) Staunen. Wer über keine weitreichenden mathematischen Kenntnisse verfügt, versteht oft nicht, wovon in der Naturwissenschaft die Rede ist – denn die «Sprache» der Naturwissenschaft ist in aller Regel die Mathematik. Umso dankbarer muss man jenen Wissenschaftlern sein, die sich bemühen, naturwissenschaftliche Erkenntnisse in eine Sprache zu übersetzen, die weitgehend frei von mathematischen Erklärungen ist, so wie in den folgenden Beispielen, in denen Begriffe erklärt werden, die die meisten von uns sicher schon im Munde geführt haben, nicht immer wissend, wovon genau man da eigentlich spricht:

Was ist ein Molekül?

Beantwortet durch Stefan Hecht, Professor am Institut für Chemie der Humboldt-Universität zu Berlin

Ein Molekül besteht aus einzelnen Atomen, die wiederum aus den Elementen bestehen. Elemente stellen also sozusagen die einzelnen Bausteine unseres Universums dar. Zu den Elementen, die für uns sehr wichtig sind, gehören mehr als ein paar Dutzend. Und die sind auf verschiedene Arten und aus unterschiedlichen Bausteinen zu sehr vielen verschiedenen Molekülen verknüpft. Ein Beispiel dafür ist die Verbindung von Sauerstoff und Wasserstoff zu Wasser, H_2O. Aber man kann auch zwei Wasserstoffatome mit zwei Sauerstoffatomen verknüpfen und erhält so Wasserstoffperoxid, das man zum Desinfizieren oder auch zum Blondieren nutzen kann.

Die einzelnen Elemente, die Atomkügelchen, verbinden sich miteinander dank einer Art Klebstoff, der Elektronen. Man kann sich das so vorstellen, dass die unterschiedlichen Elemente, aus denen sich ein Molekül zusammensetzt, unterschiedlich großen «Hunger» auf Elektronen haben – «Affinität» wäre das entsprechende Fachwort. Und diese Affinität sorgt zum Beispiel dafür, dass der Sauerstoff gerne Elektronen aufnimmt und der Wasserstoff gerne Elektronen abgibt. Deshalb gibt es eine sehr große Triebkraft zwischen Wasserstoff und Sauerstoff, Wasser zu bilden. Und diese Triebkraft ist im Endeffekt auch das, was man zum Beispiel für moderne Brennstoffzellen nutzt, mit denen irgendwann auch mal unsere Autos fahren sollen. Die weitere Erforschung von Molekülen ist also für den technischen Fortschritt von enormer Bedeutung. Es gibt neben den erwähnten kleineren Molekülen auch sehr große

Moleküle, wie etwa die DNA oder Proteine, die aus Tausenden von Atomen bestehen. Bei diesen Molekülen gibt es schier unbegrenzte Möglichkeiten, sie anzuordnen, was zum Beispiel die Erforschung von Krankheiten erschwert. So fragen wir uns im Falle von Alzheimer, warum bestimmte Eiweißmoleküle im Gehirn auf einmal eine andere Gestalt annehmen, was dazu führt, dass sich viele von diesen Molekülen zusammenlagern und als Proteinklumpen dann im Endeffekt das Gehirn «verstopfen».

Was ist Antimaterie?

Beantwortet von Jörg Fandrich, Akademischer Rat und Leiter des Schülerlabors «PhysLab» am Fachbereich Physik der Freien Universität Berlin

Die Begriffe «Materie» und «Antimaterie» sind nicht einfach voneinander zu trennen, denn Antimaterie ist auch eine Art Materie. Ein Antiteilchen kann man sich als «Spiegelbild» eines Elementarteilchens vorstellen. Die beiden Partner gleichen sich im Wesentlichen, bis auf einen entscheidenden Unterschied: Ihre Ladung (genauer: jede ladungsartige Quantenzahl) hat das entgegengesetzte Vorzeichen. Ein Beispiel: Ein Elektron hat die Ladung –e und sein Antiteilchen, das Positron, die Ladung +e. Die Antiteilchen können im Prinzip genau wie unsere normale Materie Atome bilden. Im Labor wurde bereits «Antiwasserstoff», bestehend aus einem Antiproton und einem Positron, erzeugt.

Beide, Materie und Antimaterie, sind im Prinzip gleichberechtigt. Trifft ein Teilchen auf sein Antiteilchen, vernichten sich beide gegenseitig. Die dabei freiwerdende Energie entspricht – nach der berühmten Formel $E = mc^2$ – der Masse der beiden Teilchen. In unserer Welt können Antiteilchen daher auch nicht lange überleben, eben weil sie die Angewohnheit haben, sich mit normaler Materie gegenseitig auszulöschen. Dass wir sie Antiteilchen nennen oder von Antimaterie sprechen, liegt nur daran, dass wir es gewöhnt sind, mit dem zu leben, was uns umgibt – und das ist eben unsere «normale» Materie.

Mit Antimaterie kommen wir nur in Ausnahmefällen in Berührung. Ein Beispiel sind bestimmte radioaktive Zerfälle, bei denen Positronen entstehen. Sobald diese auf ein Elektron treffen, vernichten sich beide Teilchen gegenseitig. Hierbei können Bindungen von Molekülen, aus denen unser Körper zusammengesetzt ist, zerstört werden. Dies ist ein Grund, warum radioaktive Strahlung so gefährlich ist.

Da in unserer normalen Umgebung keine Antimaterie vorkommt, kann man sie nur erforschen, wenn man sie in großen Anlagen – wie zum Beispiel dem CERN in Genf oder dem DESY in Hamburg – erzeugt. Hierzu benötigt man mindestens so viel Energie, wie später freigesetzt wird, wenn die Antiteilchen durch Kontakt mit normaler Materie wieder «zerstrahlen». Wenn man die erheblichen Wirkungsgradverluste berücksichtigt und zusätzlich einrechnet, dass man die Antiteilchen in Magnetfeldern speichern muss, wird klar: Das ist ein Minusgeschäft. Antimaterie ist also keine «Energiequelle der Zukunft»!

In dem Roman «Illuminati» von Dan Brown verwenden Terroristen Antimaterie als Bombe. Theoretisch ist so etwas denkbar, technisch jedoch kaum zu realisieren. Es würde ohnehin wenig Sinn machen: Die Bombe könnte nicht mehr Energie enthalten, als bei der Erzeugung der Antimaterie zur Verfügung gestellt wurde. Verglichen mit heutigen Atomwaffen, die ja Energiequellen nutzen, die nicht von Menschenhand geschaffen wurden, wäre die Sprengkraft einer solchen «Antimateriebombe» also lächerlich gering. Der Einschluss von Antimaterie in Magnetfeldern geht zudem nur mit stark gekühlten Magneten und kostet permanent Energie. Die Lagerung und insbesondere der Transport einer solchen Bombe wären daher extrem aufwendig. Die «Antimateriebombe» wird somit zum Glück Science-Fiction bleiben. Eine realistische und sinnvolle Anwendung wäre hingegen die Verwendung von Antiprotonen zur wirksamen Bestrahlung von Tumoren.

Die Erforschung der Antimaterie dient zudem noch einem ganz anderen Zweck: Wir Physikerinnen und Physiker wollen herausfinden, wie die Welt funktioniert.

Es gibt vier Grundkräfte:

- die Gravitation, welche die Planeten, die Sonne und die Sterne zusammenhält,
- die elektrische Wechselwirkung, welche die Atome zusammenhält,
- die starke Wechselwirkung, welche die Atom*kerne* zusammenhält, und
- die schwache Wechselwirkung, welche für bestimmte Kernprozesse wesentlich ist.

Zum vollständigen Verständnis dieser fundamentalen Wechselwirkungen könnte die Antimaterie den Schlüssel darstellen: Warum sind beim Urknall fast gleich viel Antimaterie und Materie entstanden, aber eben nicht *genau* gleich viel? Wäre exakt gleich viel Materie und Antimaterie entstanden, hätten sich diese gegenseitig vernichtet. Die Praxis zeigt aber: Wir sind da! Und größere Ansammlungen von Antimaterie sind weit und breit nicht zu finden. Also muss die Materie gewissermaßen einen Überhang gehabt haben. Offensichtlich verhält sich Antimaterie doch etwas anders als «normale» Materie. Der Grund für dieses Ungleichgewicht ist derzeit wohl eines der größten Rätsel der Elementarteilchenphysik.

Was ist Entropie?

Beantwortet von Hanspeter Herzel, Professor am Institut für Theoretische Biologie an der Humboldt-Universität Berlin

«Entropie ist etwas, was man nicht versteht, aber man gewöhnt sich daran.»

(Max Planck)

Um den Begriff «Entropie» zu erklären, muss man sich erst einmal vergegenwärtigen, was Wärmelehre bzw. Thermodynamik ist. Die klassische Physik, die jeder in der Schule gehabt hat, behandelt die Mechanik: Wie bewegen sich Planeten? Wie funktioniert ein Pendel?

Die Thermodynamik gehört ebenfalls zur klassischen Physik, untersucht jedoch etwas anderes: Wenn wir eine Kaffeetasse vor uns haben, interessiert sie sich nicht dafür, wie die einzelnen Teilchen sich bewegen – das würde mit Hilfe der Mechanik beschrieben –, sondern dafür, welche Temperatur der Kaffee hat und wie viel noch in der Tasse drin ist. Das ist Gegenstand der Thermodynamik. Man versucht, Flüssigkeiten, Gase, Festkörper mit wenigen Größen wie Temperatur oder Volumen zu beschreiben.

Eine wichtige Größe ist die Energie, die führt zum 1. Hauptsatz der Thermodynamik, der besagt, dass es potentielle Energie, kinetische Energie und Wärmeenergie gibt – und dass man diese energetischen Zustände jeweils ineinander umwandeln kann.

Nehmen wir folgendes Beispiel: Ein Skispringer wandelt potentielle Energie in kinetische Energie um und bei der Landung diese Energie wiederum in Wärmeenergie. Die potentielle Energie erwirkt der Skispringer, indem er auf die Schanze hochsteigt. Dort hat er ein hohes Potential: Er ist ganz weit oben. Dann fährt er los, und die potentielle Energie wandelt sich in kinetische Energie, Bewegungsenergie, um: Er hat eine hohe Geschwindigkeit. Dann muss er diese Energie wieder loswerden, und zwar, indem er bremst. Dabei wird, vielleicht nicht unbedingt messbar, aber de facto, die kinetische Energie in Wärmeenergie umgewandelt: Dort, wo der Skifahrer bremst, wird der Schnee ein bisschen wärmer.

Nach dem 1. Hauptsatz der Thermodynamik wäre es auch denkbar, diese Ereignisse energetisch umzukehren: Man könnte also den Schnee wieder abkühlen, und der Skispringer würde zurück nach oben fliegen. Aber es ist ziemlich offensichtlich, dass das so in unserer Welt nicht passiert. Daraus ergibt sich der 2. Hauptsatz der Thermodynamik: Die Prozesse in der Natur haben eine Zeitrichtung, sind also irreversibel.

Der deutsche Physiker Rudolf Clausius überlegte sich, wie man diesen Grundsatz mathematisch sauber beschreiben kann, und kam auf eine Größe, die man Entropie nennt. Die Entropie wird gemessen in der Einheit Joule pro Grad Kelvin (J/K), was man durch Wärmeaustausch und mit Messgeräten bestimmen kann. Mit ihrer Hilfe wird beschrieben, dass bestimmte Prozesse erlaubt sind, andere Prozesse aber – meistens in der Gegenrichtung der Zeit – verboten sind. Denn der 2. Hauptsatz der Thermodynamik besagt, dass die Entropie in einem geschlossenen System nur zunehmen kann. Das lässt sich mathematisch berechnen und durch folgendes Bild verdeutlichen: Wenn wir Kaffee und Milch mischen, nimmt die Entropie zu, das heißt, es handelt sich um einen irreversiblen Prozess. Aber spontan, ohne irgendetwas zu investieren, wird es den Umkehrprozess nicht geben. Man kann die Milch dem Kaffee also nicht einfach wieder entziehen, sondern bräuchte dafür ein kompliziertes Verfahren, für das man dem geschlossenen System viel Energie zuführen müsste.

Der Begriff Entropie wird häufig gebraucht, ohne ihn mit dem 2. Hauptsatz der Thermodynamik zu verknüpfen. Das liegt daran, dass Entropie mitunter als Unordnung interpretiert wird, so hat beispielsweise der amerikanische Mathematiker Claude Elwood Shannon 1948 den Begriff der Informationsentropie eingeführt.[119]

Man kann ihn so verstehen: Wenn man zum Beispiel einen Stapel gemischte Skatkarten hat, dann ist die Entropie hoch, und zwar fünf Bit. Wenn Sie sich eine beliebige Karte aus dem Stapel ziehen, bräuchte man also fünf Fragen, binäre Entscheidungen (= fünf Bit), um zu erraten, welche es ist. Angenommen, es handelt sich um die Herzdame, könnte man das mit diesen fünf Fragen herausfinden:

1. Handelt es sich um eine rote oder schwarze Karte? Antwort: Eine rote.
2. Karo oder Herz? Antwort: Herz.
3. Zahl oder Bild? Antwort: Bild.
4. Bube/Dame oder König/Ass? Antwort: Bube/Dame.
5. Bube oder Dame? Antwort: Dame.

Ist der Stapel hingegen sortiert und zum Beispiel so geordnet, dass ganz oben das Herzass liegt, dann die weiteren Herzkarten in absteigender Wertigkeit sowie nach dem gleichen Prinzip die Karo-, Kreuz und Pikkarten folgen, dann lässt sich durch einfaches Abzählen leicht herausfinden, welche Karte gezogen wurde – da die Entropie hier niedriger ist. Überließe man den Stapel sich selbst, neigte er eher dazu, sich zu durchmischen – wenn es Karten wären, die sich bewegen könnten, was natürlich etwas weit hergeholt ist. Aber: Die Unordnung ist der natürliche Zustand, wenn man keine Arbeit investiert. Die Ordnung kostet Entropieexport oder zusätzliche Energie.

Was besagt die Chaostheorie?

Beantwortet durch Siegfried Großmann, em. Professor für Physik an der Philipps-Universität Marburg

Die Chaostheorie ist ein Teilgebiet der Mathematik und anderer Naturwissenschaften. Sie beschäftigt sich mit dem sehr komplexen und nur schwer oder gar nicht vorhersagbaren Verhalten physikalischer, mathematischer oder anderer Systeme. Als Beispiel wird gern der Schmetterlingseffekt genannt, der zum Symbol für ein Phänomen geworden ist, das man als solches in der Mathematik eigentlich schon kannte, das aber in seinen Auswirkungen in den Naturwissenschaften oft nicht genug Beachtung gefunden hat. Nämlich, dass die Lösungen der Bewegungsgleichungen sehr empfindlich von kleinen Änderungen der Anfangsbedingungen abhängen können. Der Begriff des Schmetterlingseffekts geht zurück auf den Meteorologen Edward N. Lorenz, der 1963 Berechnungen für Wettervorhersagen anstellte. Bei gleichen Ausgangsbedingungen kam er beim Lösen seiner Modellgleichungen für die Wetterentwicklung jedes Mal nach längerer Zeit zu anderen Ergebnissen, wenn er die Genauigkeit der Anfangsbedingungen oder der numerischen Rechnung änderte. Anfangs hatte Lorenz nur drei Dezimalstellen in seine Gleichungen miteinbezogen. Als er jedoch die kompletten sechs Dezimalstellen berücksichtigte, die der Computer errechnen konnte, erhielt er ganz unterschiedliche Vorhersagen. Lorenz untersuchte dieses Phänomen systematisch und stellte fest, dass nichtlineare Gleichungen unter bestimmten Bedingungen Lösungen haben, die sehr stark von den Anfangsbedingungen abhängig sind – die man aber eben leider in der Natur nie genau kennt. Für das Wetter bedeutet das, das schon geringste Änderungen in der Ausgangssituation im langfristigen Verlauf großen Einfluss darauf haben können, ob sich Hochs oder Tiefs, Regen oder Sonne, Wind oder Sturm entwickeln. Edward Lorenz veranschaulichte das Problem mit der Frage: «Kann der Flügelschlag eines Schmetterlings in Brasilien einen Tornado in Texas auslösen?» Lorenz ging es dabei um eine Metapher, nicht um die Klärung der Frage, ob ein Schmetterling tatsächlich einen Tornado auslösen kann. Denn das kann er nicht.

Der Schmetterlingseffekt besagt also nicht, dass zum Beispiel ein Gewitter wegen des Schmetterlings überhaupt erst entsteht, Voraussetzung ist vielmehr eine Atmosphäre, in der Gewitterentladungen möglich sind. Aber wo diese Entladungen nun genau stattfinden und wann, das ist durch kleine Veränderungen beeinflussbar. Und genau damit beschäftigt sich die wissenschaftliche Chaostheorie: mit der zeitlichen Entwicklung von Systemen. Und zwar von solchen physikalischen und anderen Systemen, die nicht etwa deshalb keine genauen Vorhersagen machen können, weil wir die notwendigen Gleichungen nicht oder nicht gut genug kennen, um sie genau zu berechnen, im Gegenteil, in sehr vielen Fällen kennen wir sie sogar sehr gut. Aber man kann die zeitliche Entwicklung dieser Systeme nur dann genau angeben, wenn man die Anfangsbedingungen im Detail kennt. Und das ist in aller Regel nicht möglich, denn es gibt keine physikalische Feststellung von Anfangsbedingungen ohne gewisse unvermeidliche Messfehler.

Was sich uns als chaotisch darstellt, ist daher eigentlich nur der zeitliche Ablauf natürlicher Geschehnisse in nichtlinearen Systemen. Ein Beispiel dafür sind Kurven von Temperaturentwicklungen in der Erdatmosphäre, die furchtbar unregelmäßig aussehen. Diese Unregelmäßigkeit kommt aufgrund der dynamischen Gleichungen für die Atmosphäre zustande. Wenn man sie ausrechnen will, müsste man das Wetter zum Anfangspunkt sehr genau kennen. Und das ist nicht möglich, denn es steht immer nur eine endliche Zahl verteilter Wetterstationen und gemittelter Messdaten zur Verfügung, um die zukünftige Entwicklung vorherzuberechnen. Außerdem müssen Näherungen beim Lösen der komplizierten Gleichungen eingeführt werden. All dies führt zu Unvorhersagbarkeiten, obwohl die Gleichungen bekannt sind.

Allgemein kann man sagen: Chaotisches Verhalten tritt immer dann auf, wenn die Bewegungsgleichungen nichtlinear sind, ihre Lösungen in einem endlichen Bereich verlaufen sowie benachbarte Lösungen sich stark voneinander entfernen.

Das Wetter ist daher nicht das einzige System, in dem chaotisches Verhalten auftritt. Populationsdynamiken verhalten sich ebenfalls chaotisch. Auch das magnetische Erdfeld ändert dauernd seine Lage und hat sich in der Vergangenheit sogar wiederholt umgepolt: Dort, wo heute der magnetische Nordpol ist, nämlich in der Nähe des geographischen Nordpols, war in früheren Zeiten der magnetische Südpol. Und noch früher war es wieder umgekehrt, usw.

Was ist ein Quantensprung?

Beantwortet durch Metin Tolan, Professor für Physik an der Technischen Universität Dortmund

Wir alle wissen, dass es Atomkerne gibt und Elektronen, die sich um diese Atomkerne herumbewegen, und zwar in ganz bestimmten Bahnen. Wenn sich die Elektronen von einer Bahn zur nächsten bewegen, bezeichnet man das als Quantensprung. Die Energie, die dafür benötigt wird, nennt man in der Physik Quant. Um das zu veranschaulichen, kann man sich ein Auto vorstellen, das nur ganz bestimmte Geschwindigkeiten fahren kann, nur zehn, zwanzig, dreißig, vierzig Stundenkilometer. Wenn man dann zwischen zehn und zwanzig Stundenkilometern hin- und herschaltet, wäre das ein Quantensprung.

Mit der umgangssprachlichen Bedeutung eines Quantensprungs, in dem Sinne, dass etwas in eine neue, andere, bessere Qualität übergeht, hat der physikalische Begriff des Quantensprungs nicht viel tun. Die Redewendung bezieht sich bestenfalls darauf, dass die Quantenphysik als neue Ära in der Physik gesehen wird. Und deswegen meint man, dass man etwas Neues erfindet, wenn man sagt, man habe einen Quantensprung vollführt. Wörtlich genommen ist ein Quantensprung in der Physik aber etwas extrem Kleines. In unserer makroskopischen Welt kommen Quantensprünge nicht vor, sondern nur bei Atomen.

Weißt du, wie viel Sterne stehen?

Beantwortet durch Harald Lesch, Professor am Institut für Astronomie und Astrophysik der Universität München[120]

Wenn die Nacht richtig dunkel ist, können wir 6000 Sterne sehen. Da die Nächte zumindest in Deutschland wegen der Beleuchtung kaum noch richtig dunkel werden, also wegen der Lichtverschmutzung, sehen wir aber deutlich weniger. Meistens sind es nur ein paar hundert Sterne. Wie viele tatsächlich da sind, kann allerdings berechnet werden.

Wir können auch deshalb nicht alle Sterne erkennen, weil wir von der Milchstraße nicht alles sehen. Allein in der Milchstraße gibt es 100 Milliarden Sterne. Es können ein paar Millionen mehr oder weniger sein.

Insgesamt soll es angeblich ebenfalls 100 Milliarden Milchstraßen geben. Auch da können es ein paar Millionen mehr oder weniger sein. Wir haben also summa summarum 100 Milliarden mal 100 Milliarden Sterne im Universum. Aber hinter dem Horizont geht es weiter, wie schon Udo Lindenberg gesungen hat. Was hinter diesem Horizont ist, wissen wir nicht, aber vermutlich ist das Universum viel, viel größer als das, was wir sehen können. Das heißt, die tatsächliche Zahl der Milchstraßen im Universum kennen wir nicht – und somit auch nicht die tatsächliche Anzahl der Sterne.

Der für uns wichtigste Stern ist natürlich die Sonne. Sie ist der Stern schlechthin, gewissermaßen das Beste, was es gibt: Sie ist nicht zu groß, denn dann wären ihre Strahlen viel zu heiß für uns, und es wäre kein Leben auf der Erde möglich. Sie ist aber auch nicht zu klein, dann erzeugte sie vielleicht nur rote oder nur Mikrowellenstrahlung, die für uns zum Leben nicht ausreichen würde. Dass wir hier sind, hat unter anderem etwas damit zu tun, dass unser Stern genau so ist, wie er ist.

Wir sind Sonnenanbeter im wahrsten Sinne des Wortes, im

Grunde genommen bestehen wir sogar aus Sternenmaterial. Das heißt, wir sind tatsächlich Kinder der Sonne, im weiteren Sinne aber sogar Kinder der Sterne.

Im Wesentlichen besteht die Sonne aus Wasserstoff und Helium. Hinzu kommen noch ein paar schwere Elemente. Ihre Energie erzeugt die Sonne durch die Verschmelzung von Wasserstoff zu Helium. Dadurch wird Energie freigesetzt, Masse wird in Energie verwandelt. Man denke an Einstein: $E = mc^2$. Das ist kein Feuer im eigentlichen Sinne, sondern ein Gas, das praktisch nur aus Teilchen besteht, die geladen sind – also den positiv geladenen Atomkernen und den frei beweglichen negativ geladenen Elektronen. Im Übrigen handelt es sich hierbei um einen Prozess, den es in der normalen Welt unserer Anschauung nach gar nicht geben dürfte. Denn Atomkerne sind positiv geladen, und gleichnamige Ladungen stoßen sich ab. Aber die Verschmelzung von zwei Atomkernen, eigentlich die Grundlage unseres Daseins, denn wir leben ja alle von der Sonnenenergie auf diesem Planeten, ist nur möglich, weil sich die Atomkerne so ganz anders verhalten, als wir das normalerweise kennen. Hier kommt die Quantenmechanik ins Spiel (siehe auch S. 226).

Auf diese Art und Weise wird die Sonne 10 Milliarden Jahre lang strahlen. 4,5 Milliarden Jahre lang tut sie das schon. Man kann also sagen, die Sonne ist ein Stern im besten Sternenalter. Aber so, wie unsere Sonne irgendwann aufhören wird zu strahlen, wird es auch allen anderen Sternen im Universum ergehen, weil dann keine weiteren Elemente mehr vorhanden sind, die sie verbrennen können. Innerhalb von Sternen geht – so ist es zumindest bei den ganz großen Sternen, die viel schwerer sind als die Sonne – die Verbrennung der Elemente stets weiter: Wasserstoff wird zu Helium verbrannt, wie bei der Sonne. Dabei wird auch Kohlenstoff erzeugt, Stickstoff, Sauerstoff und so weiter. Und wenn ein Stern beim Verbrennen seiner Elemente beim Eisen angekommen ist, dann ist das Sternenleben zu Ende. Die großen Sterne explodieren und erzeugen während ihrer Explosion alle Elemente, die schwerer sind als Eisen.

Wenn Sie also zum Beispiel Zahngold als Füllung haben oder Goldschmuck tragen, dann ist das ein Element, das während einer Sternenexplosion entstanden ist.

Irgendwann ist der gesamte Brennvorrat eines Sternes allerdings verbraucht, und dann verglühen die meisten von ihnen, fallen in sich zusammen. Einige Sterne geben jedoch ihr schweres Material ans Universum zurück. In der Folge entstehen immer wieder neue Gaswolken, die mit diesen schweren Elementen angereichert sind – so ist auch unser Sonnensystem entstanden. Zu diesem Zeitpunkt war das Universum schon fast 10 Milliarden Jahre alt. Irgendwann ist aber Schluss. Dann werden Sterne zu Sternleichen.

In dieser Hinsicht bin ich gewissermaßen ein Pathologe, weil ich nur an Sternleichen arbeite. Es ist bedauerlich, dass ich meine Leichen nie auf den Seziertisch kriege. Aber von solchen Sternleichen wird das Universum eines Tages erfüllt sein.

Aber keine Sorge – es handelt sich um Zeiträume, für die es noch nicht einmal richtige Bezeichnungen gibt.

Was besagt die Relativitätstheorie?

Beantwortet durch Metin Tolan, Professor für Physik an der Technischen Universität Dortmund

In der Relativitätstheorie geht es um die Struktur von Raum und Zeit. Was bedeutet das? Bei der Zeit haben wir den Eindruck, als würde sie in immer gleicher Geschwindigkeit in immer derselben Richtung ablaufen. Schaut man genauer hin, ist dem jedoch nicht so.

Wenn wir uns in einem Raum befinden, kommt es uns ebenfalls so vor, als würden wir uns in einem ebenen, geraden Raum aufhalten. Doch auch dies ist nicht wirklich der Fall, denn der Raum ist, wie Einstein sagt, gekrümmt. Wie Einstein darauf gekommen ist, kann man durchaus als genial bezeichnen. Einstein dachte darüber nach, wie eigentlich genau die Schwerkraft, die Gravitation, auf der Erde funktioniert, und gelangte dabei, lediglich aufgrund seiner Überlegungen, zu dem Schluss, dass der Raum gekrümmt sein müsste. Das Interessante daran ist, dass man das wirklich beweisen und nachmessen kann. Erstmals gelang das 1919 bei einer Sonnenfinsternis – diese Messung begründete auch den Ruhm Einsteins.

Warum die Theorie als «Relativitätstheorie» bezeichnet wird, kann man sich klarmachen, wenn man sich ihr Gegenteil vorstellt, eine «Absolutheitstheorie». Wie eingangs erwähnt, haben wir das Gefühl, uns auf einer Weltbühne zu befinden, auf der die Zeit gleichmäßig gnadenlos abläuft. In Wirklichkeit ist es ganz anders: Wenn wir uns bewegen, läuft die Zeit «langsamer» für uns ab im Vergleich zu jemandem, der sich nicht bewegt. Das darf man sich natürlich nicht so vorstellen, als würden die Uhrzeiger langsamer gehen, wenn wir beim Laufen auf die Uhr sehen. Der Unterschied macht sich nur bei sehr, sehr großen Geschwindigkeiten bemerkbar. In unserem täglichen Leben spielt er für die Zeitmessung fast keine Rolle. Man macht das gerne anhand eines Zwillingsbeispiels deutlich. Stellen Sie sich vor, Sie hätten eine Zwillingsschwester, die zunächst mit sehr großer Geschwindigkeit zu einem weit entfernten Stern fliegt und schließlich wieder zurückkehrt, während Sie die ganze Zeit über auf der Erde bleiben. Für Ihre Zwillingsschwester könnte diese Reise nur drei Jahre gedauert haben, aber hier auf der Erde wären bereits dreißig Jahre vergangen. Während Sie also bereits mit grauen Haaren vor Ihrer Schwester stünden, wäre sie nur um drei Jahre gealtert. Genau das meint man, wenn man sagt, Zeit verlaufe «relativ» und nicht «absolut».

Als Standardbeispiel für die Relativitätstheorie im Alltag dienen heutzutage Navigationssysteme. Die Menschen haben schon immer navigiert, indem sie ganz präzise Uhren bauten. Denn wenn man die Zeit genau messen kann, lässt sich auch die Geschwindigkeit berechnen und eine zurückgelegte Distanz bestimmen. Genau so funktioniert das im Prinzip auch bei modernen Navigationssystemen. Man schickt dafür Atomuhren mit Satelliten in eine Erdumlaufbahn. Wenn unser Auto über die Straße fährt, misst das Navigationssystem, wie lange es dauert, bis das Signal vom Satelliten beim Auto ist. In diese Zeit muss die Korrektur der Relativität mit einberechnet werden. Würde man das nicht tun, könnte ein Navigationssystem nur auf Kilometer genau navigieren und nicht auf zehn Meter genau, wie das heute der Fall ist. Ohne Relativitätstheorie würden wir uns immer noch den Kopf darüber zerbrechen, warum kein einziges Navigationssystem funktioniert.

Was ist Zeit?

Beantwortet durch Dr. Ekkehard Peik, Leiter des Fachbereiches Zeit und Frequenz der Physikalisch-Technischen Bundesanstalt in Braunschweig[121]

«Zeit ist, was verhindert, dass alles auf einmal passiert!»
John A. Wheeler

Was wir als Zeit bezeichnen, hat so viele unterschiedliche Facetten, dass man bei der Frage, was Zeit ist, besser immer dazusagt, aus welcher Perspektive man die Zeit betrachten will, über welche Dimension der Zeit man spricht, ob ihre technische, ihre wissenschaftliche oder die persönliche Dimension gemeint ist.

Unsere Hauptaufgabe bei der Physikalisch-Technischen Bundesanstalt ist die präzise Messung der Zeit mit Atomuhren, wir beschäftigen uns also mit der technischen Dimension der Zeit.

Hinter der Messung der Zeit steckt die Idee, dass Zeit eine der

Grunddimensionen der Physik ist. Zeit war und ist folglich immer schon da. Mit der Erfindung von Uhren und anderen Geräten, die die Zeit messen, hat der Mensch die Zeit also nicht erst erfunden, sondern er hat sich lediglich ein System ausgedacht, mit dem man Ereignisse in der Zeit zuordnen bzw. mit dem man feststellen kann, ob etwas gleichzeitig oder nacheinander passiert. Dafür braucht man Zeitskalen und Zeiten, und die hat man schließlich durch internationale Festlegungen geschaffen. 1960 wurde mit dem Système International d'Unités (in allen Sprachen mit SI abgekürzt) ein weltweit einheitliches System für Maßeinheiten eingeführt. Die sieben SI-Basiseinheiten sind: das Meter (m) als Einheit der Länge, das Kilogramm (kg) als Einheit der Masse, die Sekunde (s) als Einheit der Zeit, das Ampere (A) als Einheit der elektrischen Stromstärke, das Kelvin (K) als Einheit der thermodynamischen Temperatur, das Mol (mol) als Einheit der Stoffmenge sowie die Candela (cd) als Einheit der Lichtstärke.

Als Grundeinheit der Zeit wurde damit die Sekunde festgelegt. Aus den Sekunden fügt sich die Zeitskala – Minuten, Stunden, Tage, Jahre – zusammen. Für die Messung einer Sekunde bestrahlt man in einer Atomuhr Caesiumatome mit Mikrowellen und bringt sie so dazu, von einem Energieniveau in ein anderes zu wechseln. Dieser Übergang funktioniert bei einer ganz bestimmten Frequenz (beziehungsweise Periodendauer) der Strahlung besonders gut. Durch Abzählen einer durch das SI festgelegten Zahl von Perioden[122] gewinnt man die Sekunde.

Diese Messung ist so präzise, dass sie dem Zeitempfinden der Menschen Probleme bereiten kann. Denn dieses hängt zu einem wesentlichen Teil von der Erdrotation, also vom Stand der Sonne, von Tag und Nacht, ab. Die Erdrotation ist aber nicht gleichmäßig, denn die Erde ist kein perfekter, vollkommen starrer Körper. Es gibt große Massen, die sich bewegen: in den Ozeanen, im Erdinneren,

Biomasse, die Eiskappen der Pole, und all das zusammengenommen führt dazu, dass es unregelmäßige Schwankungen in der Erdrotation gibt. Blickt man zurück, kann man rekonstruieren, dass zu Zeiten der Dinosaurier ein Jahr etwa 400 Tage hatte anstatt der 365 Tage heute.

Um die beiden Zeitbegriffe und Zeitskalen – die der Atomuhren und die an der Erdrotation gemessenen – nicht durcheinanderlaufen zu lassen, muss man hin und wieder sogenannte Schaltsekunden einfügen, ein Verfahren, mit dem übrigens in den 1970er Jahren begonnen wurde.

Im täglichen Leben hätte es für die meisten Menschen wahrscheinlich keine große Bedeutung, wenn man die Schaltsekunde wegließe. Langfristig dient sie jedoch dazu, dass der Sonnenstand und der Tag-und-Nacht-Wechsel mit unseren Zeitskalen in Übereinstimmung bleiben. Ohne Schaltsekunde würde man eine Abweichung aber wohl erst in 1000 Jahren bemerken, weil dann die Sonne mittags nicht mehr im Zenit stünde.

Warum es die Zeit gibt, beantwortet das alles aber natürlich nicht. Das kann auch die beste Uhr nicht. Sie zeigt nur, dass die Zeit da ist und vergeht.

Was ist ein mathematischer Beweis?

Beantwortet durch Günter M. Ziegler, Professor am Institut für Mathematik an der Freien Universität Berlin

Ein mathematischer Beweis ist eine Folge von Argumenten, die ausreicht, um eine Tatsache logisch und hundertprozentig sicher festzustellen und zu begründen. Das ist notwendig, weil in der Mathematik die einzelnen Aussagen jeweils aufeinander aufbauen, man braucht also immer die absolute Sicherheit, dass alles, was man behauptet, auch wirklich stimmt. «Wirklich stimmen» bedeutet in diesem Fall nicht «auf so und so viele Nachkommastellen korrekt» – sondern auf alle. Eine Sicherheit von 99,9 % reicht der Mathematik nicht.

Die Mathematik kennt viele verschiedene Arten von Beweisen. Es gibt Beweise, hinter denen riesige Theoriegebäude stecken und die eine Reihe von Büchern füllen. Es gibt aber auch kurze Beweise, dazu zählen viele klassische Beweise aus der griechischen Mathematik, z. B.: «Die Wurzel aus 2 kann nicht als ein Bruch dargestellt werden.» Dafür wird ein ganz klassisches Verfahren angewendet, nämlich der Beweis auf Widerspruch: Man nimmt an, es ginge eben doch. Der Bruch wäre dann $\sqrt{2} = \frac{p}{q}$. Es werden Buchstaben eingeführt, das heißt, es gibt zwei Zahlen, die durcheinander geteilt eben wirklich $\sqrt{2}$ ergeben. Dann wird quadriert, das heißt, wenn es so wäre, dann wäre eben auch $2 = \left(\frac{p}{q}\right)^2$.

Dann überlegt man sich, wie oft der Faktor 2 jeweils in p^2 und q^2 steckt. Dabei macht man sich die Tatsache zunutze, dass sich jede Zahl eindeutig in Primzahlen zerlegen lässt, was uns Auskunft darüber verschafft, wie oft die Zahl 2 in p^2 bzw. q^2 steckt. Und die steckt in gerader Anzahl im Zähler und gerader Anzahl im Nenner drin. Also kann sie am Ende nicht nur ein Mal drinstecken, kann also nicht 2 ergeben.

Wenn man einen solchen Beweis zum ersten Mal sieht, braucht man eine gewisse Zeit, um ihn wirklich zu erfassen. Ein mathematischer Beweis ist daher nichts, was man sich erzählt. Er gilt erst, wenn er aufgeschrieben ist. Daher sage ich meinen Studierenden immer: Erzählen könnt ihr mir viel, und ich glaube dann auch fast alles. Aber ich will es geschrieben sehen, weil ich erst beim Geschriebenen Schritt für Schritt durchgehen kann, ob die Argumente schlüssig und gültig sind oder ob da nicht doch etwas angenommen worden ist, das entweder nicht stimmt oder nicht bewiesen ist.

Es gibt lange und langweilige Beweise, aber auch schöne und elegante. Bei langweiligen Beweisen muss man furchtbar viel rechnen – und das gefällt auch Mathematikern nicht. Schönheit und

Eleganz kann man natürlich immer nur schwer definieren. Aber wenn Rechnungen überraschende Wendungen nehmen, wenn plötzlich Dinge zusammengesetzt werden, von denen man gar nicht glaubte, dass sie zusammengehören, dann kommen Elemente von Schönheit und Eleganz hinzu. Und die können einen begeistern, vor allem, wenn der Beweis überraschend schnell geht, ohne dass man viel rechnen muss.

Ich habe mit meinem Freund und Kollegen Martin Aigner zusammen ein Buch geschrieben: «Das BUCH der Beweise»[123]. Dort werden unsere Lieblingsbeweise auf 350 Seiten ausgebreitet.

Eine meiner Lieblingstatsachen ist, dass man ein Quadrat nicht in eine ungerade Anzahl von Dreiecken zerschneiden kann, die die gleiche Fläche haben. Das klingt elementar, und man könnte annehmen, dass die alten Griechen lange darüber haben nachdenken müssen. Aber der Beweis wurde erst kürzlich erbracht, und zwar nicht geometrisch, sondern durch Zahlentheorie. Unter anderem spielt dabei auch der oben aufgeführte Beweis zur $\sqrt{2}$ eine Rolle. Was man sicher nicht erwarten würde, weil eigentlich ein geometrisches Phänomen bewiesen werden sollte.

Was ist Schnee?

Beantwortet durch den Schneeforscher Dr. Martin Schneebeli[124] vom Institut für Schnee- und Lawinenforschung SLF in Davos/Schweiz

Schnee ist physikalisch betrachtet poröses Eis. Wie muss man sich das vorstellen? Schnee besteht, wenn er auf den Boden fällt, etwa zu 80 % aus Luft und etwa 20 % aus Eis. Es gibt dabei keine wirklich haarscharfe Definition, aber wenn der Luftanteil bei unter 40 % liegt, nennt man das eigentlich nicht mehr Schnee

Je älter Schnee wird, umso dichter wird er. Besteht er etwa nur noch zur Hälfte aus Luft, beginnt man von Firn zu sprechen, später wird daraus reines Eis – das kennen Skiläufer von den Pisten.

Damit eine Schneeflocke entstehen kann, muss zuerst einmal ein Keim vorhanden sein. In den meisten Fällen ist das ein Staubpartikel, an dem sich einige wenige Wassermoleküle anlagern. Daraus beginnt ein Schneekristall zu wachsen. Schneekristalle können sehr vielfältige Formen annehmen. Je nach Temperatur wachsen sie eher plättchenförmig oder nadelig, und in Abhängigkeit von der Luftfeuchtigkeit bekommen sie zusätzlich kleine Ästchen. Wenn in der Wolke Temperaturen unter 0 °C und gleichzeitig hohe Luftfeuchtigkeit herrschen, dann ist mehr Wasser in der Luft enthalten als im gefrorenen Zustand. Das heißt, die Umwandlung in eine Schneeflocke ist bei diesen Bedingungen der geringere Aufwand, und statt zu regnen, fängt es dann an zu schneien.

Obwohl wir alle Schnee sicherlich als weiß beschreiben würden, ist er, wenn man genau hinsieht, durchsichtig. Das liegt daran, dass im Schnee sehr viele Kristalle aufeinanderliegen, wodurch das Licht gebrochen wird und der Eindruck entsteht, die Flocken seien weiß. Dieses Phänomen finden wir auch beim Wasser eines Bergbachs oder eines Wasserfalls, das uns auch weiß erscheint.

Was sind Farben?

Beantwortet durch Lutz-Helmut Schön, Professor für Didaktik der Physik an der Humboldt-Universität zu Berlin

Farben entstehen zuerst im Kopf des Menschen. Wenn wir etwas Blaues sehen, dann fällt Licht einer bestimmten Wellenlänge in unser Auge. In den Zapfen unserer Netzhaut findet eine chemische Reaktion statt, aus der elektrische Signale entstehen, die der Mensch dann beispielsweise als «blau» oder als «grün» interpretiert.

Was tatsächlich, physikalisch, passiert, kann man sich vor Augen führen, wenn man Licht durch ein Prisma schickt, also durch ein speziell geschliffenes Glasdreieck. Dann zerfällt weißes Licht in verschiedene Farben und wird in eine Farbskala von Rot bis Blau aufgefächert. Zumindest interpretieren wir Menschen das so.

Messen kann man das als Wellenlänge des Lichts. Das Farbspektrum reicht aber nicht nur von Rot bis Blau, sondern enthält auch Farben wie Infrarot und Ultraviolett. Das, was wir Menschen als farbiges Licht wahrnehmen, ist also nur ein bestimmter Bereich innerhalb des sehr breiten Spektrums elektromagnetischer Wellen.

Im Prinzip gibt es daher unendlich viele Farben. So, wie man auf dem Zahlenstrahl immer noch eine Zahl findet, die zwischen zwei anderen liegt – und sei es unterschieden durch die siebte, achte oder welche Kommastelle auch immer –, so gibt es stets noch eine weitere Farbe, die im Farbspektrum zwischen zwei anderen Farben liegt, wenngleich wir Menschen sie ab einem gewissen Grad nicht mehr unterscheiden können.

Dann gibt es noch Objekte, die eigentlich keine Farbe haben, aber für uns so aussehen, als seien sie weiß – zum Beispiel Schnee.

Nicht alle Lebewesen sehen im Übrigen Farben so, wie wir sie sehen. Es gibt Tiere, die können fast nur Infrarotstrahlung, die Wärmestrahlung, wahrnehmen. Sie orientieren sich anhand dieser Wärmestrahlung in der Welt. Andere Tiere wiederum richten sich stärker nach dem UV-Licht und sehen auch dann noch hell, wenn wir Menschen vor lauter Dunkelheit nicht mehr die Hand vor Augen sehen können.

Um besser zu verstehen, wie es zu diesen unterschiedlichen Sehweisen kommt, kann man Licht als elektromagnetische Wellen beschreiben, die sehr kurz sind. Wenn sie noch kürzer werden, handelt es sich um UV-Licht, das uns bräunt. Werden sie noch kürzer, um Röntgenlicht und schließlich um Gammastrahlung. Betrachten wir die längeren Wellen, dann kommen wir zum Infrarotlicht, der Wärmestrahlung, die normalerweise für uns nicht sichtbar ist.

Mit Hilfe von Infrarotkameras kann man diese Wellen aber aufnehmen und in Farben übersetzen.

Was ist Photosynthese?

Beantwortet durch Dr. Thomas Weyhermüller vom Max-Planck-Institut für Bioanorganische Chemie in Mülheim an der Ruhr

Alle Pflanzen, Algen und einige Bakterienarten sind in der Lage, Photosynthese zu betreiben. Das bedeutet, dass sie aus ganz kleinen, energiearmen Bausteinen wie Kohlendioxid und Wasser, manchmal auch Schwefelwasserstoff, energiereiche, organische Moleküle aufbauen können. Auf diese Weise können sie Energie speichern und alle weiteren organischen Stoffe, die sie zum Leben brauchen, synthetisieren. Die für diese Synthese notwendige Energie liefert das Licht. Die spannende Frage ist nun, wie das funktioniert.

Gehen wir zunächst von den oben erwähnten energiearmen kleinen Bausteinen, wie zum Beispiel Kohlendioxid und Wasser, aus. Das sind eigentlich Verbrennungsprodukte. Kohlendioxid kommt in sehr geringer Menge in der Luft vor, etwa zu 0,03 %. Wasser ist natürlich überall verfügbar. Aber beide Stoffe sind sehr energiearm, und der normale Chemiker kann wenig mit ihnen anfangen. Die Pflanzen haben jedoch im Laufe der Jahrmilliarden gelernt, mit Hilfe der Energie des Lichts etwas Sinnvolles daraus zu machen, nämlich Energiespeicherbausteine und Synthesebausteine. Es ist wie beim Bau eines Hauses: Die Steine und der Zement sind vorhanden, aber um das Haus zu bauen, braucht man jede Menge Energie. Und die bringt bei der Photosynthese das Licht.

Bei Pflanzen findet die Photosynthese in den Blättern statt. Ihr Grün stammt aus den sogenannten Blattpigmenten, in erster Linie vom Chlorophyll. Es finden sich auch noch andere Farbstoffe darunter, die gelb-orangefarbenen Carotine zum Beispiel, die man vor allem im Herbst sieht, wenn das Chlorophyll kaputtgegangen ist und sich die Blätter verfärben.

Diese Blattpigmente fangen das Licht der Sonne ein und sind in der Lage, daraus energiereiche Elektronen zu generieren. Diese Elektronen werden über einen komplizierten Mechanismus weitergeleitet und in einen Stoff umgesetzt, mit dessen Hilfe die Pflanze oder auch das Bakterium die weitere Synthese in der Zelle betreiben, also wachsen bzw. sich aufbauen kann.

Die Photosynthese unterhält den gesamten Energiestoffwechsel auf unserer Erde, also nicht nur den der Pflanzen, sondern auch den unsrigen, denn wir essen normalerweise Pflanzen oder Tiere, die vorher Pflanzen gefressen haben. Letztlich handelt es sich dabei um Sonnenenergie, die die Pflanze in Form von Zuckern, Eiweißstoffen etc. gespeichert hat. Wir selbst überlassen die Photosynthese anderen, sind aber dennoch auf sie angewiesen – letztlich gilt das sogar für unsere Autos und unsere Kraftwerke. Denn auch diese verbrennen fossile Energien, also Gas, Kohle, Öl. All diese Stoffe sind im Laufe von Jahrmillionen aus der Photosynthese entstanden.

Ein wichtiger «Abfallstoff» der Photosynthese ist natürlich der Sauerstoff. Zumindest gilt das für einen bestimmten Teil der Photosynthese, die deshalb auch oxygene Photosynthese genannt wird, im Gegensatz zur anoxygenen Photosynthese. Bei Pflanzen fällt der Sauerstoff ab, weil sie Wasser benutzen, um die Elektronen zu erzeugen, die die Photosynthese anregen. Bakterien können stattdessen auch Schwefelwasserstoff für ihre Photosynthese verwenden. Da wir Menschen den Sauerstoff zum Atmen brauchen, sind wir deshalb auch in dieser Hinsicht von der (oxygenen) Photosynthese vollständig abhängig.

Was ist Osmose?

Beantwortet durch Jürgen Schmitt, Professor für Biologie an der Freien Universität Berlin

In der Schule lernt man zur Klärung dieser Frage den Merksatz: «Osmose ist die Diffusion durch eine semipermeable Membran.» Eine semipermeable Membran ist eine Membran, die halbdurchlässig ist. Sie lässt bestimmte Stoffe durch, andere aber nicht. Wenn wir jetzt auf beiden Seiten dieser Membran verschiedene Stoffe haben, im einfachsten Beispiel auf der einen Seite reines Wasser und auf der anderen Seite eine Lösung, dann hat das Wasser spontan die Tendenz, auf die Seite zu strömen, wo die gelösten Stoffe sind. Dieser Vorgang nennt sich Osmose.

Stellen Sie sich vor, Sie tun ein Stück Zucker in den Kaffee. Selbst wenn Sie den Kaffee nicht umrühren, wird der Zucker nach einiger Zeit gleichmäßig verteilt im Kaffee sein. Grund dafür ist die Wärmebewegung der Moleküle. Die Natur hat immer die Tendenz, Konzentrationen spontan auszugleichen. Osmose ist daher ein Prozess, der sich vielfach in der Natur wiederfindet, zum Beispiel bei der Photosynthese, aber auch in unserem Körper, wie beispielsweise in unserer Niere. Wir müssen den Wassergehalt unseres Körpers innerhalb enger Grenzen konstant halten, sonst können wir nicht überleben. Bei etwa 12 % Wasserverlust wird es lebensgefährlich. Und wenn wir zu viel Wasser im Körper haben, würden wir aufschwemmen wie ein Ballon und ebenfalls sterben. Die Nieren sorgen deshalb dafür, dass der Wassergehalt unseres Körpers konstant gehalten wird. Gleichzeitig dürfen wir aber keine wichtigen Stoffe verlieren. In der Regel muss also auf osmotischem Weg das Wasser in der Niere zurückgewonnen werden, um Ballaststoffe unter geringem Verlust von Wasser ausscheiden zu können.

Danksagung

Nahezu jedes Gebiet menschlichen Seins und Handelns wird mittlerweile erforscht. Dem nicht zu bändigenden menschlichen Wissensdurst konnte auf Dauer daher auch die Danksagung als Forschungsobjekt nicht entgehen. Ein Experte für diese besondere Textsorte ist Dr. Jan Plamper vom Forschungsbereich «Geschichte der Gefühle» am Berliner Max-Planck-Institut für Bildungsforschung[125], der schon seit Jahren mehr Danksagungen als Bücher liest – über lange Zeit hinweg mit einem schlechten Gewissen, wie er zugibt. Er vergleicht das mit dem Bildungsbürger, der sich morgens bei der Lektüre der Frankfurter Allgemeinen Zeitung zuerst den «Kurzen Meldungen» widmet, dem neuesten Klatsch und Tratsch, statt den langen und komplizierten Artikel von Jürgen Habermas zur postsäkularen Gesellschaft zu lesen. Dann hat Jan Plamper jedoch erleichtert festgestellt, dass es bereits wissenschaftliche Analysen von Danksagungen gibt und auch viele andere Kollegen sich ihnen mit großem Vergnügen widmen.

Danksagungen zählt man zu den Paratexten. Das geht zurück auf den französischen Literaturwissenschaftler Gérard Genette, der ein Buch über Paratexte geschrieben hat. Darunter fallen all jene kleineren Teile des Buches wie zum Beispiel das Inhaltsverzeichnis, der Titel und eben auch die Danksagung. «Genette bezieht sich bei der Danksagung auf den argentinischen Schriftsteller Jorge Luis Borges und bezeichnet sie als Vestibül zum Text, als die Schwelle, durch die wir durchmüssen, über die wir in den Text eingeleitet werden und die unsere Vorstellung über den Text vorstrukturiert. Danksagungen unterliegen starken Konventionen, einem starken Regelwerk, und sie sind außerordentlich intertextualisiert, nehmen also stark aufeinander Bezug und folgen ihrer eigenen Logik.»

Die Ursprünge der Danksagung sind unbekannt. Es gibt aber die Vermutung, dass sie aus der Widmung entwachsen ist, die man als Art verdichtete Danksagung sehen könnte. «Denken Sie an das Altertum, zum Beispiel an Vergils ‹Georgica›, die Maecenas gewidmet ist – daher stammt auch der Begriff des Mäzenatentums –, damals war das wissenschaftliche Werk einem Patron gewidmet. Später, als dann immer mehr Personen an der Wissenschaft beteiligt waren, musste man die Werke auch mehr Leuten widmen und mehr Leuten danken.» Jan Plamper weist darauf hin, dass darüber hinaus ein Import-Phänomen eine Rolle spielt, denn die USA waren Vorreiter bei der Ausweitung von Danksagungen, und so sind z. B. mit übersetzten Büchern Danksagungen nach Deutschland gewandert.

Im Laufe der Zeit hat sich die Danksagung stark verändert, was wiederum Rückschlüsse auf die Veränderungen innerhalb der Gesellschaft ermöglicht, z. B. auf das gewandelte Verhältnis der Geschlechter.

«In den 1970er Jahren war es noch üblich, dass der männliche Wissenschaftler seiner Frau dankte. Die typische Topos dafür war: ‹... meiner Frau, die mir über Jahre den Rücken freigehalten, sich aber am besten nicht in die wissenschaftlichen Gespräche eingemischt hat.› Seit den 1980er Jahren, seitdem der Anteil an Frauen in Wissenschaft und Forschung steigt, wird Frauen immer häufiger mit Nachnamen gedankt. Außerdem finden sie Erwähnung als wissenschaftliche Gesprächspartnerinnen, die Anteil hatten an der Wissenschaftsproduktion.»

Danksagungen stellen zum einen ein Tauschverhältnis dar: Jemand liest zum Beispiel Korrektur und wird mit der Danksagung «bezahlt». Dabei ist der Dank umso mehr wert, je besser das Buch ankommt, je prestigeträchtiger der Verlag ist usw.

Zum anderen haben Danksagungen immer mit Macht zu tun.

Gedankt wird dann zum Beispiel nicht alphabetisch, sondern in einer hierarchischen Reihenfolge, die den Machtverhältnissen folgt, in wissenschaftlichen Publikationen zum Beispiel wird dem wichtigsten Professor zuerst gedankt. Dadurch will der Danksagende eine Nähe zu diesem Professor erzeugen und seine eigene Macht ausbauen. Eine wichtige Rolle spielt auch, dass man gewissen Leuten *nicht* dankt.

Als dritten Ansatz bei der Frage, welche Funktion Danksagungen haben, nennt Jan Plamper den der Intertextualität, der behauptet, dass sich gegenseitig zu danken zu einer Art Dauer-Match wird. Weil einem selbst oft gedankt wurde, dankt man zurück.

Innerhalb eines Buches ist die Danksagung einer der Bereiche, die am wenigsten lektoriert werden. Sie ist damit eine Art letztes Refugium, in das nicht von zweiter Stelle eingegriffen wird. «Deshalb schreiben die Menschen mitunter Dinge, die sie vielleicht besser nicht geschrieben hätten. So gibt es Fälle, in denen Danksagungen für eine Art Abrechnung genutzt wurden, wie das der Historiker Friedrich Langer in seiner 1986 veröffentlichten Doktorarbeit machte, der dort seiner Ex-Partnerin folgende Worte widmete: ‹Last, but not least, danke ich Ellen Erdmann, die weder meine Strümpfe stopfte noch meine Manuskripte tippte und sich bis heute wenig für die Geschichte der Düsseldorfer Handwerker interessiert. Dieses Buch hätte gut ohne sie geschrieben werden können; es wäre nur eher fertig geworden.›»

Dieses Buch konnte nur entstehen, weil eine unfassbar große Menge von Menschen über viele Jahre Interviews vorbereiteten, Interviews gaben, Interviews führten, eine Auswahl dieser Interviews abtippten und die umgeschriebenen Interviews anschließend noch einmal redigierten. Zu danken ist daher – in alphabetischer Reihenfolge:

Dr. Christoph Joseph Ahlers, Prof. Dr. Eckart Altenmüller, Prof. Dr. Britta Bannenberg, Dr. Werner Bartens, Dr. Mark Benecke, Markus Bennemann, Timo Blöß, Dr. Michael Blume, Wolfgang Bossinger, Tom

Böttcher, Marion Brasch, Anja Caspary, Prof. Dr. Alexander Demandt, Andreas Deyle, Mark Diening, Philipp Dietrich, Anna Dramski, Vince Ebert, Hanna Ender, Jörg Fandrich, Richard Fasten, Jörg Frommann, Oliver Geisselhart, Dr. Stefan Giessner, Prof. Dr. Gerd Gigerenzer, Anja Goerz, Prof. Dr. Hans-Dieter Görtz, Ana Gonzáles y Fandiño, Robert Griesbeck, Prof. Dr. Dr. Siegfried Großmann, Prof. Dr. Norbert Hagemann, Dr. Rainer Hagencord, Steffen Hallaschka, Prof. Dr. Reinhard Haller, Prof. Dr. Alfons Hamm, Matthias Hanselmann, Christina Haubold, Maria Hecht, Prof. Dr. Stefan Hecht, Prof. Dr. Susanne Heine, Sebastian Herrmann, Prof. Dr. Hanspeter Herzel, Helge Hesse, Uwe Jean Heuser, Armin Himmelrath, Mark Hoffmann, Klaus Hohsner, Prof. Dr. Manfred Holodynski, Mai Horlemann, Prof. Dr. Ulrich Hübner, Marie-Kristin Kaiser, Stephan Karkowsky, Bas Kast, Prof. Dr. Erich Kasten, Bärbel Köhler, Milena Kraus, Änne-Marthe Kühn, Dr. Michael Kvasnicka, Prof. Dr. Harald Lesch, Dr. Dr. Walter von Lucadou, Prof. Dr. Gerd Lüdemann, Prof. Dr. Matthias Ludwig, Ulrike M. Malmendier, Maria, Dr. Manfred Lütz, Prof. Dr. Jochen Mester, Stefanie Michel, Anne Mücke, Andreas Müller, Wolfgang Müller, Dr. Georg Northoff, Frauke Oppenberg, Dr. Ekkehard Peik, Dr. Jan Plamper, Prof. Dr. Ernst Pöppel, Oliver Pötzsch, Axel Primavesi, Dr. Niels van Quaquebeke, Dr. Marco Rauland, Prof. Dr. Josef Reichholf, Michael Reinhard, Benjamin Ritter, Marcel Roth, Dr. Frank Rühli, Stefan Rupp, Miriam Sach, Prof. Dr. Jürgen Schäfer, Dr. Christine Schedensack, Friederike Schellhardt, Prof. Dr. Gerrit Schenk, Josef Scheppbach, Prof. Dr. Gerhard Schmelz, Prof. Dr. Jürgen Schmitt, Ulrich Schnabel, Dr. Martin Schneebeli, Reto U. Schneider, Prof. Dr. Lutz-Helmut Schön, Prof. Dr. Friedemann Schrenk, Tobias Schumacher, Prof. Dr. Bernd Senf, Werner Siefer, Prof. Dr. Oliver Stoll, Julius Stucke, Jörg Thadeusz, Prof. Dr. Metin Tolan, Prof. Dr. Michael Tsokos, Julia Vorrath, Katja Weber, Stefan Wegärtner, Dr. Ludwig Weißflog, Dr. Thomas Weyhermüller, Dr. Katja Wiech, Dr. Amrei Wittmer, Susanne Wündisch, Prof. Dr. Günter Ziegler, Jörg Zittlau.

Nachweise und Anmerkungen

Fröhliche Forschung – Kurioses aus den Laboren

1 Reto U. Schneider: Das Buch der verrückten Experimente. München 2004; sowie ders.: Das neue Buch der verrückten Experimente. München 2009.

2 Richard Wiseman: Quirkologie. Die wissenschaftliche Erforschung unseres Alltags. Frankfurt/Main 2008.

3 Siehe http://improbable.com/ig/

4 Mark Benecke: Lachende Wissenschaft. Aus den Geheimarchiven des Spaß-Nobelpreises. Köln 2005; ders.: Warum man Spaghetti nicht durch zwei teilen kann. Köln 2009; sowie ders.: Warum Tätowierte mehr Sex haben: und andere neue Erkenntnisse vom Spaß-Nobelpreis. Köln 2010. Siehe auch http://wiki.benecke.com/index.php?title=All_Laughing_Science

5 Siehe Interview auf www.golem.de/0711/5597.html, einer Internetseite für IT-News.

6 Einige Videos zu den getanzten Thesen findet man unter http://gonzolabs.org/dance/videos/

7 Wolfgang Müller: Neues von der Elfenfront – Die Wahrheit über Island. Frankfurt 2007.

Warum Klatsch und Tratsch wichtig sind – Verständnisvolle Wissenschaft

8 Siehe auch www.din.de, Menüpunkt «Wir über uns», Unterpunkt «Fragen und Antworten».

9 Manfred Holodynski (mit W. Friedlmeier): Emotionen. Entwicklung

und Regulation. Heidelberg 2006. Siehe auch www.sueddeutsche.de/wissen/forschung-mit-gefuehl-der-falsche-eindruck-vom-emotionalen-ausdruck-1.278238

10 Charles Darwin: Der Ausdruck der Gemüthsbewegungen bei dem Menschen und den Thieren (1872), zitiert nach: Klaus Scherer u. a. (Hg.): Psychobiologie. Wegweisende Texte der Verhaltensforschung von Darwin bis zur Gegenwart. München 1987, S. 190 ff.

11 David E. Kalist und Daniel Y. Lee: First Names and Crime: Does Unpopularity Spell Trouble?, presented at the Canadian Economics Association's 42nd Annual Meetings Saturday June 7, 2008; siehe auch http://noah.ship.edu/lee5/Daniel_Lee.pdf

12 Leif D. Nelson; Joseph P. Simmons: Moniker Maladies: When Names Sabotage Success (March 17, 2007), vgl. http://ssrn.com/abstract=946249; siehe auch http://mba.yale.edu/faculty/pdf/SimmonsJ_Moniker_Maladies_2007.pdf

13 Der «p-Wert» wird auch «Überschreitungswahrscheinlichkeit» oder «Irrtumswahrscheinlichkeit» genannt und ist ein Maß, das Auskunft darüber gibt, wie glaubhaft ein Stichprobenergebnis ist. Ein «p-Wert» von 0,36 besagt, dass die Ausgangsthese mit einer Wahrscheinlichkeit von 36 % unzutreffend ist. Das bedeutet aber auch, dass sie mit einer Wahrscheinlichkeit von 64 % zutrifft.

14 Unter http://wortschatz.uni-leipzig.de/html/suche_2.html#anag kann sich jeder kostenfrei Anagramme seines eigenen Namens anzeigen lassen.

15 Stanley Milgram ist noch bekannter durch das nach ihm benannte Milgram-Experiment, in dem er zeigen konnte, dass Menschen selbst dann sinnlose Befehle von Autoritäten befolgen, wenn die Ausführung des Befehls bedeutet, einen anderen Menschen zu töten.

16 Die auf Englisch verfasste Studie ist als pdf-Datei kostenfrei herunterzuladen unter http://research.microsoft.com/en-us/um/people/horvitz/leskovec_horvitz_www2008.pdf

17 Jeder Computer bzw. jedes Computernetzwerk, das sich im Internet anmeldet, erhält eine solche IP-Adresse. Über die IP-Adresse lässt sich daher zurückverfolgen, wer wann welche Seiten im Internet aufgesucht hat.

18 John T. Cacioppo, James H. Fowler und Nichclas A. Christakis: Alone in the Crowd: The Structure and Spread of Loneliness in a Large Social Network. In: Journal of Personality and Social Psychology, 2009. Zu Deutsch: Allein in der Masse: Struktur und Ausbreitung von Einsamkeit in einem großen sozialen Netz. Siehe auch: http://news.uchicago.edu/static/091201.alone.pdf

19 Die Zitate von John Cacioppo sind der Pressemitteilung zur Studie entnommen, die die University of Chicago herausgab: http://news.uchicago.edu/news.php?asset_id=1796

Gesundes Know-how – Körperbetonte Erkenntnisse

20 Robert Griesbeck: Gesund sein kann ja jeder. Überlebenshilfe für Hypochonder. München 2010.

21 Nils Schaffner, Amrei Wittwer, Elvan Kut, Gerd Folkers, David H. Benninger, Victor Candia: Heat pain threshold and tolerance show no left-right perceptual differences at complementary sites of the human forearm. In: Neuroscience Letters (2008).

22 Wolfgang Bossinger: Die heilende Kraft des Singens. Battweiler 2006.

23 Jörg Zittlau: Matt und elend lag er da: Berühmte Kranke und ihre schlechten Ärzte. Berlin 2009.

24 Werner Bartens und Sebastian Herrmann: Herrlich eklig! Alles über die verkannten Wundersäfte unseres Körpers. München 2009.

25 Werner Bartens: Körperglück. Wie gute Gefühle gesund machen. München 2010.

Liebe und Lust – Sex unter Laborbedingungen

26 Hans-Martin Lohmann: Geschichte der Sexualität. Vom Widerspruch her gedacht. In: www.fr-online.de/kultur/literatur/vom-widerspruch-her-gedacht/-/1472266/3115350/-/index.html

27 Volkmar Sigusch: Geschichte der Sexualwissenschaft. Frankfurt/Main 2008.

28 Volkmar Sigusch: Sexualmedizin. Wider den «trüben, stinkenden Nebel der Heuchelei». Ärzteblatt, Ausgabe März 2007, S. 121.

29 Ebd.

30 Interview von Ulrike Baureithel mit Volkmar Sigusch in: Der Freitag, 11. 07. 2008, www.freitag.de/2008/28/08282101.php

31 Marco Rauland: Orgasmen stärken die Abwehr. Die kuriose Welt der Sexperimente und ihre Erkenntnisse. Reinbek 2010.

32 M. L. Chivers, M. C. Seto, M. L. Lalumière, E. Laan, & T. Grimbos,: Agreement of genital and subjective measures of sexual arousal in men and women: A meta-analysis. Archives of Sexual Behavior (im Druck). Und: Suschinsky, K., Lalumière, M. L., & Chivers, M. L.: Sex differences in patterns of genital arousal: Measurement artifact or true phenomenon? In: Archives of Sexual Behavior (2009, 38, S. 559–573).

33 Zitiert nach Daniel Bergner: What Do Women Want? In: New York Times, 22. 01. 2009; www.nytimes.com/2009/01/25/magazine/25desire-t.html?_r=1

34 Andrea Virginia Burri, Lynn Cherkas, Timothy D. Spector: Genetic and Environmental Influences on self-reported G-Spots in Women: A Twin Study. In: The Journal of Sexual Medicine, Jg. 7, Nr. 5, S. 1842–1852, Mai 2010. Siehe auch: www.twinsuk.ac.uk/Publicatons/2010/Burri_G_spot_J.SexMed2009.pdf

Bewegte Forschung – Methodisch zu Höchstleistungen

35 Russell A. Hill und Robert A. Barton: Red enhances human performance in contests. Nature 435, 293, 19. 05. 2005. Siehe auch www.nature.com/nature/journal/v435/n7040/abs/435293a.html

36 Norbert Hagemann, Bernhard Strauß und Jan Leißing: When the referee sees red. Psychological Science, Volume 19/8, S. 769–771. 2008.

37 Armin Himmelrath: Macht Köpfen dumm? Neues aus der Fußball-Feldforschung. Freiburg 2006.

38 Siehe auch www.gmds2006.de/Vortraege/29.pdf

39 Matthias Ludwig: Mathematik+Sport. Olympische Disziplinen im mathematischen Blick. Wiesbaden 2008.

40 Sebastian Braun und Michael Kvasnicka: Against All Odds? – National Sentiment and Wagering on European Football. Ruhr Economic

Papers, Published by Ruhr-Universität Bochum (RUB), Department of Economics, März 2008, siehe auch http://repec.rwi-essen.de/files/REP_08_042.pdf

Tierisch kreativ – Sex im Tierreich

41 Markus Bennemann: Die Evolution im Liebesrausch. Das bizarre Paarungsverhalten der Tiere. Frankfurt/Main 2010.

42 Siehe auch www.macaca-nigra.org

43 «Geschenke fördern die Beziehung». Presseinformation der Max-Planck-Gesellschaft vom 08. 04. 2009, siehe auch www.mpg.de/pressemitteilung20090406

44 Siehe auch www.texasbeefaloassociation.com

Das kriminelle Leben – Verbrechen im Visier

45 «Heilbronner Polizistenmord. Aktenzeichen UWP ungelöst.» In: Spiegel online, 18. 03. 2009, www.spiegel.de/panorama/justiz/0,1518,613763,00.html

46 Reinhard Haller: Das ganz normale Böse. Salzburg 2009.

47 Siehe auch www.gbo.com/de/index_3433.php

48 Stand Frühjahr 2011.

49 Philip Zimbardo: Der Luzifer-Effekt: Die Macht der Umstände und die Psychologie des Bösen. Heidelberg 2008. Siehe auch www.lucifer-effect.com

50 Eine ausführliche Fotodokumentation des Versuchs mit deutschen Kommentaren von Zimbardo findet man unter www.prisonexp.org/deutsch

51 Zimbardo gibt auf seiner Internetpräsenz zwanzig Hinweise, wie man ungewollten Einflüssen anderer widersteht: www.lucifereffect.com/guide_hints.htm

52 Die Zahlen stammen aus: Steven Pinker: Eine Geschichte der Gewalt. In: The New Republic, 19. 03. 2007, nachzulesen in der deutschen Übersetzung unter: http://hpd.de/node/2498

53 Anfang des dritten Jahrtausends fielen in England statistisch betrachtet aber immer noch 1,23 von 100 000 Menschen einem Mord

zum Opfer. Siehe auch www.manchester.ac.uk/aboutus/news/display/?id=3740

54 Ebd.

55 Interview mit Steven Pinker: Halbmond der letzten Kriege. In: Sueddeutsche online, 07. 10. 2010, www.sueddeutsche.de/wissen/gewaltforschung-halbmond-der-letzten-kriege-1.1009254

56 Christian Pfeiffer: Prävention durch bürgerschaftliches Engagement. Eröffnungsvortrag beim 13. Deutschen Präventionstag in Leipzig am 02. 06. 2008, nachzulesen unter www.kfn.de/versions/kfn/assets/dtpraeventionstag2008.pdf. Dort finden sich auch zahlreiche Tabellen mit statistischen Angaben zur Kriminalitätsentwicklung in Deutschland zwischen 1993 und 2007.

57 Siehe www.mentor-leselernhelfer.de

58 Siehe www.tagesspiegel.de/zeitung/wo-die-gewalt-zu-hause-ist/775162.html

59 Britta Bannenberg: Amok. Ursachen erkennen – Warnsignale verstehen – Katastrophen verhindern. Gütersloh 2010.

60 Angaben des Statistischen Bundesamtes, siehe www.destatis.de/jetspeed/portal/cms/Sites/destatis/Internet/DE/Content/Statistiken/Gesundheit/Todesursachen/Tabellen/Content100/EckdatenTU.psml

61 Siehe auch den Artikel «Suizidrisiko bei Depressiven steigt mit genetischer Veranlagung», www-intern.mpipsykl.mpg.de/institute/news/press/pr0210.html

62 Siehe www.wissenschaft.de/wissenschaft/news/154732.html

63 Siehe auch www.bmj.com/content/341/bmj.c3222.full

64 Jens Hoffmann und Claudia Dölitzsch: Workplace Violence – schwere Gewalttaten am Arbeitsplatz, sowie Jens Hoffmann: Bevor die Vernunft versagt. In: Personalwirtschaft 2/2008, S. 40–42.

65 Der Zwischentitel ist der von Kai Bammann und Heiko Stöver herausgegebenen Schrift «Tätowierungen im Strafvollzug. Hafterfahrungen, die unter die Haut gehen» entlehnt. http://prisonportal.informatik.uni-bremen.de/knowledge/index.php/Forschungsprojekt_«Tätowierungen_im_Strafvollzug»

66 Gerhard Schmelz: Tätowierungen und Kriminalität (VS-nfD). In: Polizeiwissenschaftliche Analysen – Schriftenreihe der Verwal-

tungsfachhochschule in Wiesbaden (ab 01. 01. 2011: Hessische Hochschule für Polizei und Verwaltung), Frankfurt 2009. Zusammengefasst veröffentlicht in KRIMINALISTIK, Heft 2/2010, S. 102 ff.

67 Bammann/Stöver, siehe Anmerkung 65. Insgesamt fußt ihre Untersuchung auf sechs Befragten – die schriftlichen Äußerungen wurden durch mündliche Tiefenbefragungen ergänzt.

68 Siehe auch http://wiki.benecke.com/index.php?title=2010–05_Kriminalistik:_Diskussion

69 Die Replik von M. Benecke u. a. sowie die Replik zu dieser Replik von Prof. Schmelz wurde in der Fachzeitschrift KRIMINALISTIK, Heft 5/2010, S. 315, 316 veröffentlicht.

70 «Die ganze Wahrheit wäre keinem Leser zuzumuten», Interview mit Michael Tsokos auf spiegel.de, 13. 09. 2010, siehe www.spiegel.de/wissenschaft/mensch/0,1518,717091,00.html

71 Klaus M. Beier und Christoph J. Ahlers: Sexueller Kannibalismus. Sexualwissenschaftliche Analyse der Anthropophagie. München 2007.

Über den Verstand hinaus – Religion, Glaube, Übersinnliches

72 Peter L. Berger: Die Welt ist angefüllt mit Religion. In: Frankfurter Rundschau, 12. 10. 2010, siehe auch www.fr-online.de/kultur/debatte/die-welt-ist-angefuellt-mit-religion/-/1473340/4737998/-/index.html

73 Ebd.

74 Ulrich Schnabel: Die Vermessung des Glaubens. Forscher ergründen, wie der Glaube entsteht und warum er Berge versetzt. München 2008.

75 Der Gedanke findet sich u. a. bei dem Philosophen Immanuel Kant wieder. Sein Biograph Ludwig Ernst von Borowski bedauert in der «von Kant selbst genau revidierten und berichtigten» Schrift «Darstellung des Lebens und Charakters Immanuel Kants» u. a., dass für Kant «die christliche Religion ein bloßes Staatsbedürfnis und eine zu duldende Anstalt um der Schwachen willen sei». Borowski war im Übrigen nicht nur ein Schüler Kants, sondern auch Erzbischof von

Preußen. Kant lehnte Religion aber keineswegs ab, sondern formulierte eine Vernunftreligion, in der Gott, die Idee einer unsterblichen Seele und Freiheit die notwendigen Voraussetzungen dafür sind, dass der Mensch sich überhaupt als moralisches Wesen begreifen kann. Für Kant selbst war Religion aber wohl eher ein Bedürfnis, das er nicht verspürte.

76 Susanne Heine: Liebe oder Krieg? Das Doppelgesicht der Religion. Wien 2005. Dies.: Grundlagen der Religionspsychologie. Modelle und Methoden. Göttingen 2005.

77 Manfred Lütz: Gott. Eine kleine Geschichte des Größten. München 2007.

78 Michael Schmidt-Salomon: Jenseits von Gut und Böse. Warum wir ohne Moral die besseren Menschen sind. München 2009.

79 So Schmidt-Salomon in den «FAQ» zum Buch auf seiner Homepage www.schmidt-salomon.de/jvgub/faq_jvgub.pdf

80 Aus einem Interview des Humanistischen Pressedienstes mit Michael Schmidt-Salomon, 05. 08. 2009, Nr. 7572, siehe auch http://hpd.de/node/7572

81 siehe www.neuroethics.ox.ac.uk/our_members/katja_wiech

82 Michael Blume: Neurotheologie. Chancen und Grenzen aus religionswissenschaftlicher Perspektive. Tübingen 2006 (Dissertation); siehe auch www.blume-religionswissenschaft.de

83 Mehr zu Phineas Gage findet sich in dem ausgezeichneten Artikel der NZZ «Das Bildnis des Phineas Gage» von Ronald D. Gerste, siehe auch www.nzz.ch/nachrichten/forschung_und_technik/das_bildnis_des_phineas_gage_1.3522069.html

84 Dr. Rainer Hagencord: Gott und die Tiere. Ein Perspektivenwechsel. Regensburg 2008; siehe auch www.theologische-zoologie.de

Perspektiven der Zeit – Die Geschichte mit der Geschichte

85 Vom Bundestag beschlossen wurde der Bau des Humboldt-Forums in den Fassaden des Berliner Stadtschlosses, also kein Wiederaufbau des Schlosses.

86 Kant spricht beim Völkerbund von «republikanischen» Staaten, in

denen der Einzelne frei und jeder Bürger gleich gegenüber dem Gesetz ist, ähnlich einem demokratischen Rechtsstaat von heute.

87 Gerrit Jasper Schenk: Katastrophen: Vom Untergang Pompejis bis zum Klimawandel. Ostfildern 2009.

88 Siehe auch www.ufz.de/index.php?de=17896

89 Methan ist der Hauptbestandteil unseres Erdgases und entsteht u. a. durch Pflanzen- und Tierkadaver. Bei niedrigen Temperaturen und hohem Druck bilden Wasser und Gas feste Verbindungen: Gashydrate. Entsprechend wird Methan, das am Meeresgrund austritt, zu festem Methanhydrat, auch Methaneis genannt. Methanhydrate können plötzlich in großer Menge freigesetzt werden, etwa bei Vulkanausbrüchen. Sie kommen aber auch in Permafrostböden vor; tauen diese Böden – wie derzeit in Teilen Sibiriens –, wird das Treibhausgas Methan freigesetzt, was zur Erderwärmung beiträgt.

90 L. Weissflog, N. Elansky, E. Putz, G. Krueger, Ch. A. Lange, A. Pfennigsdorff, L. Lisitzyna und K. Kotte: Sediments of salt lakes as a new sources of trichloroethene and tetrachloroethene. Geophys. Res. Lett. 32: L011401, doi:10.1029/2004GL020807, 2005.

91 L. Weissflog, N. F. Elansky, K. Kotte, F. Keppler, A. Pfennigsdorff, C. A. Lange, E. Putz und L. V. Lisitzyna: Late Permian Changes in Conditions of the Atmosphere and Environments Caused by Halogenated Gases, Doklady Earth Sciences, 2009, Vol. 425, No. 2, pp. 291–295.

92 IPCC steht für «Intergovernmental Panel on Climate Change» (Zwischenstaatlicher Ausschuss für Klimaänderungen).

93 Josef Reichholf: Warum die Menschen sesshaft wurden. Das größte Rätsel unserer Geschichte. Frankfurt/Main 2008.

94 Bei einer Knochennekrose kommt es zum Absterben der betroffenen Knochen. «Aseptisch» bedeutet «ohne vorhandene Infektion».

95 Flavius Josephus: Geschichte des jüdischen Krieges oder vom Untergang des jüdischen Volkes und seiner Hauptstadt Jerusalem. Aus d. Griech. für Leser aller Stände neu übersetzt. Durchges. u. hrsg. von A. Fr. Gfrörer. Stuttgart, Leipzig 1836, S. 153 ff.

96 Gerd Lüdemann: Jungfrauengeburt? Die Geschichte von Maria und ihrem Sohn Jesus. Springe 2008.

97 Christine Schedensack: Nachbarn im Konflikt. Zur Entstehung und

Beilegung von Rechtsstreitigkeiten um Haus und Hof im frühneuzeitlichen Münster. Münster 2007.

98 Oliver Pötzsch hat bislang u. a. drei Romane über seinen Vorfahren, den Henker Jakob Kuisl, sowie dessen Tochter Magdalena verfasst: Die Henkerstochter (Berlin 2008), Die Henkerstochter und der schwarze Mönch (Berlin 2009) sowie Die Henkerstochter und der König der Bettler (Berlin 2010), siehe auch www.oliver-poetzsch.de

99 Helge Hesse: Unbekannte Helden der Weltgeschichte. Frankfurt/Main 2009.

100 Alexander Demandt: Ungeschehene Geschichte. Ein Traktat über die Frage: Was wäre geschehen, wenn ...? Göttingen 2011; ders.: Es hätte auch anders kommen können. Wendepunkte deutscher Geschichte. Berlin 2010.

Der Regent, den niemand versteht – Die Wissenschaft vom Geld

101 Uwe Jean Heuser: Humanomics – Die Entdeckung des Menschen in der Wirtschaft. Frankfurt/Main 2008.

102 Philip Faigle: 60 000 Euro reichen für ein schönes Leben, siehe www.zeit.de/wirtschaft/2010-09/studie-reichtum-glueck

103 Zitiert nach Philip Wolff: Warum Reichtum nicht zufrieden macht. In: SZ, 21. 11. 2006, siehe auch www.sueddeutsche.de/wirtschaft/bescheid-wissen-warum-reichtum-nicht-zufrieden-macht-1.903113

104 Prof. Dr. Dr. Gerhard Roth: Wie unser Gehirn Entscheidungen trifft; www.zfu.ch/service/fartikel/fartikel_03_jub.htm

105 Lange Zeit galt Vasopressin als das «männliche» Hormon, da es das soziale Verhalten von Männern sowie das Angstverhalten reguliert. Oxytocin wurde dagegen häufig als «mütterliches Hormon» bezeichnet, da es bei der Geburt die Wehen auslöst, die Milchfunktion und die mütterliche Fürsorge anregt. Mittlerweile konnte aber gezeigt werden, dass auch Vasopressin die mütterliche Fürsorge beeinflusst. Siehe auch www.organische-chemie.ch/chemie/2008nov/vasopressin.shtm

106 John M. Coates und J. Herbert: Endogenous steroids and financial

risk taking on a London trading floor. PNAS2008 105 (16), S. 6167–6172, siehe auch www.pnas.org/content/105/16/6167.full.pdf

107 John M. Coates, Mark Gurnell und Aldo Rustichini: Second-to-fourth digit ratio predicts success among high-frequency financial traders; PNAS2009 106 (2) S. 623–628, siehe auch www.pnas.org/content/106/2/623.full.pdf

108 Felix Warneken und Michael Tomasello: Extrinsic Rewards Undermine Altruistic Tendencies in 20-Month-Olds. In: Developmental Psychology 2008, Vol. 44, No. 6, S. 1785–1788; siehe auch: http://email.eva.mpg.de/~tomas/pdf/Warneken_Tomasello_DevPsy_2008.pdf

109 Edward L. Deci, Richard Koestner und Richard M. Ryan: A Meta-Analytic Review of Experiments Examining the Effects of Extrinsic Rewards on Intrinsic Motivation. In: Psychological Bulletin 1999, Vol. 125, No. 6, S. 627–668.

110 Bernd Senf: Der Nebel um das Geld. Kiel 2008.

Das Genie in uns – Die Erforschung unseres Gehirns

111 Ernst Pöppel: Der Rahmen. Ein Blick des Gehirns auf unser Ich. München 2006.

112 Georg Northoff: Die Fahndung nach dem Ich. Eine neurophilosophische Kriminalgeschichte. München 2009.

113 Bas Kast: Wie der Bauch dem Kopf beim Denken hilft – Die Kraft der Intuition. Frankfurt/Main 2007.

114 Gerd Gigerenzer und Hainer Kober: Bauchentscheidungen. Die Intelligenz des Unbewussten und die Macht der Intuition. München 2007.

115 Im franz. Original: Le cœur a ses raisons que la raison ne connaît pas. Blaise Pascal, Pensées IV, S. 277.

116 Werner Siefer: Das Genie in mir. Warum Talent erlernbar ist. Frankfurt/Main 2009.

117 Oliver Geisselhart: Kopf oder Zettel? Offenbach 2010 (4. Auflage), siehe auch www.teamgeisselhart.de

Wie die Welt beschaffen ist – Große Fragen, kurz beantwortet

118 Galileo Galilei: Dialog über die beiden hauptsächlichen Weltsysteme. Das ptolemäische und das kopernikanische. Darmstadt 1982, ursprünglich: Dialogo sopra i due massimi sistemi del mondo. Florenz 1632.

119 Claude E. Shannon: A Mathematical Theory of Communication. Illinois 1948.

120 Harald Lesch und Jörn Müller: Weißt du, wie viel Sterne stehen? Wie das Licht in die Welt kommt. München 2008.

121 Siehe auch www.ptb.de/zeit

122 Die genaue Definition lautet: «Die Sekunde ist das 9 192 631 770fache der Periodendauer der dem Übergang zwischen den beiden Hyperfeinstrukturniveaus des Grundzustandes von Atomen des Nuklids 133Cs entsprechenden Strahlung.»

123 Martin Aigner und Günter M. Ziegler: Das BUCH der Beweise. Berlin 2010.

124 Angesprochen auf seinen für einen Schneeforscher augenfälligen Familiennamen, sagte Dr. Schneebeli: «Mein Familienname hat meine Berufswahl sicher nicht beeinflusst. Aber ich glaube, für Journalisten ist das wirklich ein glücklicher Zufall.»

125 Jan Plamper: Danke, danke, danke. In: Die Zeit 24. 07. 2008.

Alle Internetangaben wurden zuletzt geprüft am 07. Februar 2011.